Versicherungswissenschaftliche Studien

herausgegeben von
Prof. Dr. Jürgen Basedow
Prof. Dr. Ulrich Meyer
Prof. Dr. Dieter Rückle
Prof. Dr. Hans-Peter Schwintowski

Band 22

Janina Nitschke

Maßstäbe für die Transparenz Allgemeiner Versicherungsbedingungen

unter Berücksichtigung des englischen Rechts

Nomos Verlagsgesellschaft
Baden-Baden

Gedruckt mit Unterstützung des Bundes der Versicherten e.V., Postfach 54 05 03, 22505 Hamburg

Die Deutsche Bibliothek – CIP-Einheitsaufnahme

Ein Titeldatensatz für diese Publikation ist bei
Der Deutschen Bibliothek erhältlich. (http://www.ddb.de)

Zugl.: Berlin, Humboldt-Univ., Diss., 2001

ISBN 3-7890-8192-2

Zitierweise: Autor, in VersWissStud (22. Bd.)

1. Auflage 2002
© Nomos Verlagsgesellschaft, Baden-Baden 2002. Printed in Germany. Alle Rechte, auch die des Nachdrucks von Auszügen, der photomechanischen Wiedergabe und der Übersetzung, vorbehalten. Gedruckt auf alterungsbeständigem Papier.

Vorwort

Die vorliegende Arbeit wurde im Jahre 2001 von der rechtswissenschaftlichen Fakultät der Humboldt-Universität zu Berlin als Dissertation angenommen.

Das Thema wurde angeregt durch meinen Doktorvater, Herrn *Prof. Dr. Hans-Peter Schwintowski*, dem ich für die umfassende Betreuung der Arbeit ganz herzlich danken möchte. Danken möchte ich auch Herrn *Prof. Dr. Dr. Christian Kirchner, L.L.M.*, für die Erstellung des Zweitgutachtens.

Weiterhin möchte ich mich ganz herzlich bei *Meinhard Grodde* für das sorgfältige Korrekturlesen des Manuskripts bedanken.

Bei den Herausgebern Herrn *Prof. Dr. Jürgen Basedow*, Herrn *Prof. Dr. Ulrich Meyer*; Herrn *Prof. Dr. Dieter Rückle* und Herrn *Prof. Dr. Hans-Peter Schwintowski*, bedanke ich mich für die Aufnahme in die Reihe „Versicherungswissenschaftliche Studien", bei dem *Bund der Versicherten e.V.* bedanke ich mich für die redaktionelle Betreuung und die Übernahme der Druckkosten.

Herzlicher Dank gilt in besonderem Maße meinen Eltern, denen ich diese Arbeit gewidmet habe. Sie haben mich während meiner Studien- und Promotionszeit stets ermuntert und finanziell unterstützt.

Berlin, im April 2002   Janina Nitschke

Inhaltsverzeichnis

Teil 1

Grundlagen 13

§ 1 Einleitung 13

A. Anlass und Ziel der Untersuchung 13

B. Begriffsbestimmung 14

C. Vorgehen 15

§ 2 Das Transparenzgebot im Rechtssystem 15

A. Funktionen des Transparenzgebots 15

I. Vor Vertragsschluss 16

   1. Gewährleistung der vertraglichen Selbstbestimmung 16
   2. Herstellung eines funktionsfähigen Konditionenwettbewerbs 17

II. Nach Vertragsschluss 19

   1. Rechtswahrnehmung und Rechtsdurchsetzung 19
   2. Verhinderung von Ermessens- bzw. Beurteilungsspielräumen 20

B. Dogmatische Grundlagen des Transparenzgebots 20

I. EG-Richtlinie über missbräuchliche Klauseln in Verbraucherverträgen 20

II. Deutschland 22

   1. Das Transparenzgebot im AGB-Gesetz 22
   a) Grundsätzliches 22
   b) § 2 AGBG 23
   c) § 3 AGBG 23
   d) § 5 AGBG 25
   e) § 9 AGBG 26
     aa) Das Transparenzgebot in § 9 AGBG 26
       (1) Das „Annuitäten-Urteil" des BGH 27
       (2) Kritik 28
       (3) Stellungnahme 29

bb) § 8 AGBG 33
    (1) Zum Verständnis des § 8 AGBG 33
    (2) § 8 AGBG als Kontrollschranke für das Transparenzgebot? 37
f)   Zusammenfassung 40

2. Transparenzgebot in §§ 31, 32 WpHG 41

3. Transparenzgebot im VAG 43
  a) § 10 VAG 43
  b) § 10 a VAG 44

III. Großbritannien 46

1. Das Transparenzgebot in den UTCCR 1999 46
  a) reg. 7 UTCCR 99 46
    aa) „Plain, intelligible language" - reg. 7 (1) UTCCR 99 47
    bb) „Interpretation" - reg. 7 (2) UTCCR 99 48
  b) „Incorporation" - para. 1 (i) schedule 2 UTCCR 99 49
2. „Insurance Companies Act 1982" 50
3. „Financial Service Act 1986" 50
4. „Statements of Insurance Practice" 51
5. Vorvertragliche Informationspflichten 52
6. Zusammenfassung 54

Teil 2

Entwicklung von Maßstäben für die Transparenz von AVB 54

§ 3 Laientransparenz oder Expertentransparenz? 55

A. Maßgeblicher Verständnishorizont im Rechtssystem 57

I. Verbraucher 57

II. Durchschnittskunde 57

III. „Ordinary man" 58

B. Umsetzung des Transparenzgebots in die Praxis 59

I. Sprache und Recht 59

II. Juristische Fachsprache 60

III. Ursachen der Unverständlichkeit 61

C. Expertentransparenz 64
I. Definition 66
II. Dogmatische Bedenken 67
1. Schutzzweck des AGB-Gesetzes 67
2. Schutzzweck der EG-RL über missbräuchliche Klauseln in Verbraucherverträgen 68

D. Laientransparenz 69
I. Einheitliches Leitbild 69
II. Befähigung des Versicherungsnehmers? 72
III. Verbesserung des Produktes durch Umwandlung juristischer Fachsprache in allgemeinverständliche Sprache? 73

§ 4 Produkttransparenz 76
A. Transparenzanforderungen im Überblick 76
I. Formelle Transparenzanforderungen 76
1. Lesbarkeit 76
    a) Schriftlichkeit 77
    b) Vollständigkeit 77
    c) Sprache 78
    d) Drucktechnische Gestaltung 78
2. Übersichtliche Gliederung 81
    a) Gliederung nach Themenkomplexen 81
    b) Gliederung in logischer Reihenfolge 83
    c) Aussagekräftige Abschnitts- und Klauselüberschriften 83
3. Überschaubarer Textumfang 84
    a) Maximalumfang 84
    b) Verwendung von Definitionslisten 85
4. Möglichkeit der Heilung 85

II. Materielle Transparenzanforderungen 85
1. Verständlichkeit 86

a)	keine Verwendung von Fremdwörtern, Fachausdrücken und Abkürzungen	86
aa)	Private Arbeitslosenversicherung	86
bb)	Formulierungsvorschlag	88
b)	Keine Angaben gesetzlicher Regelungen ohne Erläuterung	88
aa)	Sicherheitsvorschriften in der Sachversicherung	88
bb)	Formulierungsvorschlag	89
c)	Keine Verweisung auf zusätzliche AVB	90
d)	Keine Satzverschachtelungen	91
aa)	Sprachwissenschaftliche Messmethoden	92
(1)	Lesbarkeits- (Readability-)Forschung	93
(2)	Hamburger Verständlichkeitskonzept	97
(3)	Ergänzende Regeln	106
bb)	Beratung	109

2. Bestimmtheit 110
   a) Vorvertragliche Anzeigepflicht in der Kapitallebensversicherung.....110
   b) Unfallbegriff...112
   c) Bedingungsanpassungsklauseln..113
   aa) Analyse einer Bedingungsanpassungsklausel................................114
   bb) Anforderungen an die Formulierung von Klauseln........................116
   cc) Drittkontrolle von Anpassungsklauseln durch Treuhänder oder BAV...120
   d) Verweisung in § 14 VHB 120

3. Eindeutigkeit 121
   a) Der Versicherungsfallbegriff - § 1 AHB..122
   aa) Analyse des Schadenereignisbegriffs...122
   bb) Formulierungsvorschlag..126
   b) Krankenhaustagegeld - § 7 Abs. 4, S. 1 AUB 94............................126
   c) Wissenschaftlichkeitsklausel - § 5 Abs. 1 f MBKK.........................126
   d) § 2 VGB..129

4. Vollständigkeit 130
   a) Angabe der Rechtsfolge bei Verstoß gegen Pflichten und Obliegenheiten..131
   aa) Grundsätze der Rechtsprechung...131
   bb) Kundenfreundlichkeit - „leiste und liquidiere".............................131
   b) Beispiele..132
   aa) Repräsentantendoktrin...132
   bb) Relevanzrechtsprechung..134
   cc) Rückwärtsversicherung - vorläufige Deckung...............................137

5. Wahrheit 138

6. Rechtzeitigkeit 138
7. Möglichkeit der Heilung 138
   a) Vertragsabschlussbegleitende Informationen 139
     aa) Berücksichtigung außerhalb der AVB liegender Umstände? 140
     bb) § 24 a Nr. 3 AGBG 142
   b) Zusammenfassung 143

B. Transparenzüberprüfung am Beispiel der Überschussbeteiligungsklausel in der kapitalbildenden Lebensversicherung 143

I. Überschussbeteiligung 144

1. Anspruch auf Überschussbeteiligung 144
2. Überschussentstehung 144
   a) Rechnungsgrundlagen 145
   b) Entwicklung der tatsächlichen Verhältnisse 147
3. Anforderungen an die vertragliche Ausgestaltung der Überschussbeteiligung 147

II. Deutschland 148

1. Formelle Transparenz 152
   a) Lesbarkeit 152
   b) Übersichtliche Gliederung 152
   c) Überschaubarer Textumfang 153
2. Materielle Transparenz 153
   a) § 17 ALB-E 154
     aa) Verständlichkeit 154
     bb) Bestimmtheit 155
     cc) Eindeutigkeit 157
     dd) Vollständigkeit 157
     ee) Rechtzeitigkeit 158
     ff) Möglichkeit der Heilung 158
   b) § 26 AVB der Standard Life Deutschland 159
     aa) Verständlichkeit 160
     bb) Bestimmtheit 162
     cc) Eindeutigkeit 165
     dd) Vollständigkeit, Rechtzeitigkeit 165

III. Großbritannien 166

1. Britische Kapitallebensversicherungen 166
2. Sec. 7 Abs. 4 „With Profit Flexible Life Assurance" 167

	a)	Formelle Transparenz	168
	b)	Materielle Transparenz	168
		aa) Verständlichkeit	168
		bb) Bestimmtheit	168
		cc) Vollständigkeit	168
3.	Bewertung		170

IV. Vorschlag für die transparente Darstellung einer Überschussbeteiligungsklausel 171

§ 5 Prämientransparenz 173

A. Problemstellung 173

B. Anforderungen an die Prämientransparenz 174

I. Transparenzmodell des Wirtschafts- und Sozialausschusses der EG 175

II. Gesetzesentwurf zur Reform des VVG 176

III. „Projected costs"-Konzept 177

IV. Bewertung 178

1. Vor Vertragsschluss 180
2. Nach Vertragsschluss 181

§ 6 Rechtsfolgen 182

A. Verstoß gegen das Transparenzgebot 182

I. Verbot der geltungserhaltenden Reduktion 183

1. Modifizierungen der Unwirksamkeitssanktion 184
   - a) Lehre von der „Personalen Teilunwirksamkeit" 185
   - b) Weitergehende personale Relativierungen der Unwirksamkeit Allgemeiner Geschäftsbedingungen 186
2. Schließen der Vertragslücke 186
   - a) § 6 Abs. 2 AGBG 187
   - b) Ergänzende Vertragsauslegung 187
   - c) Mitwirkung des BAV 188
   - d) Anpassungsklauseln 188
3. Gesamtunwirksamkeit des Vertrages 189

II. Unterlassungs- bzw. Widerrufsanspruch gemäß § 13 AGBG 189

III. Schadensersatzanspruch 189

B. Ergebnis 191

§ 7 Zusammenfassung 191

Literaturverzeichnis 197

Abkürzungsverzeichnis 211

Teil 1 Grundlagen

§ 1 Einleitung

A. Anlass und Ziel der Untersuchung

Im Mittelpunkt der Betrachtung stehen *Allgemeine Versicherungsbedingungen* (AVB) und damit die Allgemeinen Geschäftsbedingungen (AGB) einer Branche, die sich vorformulierter Bedingungen nicht nur zur Präzision und Begrenzung von Annexverpflichtungen bedient, sondern zur Definition ihrer eigentlichen Leistung. Gerade deshalb erliegen Versicherungsunternehmen immer wieder der Versuchung, ihre Bedingungswerke besonders kompliziert auszugestalten, um so den Umfang ihrer Leistungsverpflichtungen hinter einem sprachlichen Schleier zu verbergen.

Am 29.07.1994 ist in Deutschland die Vorabgenehmigung von Bedingungen und Tarifen durch das Bundesaufsichtsamt für das Versicherungswesen (BAV) weggefallen. An die Stelle der Vorabgenehmigung ist eine nachträgliche Missstandsaufsicht (§§ 81 ff. VAG) getreten. Inzwischen gestalten die Unternehmen ihre AVB und Tarife, von wenigen Ausnahmen im Bereich der Pflichtversicherung abgesehen, selbst. Damit sind AVB Instrumente des Wettbewerbs geworden.

Nach der Deregulierung in Deutschland ist nunmehr ein Vergleich mit dem Rechtssystem in Großbritannien möglich, da dort im Versicherungswesen niemals eine Bedingungskontrolle oder Tarifgenehmigungspflicht bestand.

AVB werden zunehmend am *Transparenzgebot* gemessen. Danach müssen Bedingungen, um wirksam zu sein, bestimmten formalen und inhaltlichen Kriterien genügen. Das Transparenzgebot wird in Art. 5 S. 1 der EG-Richtlinie über missbräuchliche Klauseln in Verbraucherverträgen[1] (EG-RL) positiv formuliert. Dort heißt es, schriftlich vorformulierte Vertragsklauseln müssen „klar und verständlich" oder, wie es in der englischen Fassung heißt, „in plain intelligible language" abgefasst sein.

Einer rechtsvergleichenden Grunderfahrung entspricht es, dass jede moderne Industriegesellschaft ihrem Recht im wesentlichen die gleichen Grundprobleme aufgibt, dass aber die verschiedenen Rechtsordnungen diese Probleme auf sehr unterschiedliche Weise lösen.

Bisher erscheint die Anwendung des Transparenzgebots in der Judikatur als zufällig. Dies liegt daran, dass man nicht mit Sicherheit voraussagen kann, ob sich ein Gericht überhaupt des Transparenzgebots oder aber eines anderen Instruments der AGB-Kontrolle bedient. Das Transparenzgebot wird nach wie vor als „Leerformel" bezeichnet.[2] Der Grund liegt darin, dass es bisher keinen rechtlichen Rahmen gibt, der Mindestanforderungen an die Transparenz von AVB stellt.

---

[1] Richtlinie 93/13/EWG des Rates Abl. v. 21.4.93 Nr. L 95/29.
[2] *Basedow*, VersR 1999, 1045.

Entscheidende Frage meiner Arbeit wird daher sein: Welche konkreten Anforderungen müssen erfüllt sein, um behaupten zu können, dass eine Klausel transparent formuliert ist?

B. Begriffsbestimmung

Wenn die vorliegende Arbeit Maßstäbe für die Transparenz von AVB entwickeln soll, stellt sich zunächst die Frage, was allgemein unter dem *Begriff der Transparenz* zu verstehen ist. Der Begriff der Transparenz ist sowohl in der Umgangssprache als auch im fachlichen und wissenschaftlichen Sprachgebrauch ein durchaus häufig benutzter Ausdruck.

In der Umgangssprache wird mit Transparenz allgemein die Durchsichtigkeit, aber auch die Deutlichkeit, Verstehbarkeit sowie das Erkennbarsein bezeichnet. Darüber hinaus wird der Transparenzbegriff heute oft im Sinne von Durchschaubarkeit gerade von Institutionen oder politischen Entscheidungen verwendet.[3] Soweit der Begriff in der Wissenschaft verwandt wird, weicht seine Bedeutung grundsätzlich nicht von der des allgemeinen Sprachgebrauchs ab. In der Physik spricht man von Transparenz insbesondere im Hinblick auf die Lichtdurchlässigkeit von durchscheinenden Medien, wie z.B. Papier oder Glas.[4] In der Rechtswissenschaft hat der Begriff der Transparenz auch außerhalb der AGB Verwendung gefunden. So wird im Zusammenhang mit der Sinnentfaltung konkret-allgemeiner Begriffe von der „Transparenz der Begriffe" gesprochen.[5]

Die Beispiele zeigen, dass sich hinsichtlich des Begriffs der Transparenz sowohl in der Umgangssprache als auch im fach- und wissenschaftlichen Sprachgebrauch ein einheitliches Begriffsverständnis gebildet hat. Ausgehend von diesem allgemein gebräuchlichen Begriffsverständnis kann mit Transparenz im Bereich der AGB bzw. AVB somit die *Klarheit, Verständlichkeit, Eindeutigkeit* und *Durchschaubarkeit* sowohl des Klauselwerks insgesamt, wie auch der Regelungsinhalte einzelner Versicherungsbedingungen umschrieben werden.[6]

Diese Begriffsdefinitionen helfen jedoch nicht weiter bei der Suche nach Indikatoren, mit denen insbesondere im Bereich der Versicherungswirtschaft der Sachverhalt der „Transparenz" genauer erfasst und ausgestaltet werden könnte. Eine „Operationalisierbarkeit" ist möglich durch Informationen im Sinne von Aussagen, Daten oder Mitteilungen, die nach ihrer Gewinnung und Verarbeitung den individuellen Wissensstand eines Entscheiders verändern. Transparenz lässt sich somit in diesem operationalen Verständnis gleichsetzen mit Informationen bzw. mit einem Mehr an Informationen.[7] Erweitert man diese Begriffsformel Transparenz = (Mehr an) Informationen, ist festzustellen, dass Informationen - und damit gleichsam Transparenz - nicht per se existieren, sondern nur im Zu-

---

3 Vgl. *Drosdowski*, Duden Fremdwörterbuch, S. 789; Brockhaus-Enzyklopädie, Band 22, S. 319.
4 Vgl. *Drosdowski*, Brockhaus-Enzyklopädie, a.a.O.
5 Vgl. *Larenz*, Methodenlehre, S. 488 f., 505.
6 So auch BGH, NJW 1990, 2383; BGHZ 106, 42, 49 = NJW 1989, 222.
7 Vgl. auch *Bittl*; ZfV 2000, 174, 175; *Müller*, ZVersWiss 1998, S. 372, 369-402.

sammenspiel von wechselseitig hieran Beteiligten „generieren".[8] So werden Informationen angeboten und nachgefragt; Transparenz wird im gleichen Sinne geschaffen und wahrgenommen. Transparenz beruht wie die Information auf einer Wechselseitigkeit. Es sind einerseits Akteure (Personen bzw. Institutionen) erforderlich, die diese Transparenz schaffen und damit im dargelegten Sinne Informationen anbieten. Andererseits werden Akteure benötigt, die diese Transparenz wahrnehmen im Sinne des (nachfragenden) Einforderns der Informationen. So wird darauf hingewiesen, dass die Entstehung von Transparenz sich regelmäßig durch - letztendlich zwischenmenschliche – Kommunikationsprozesse mit dem Ziel des Ausgleichs von Informationsangebot und Informationsnachfrage vollzieht.[9] Das derzeitige Problem der Intransparenz kann beschrieben werden als Ergebnis misslungener, unzureichender oder fehlender Kommunikationsprozesse im Sinne eines Ungleichgewichts zwischen Angebot und Nachfrage von Informationen. Damit ist die Frage nach der Gestaltung von Transparenz gleichbedeutend mit der Frage nach der Gestaltung von Kommunikation.

C. Vorgehen

Teil 1 (Grundlagen) enthält - im Anschluss an diese Einführung (§ 1) - eine Darstellung des Transparenzgebots im Rechtssystem (§ 2). Dabei soll zunächst kurz auf die Funktion des Transparenzgebots vor Vertragsschluss und nach Vertragsschluss eingegangen werden (§ 2 A.). Daran anschließend geht es um die Umsetzung des Transparenzgebots der EG-RL in die Rechtsordnungen von Deutschland und Großbritannien (§ 2 B.)

Im zweiten Teil (Entwicklung von Maßstäben für die Transparenz von AVB) geht es um die Frage für wen AVB transparent formuliert werden müssen (§ 3). Daran anschließend werden anhand von Beispielen Transparenzanforderungen im Überblick aufgelistet (§ 4 A.). Mit Hilfe dieser aufgestellten Kriterien wird eine deutsche bzw. britische Überschussbeteiligungsklausel einer kapitalbildenden Lebensversicherung der Transparenzkontrolle unterzogen (§ 4 B.). In § 5 dieser Arbeit wird ein handhabbares Prämientransparenzmodell vorgestellt. Abschließend erfolgt eine Darstellung der Rechtsfolgen bei Verstoß gegen das Transparenzgebot (§ 6) sowie eine Zusammenfassung der wichtigsten Ergebnisse (§ 7).

§ 2 Das Transparenzgebot im Rechtssystem

A. Funktionen des Transparenzgebots

Da sich die vorliegende Arbeit speziell mit den AGB von Versicherungsverträgen (AVB) beschäftigt, soll bei der Frage der Funktion des Transparenzgebots zunächst auf die Besonderheiten der Versicherung und des Versicherungsvertra-

---

8 *Bittl*, a.a.O.
9 *Bittl*, a.a.O.

ges eingegangen werden. Daran anschließend geht es um die Relevanz transparenter AVB vor Vertragsschluss (I.) bzw. nach Vertragsschluss (II.).

Der Versicherungsschutz bleibt zunächst oder sogar für die gesamte Laufzeit des Vertrages abstrakt.[10] Es wird von einer abstrakten oder nicht greifbaren Ware, einem unsichtbaren oder immateriellen Gut des Produkts gesprochen.[11] Das bedeutet, dass dieses abstrakte Produkt erst durch Sprache und Schrift in eine Ware umgewandelt wird. Der Versicherungsvertrag gibt der bisher nicht greifbaren Ware ihre stoffliche Fixierung und lässt sie so zum Rechtsprodukt erstarken.[12] Daraus ergibt sich die überragende Bedeutung der AVB. Die AVB sind der wesentliche Teil des Versicherungsvertrages und sie machen das unsichtbare Produkt sichtbar und lassen es letztlich dadurch erst entstehen. Sie bestimmen den Umfang und die Voraussetzungen für die Leistungspflicht des Versicherers im einzelnen, regeln aber auch die meisten sonstigen Vertragsmodalitäten. So sind in der Praxis für den Verbraucher folgende Punkte das Besondere an einer Versicherung: „Der Verbraucher ist von unbekannten Gefahren bedroht und hat einen nicht spürbaren, individuellen Bedarf an Informationen und Beratung zur Erkennung eines künftigen, ungewissen und eventuell nie entstehenden Geldbedarfs, der in komplexer Form verschiedene Bereiche seines Vermögens im weitesten Sinne betrifft und durch dauernde Beitragszahlungen in entsprechende Versichertengemeinschaften gedeckt werden kann (...)".[13]

I. Vor Vertragsschluss

1. Gewährleistung der vertraglichen Selbstbestimmung

In unserer Rechtsordnung herrscht der Grundsatz der Privatautonomie.[14] Dieser besagt, dass jedem das Recht zusteht, seine privatrechtlichen Angelegenheiten nach eigenen Vorstellungen selbstständig zu regeln. Wichtigste Ausprägung der Privatautonomie ist die im Bürgerlichen Gesetzbuch gewährleistete schuldrechtliche Vertragsfreiheit.[15] Es ist jedem einzelnen innerhalb sehr weit gesteckter Grenzen[16] überlassen, ob, mit wem und mit welchem Inhalt er vertragliche Beziehungen eingeht. Diese Art der vertraglichen Selbstbestimmung sorgt im Regelfall u.a. für einen gerechten Interessenausgleich zwischen den Vertragsparteien.

Das Funktionieren der vertraglichen Selbstbestimmung ist jedoch an das Vorliegen mehrerer Voraussetzungen gebunden. Der potentielle Versicherungsinte-

---

10 *Dreher,* Die Versicherung als Rechtsprodukt, S. 147.
11 *Dreher,* a.a.O.
12 *Dreher,* a.a.O., S. 148.
13 Vgl. *Meyer,* VersWissStud. Bd. 2, S. 203, 208.
14 Vgl. BVerfGE 9, 3, 11; 12, 341, 347; vgl. auch *Wolf,* Rechtsgeschäftliche Entscheidungsfreiheit, S. 20 ff.
15 Vgl. hierzu *Flume,* Allgemeiner Teil des bürgerlichen Rechts, § 1, 8, S. 12 ff.
16 z.B. §§ 134, 138 BGB.

ressent muss die Fähigkeit besitzen, seine eigenen Bedürfnisse richtig einschätzen zu können. Außerdem ist es notwendig, dass er seine Vorstellungen vom Vertragsinhalt zumindest im gewissen Rahmen auch durchsetzen bzw. sich frei und ohne störende Zwänge für das eine oder andere Vertragsangebot entscheiden kann. Er muss also noch vor Abschluss des Vertrages in der Lage sein, den Vertragsinhalt zu erfassen. Nur unter diesen Voraussetzungen kann der Versicherungsinteressent einen für ihn akzeptablen Vertragsinhalt erkennen bzw. seine eigenen Interessen durch den Eintritt in Vertragsverhandlungen oder durch ein generelles Absehen vom Vertragsschluss wahren. Eine in diesem Sinne ordnungsgemäße Verständigung zwischen den Vertragsparteien wird jedoch bei der Verwendung von intransparent gestalteten AVB beeinträchtigt.[17] So kann beispielsweise der Versicherungsinteressent für den Vertragsabschluss relevante AVB übersehen, wenn der Verwender wichtige Regelungen unter Abschnitts- oder Klauselüberschriften versteckt, die auf derartige Bedingungen nicht hinweisen. Auch für den Fall, dass der Kunde mit solchen AVB konfrontiert wird, die er zwar hinsichtlich ihres Regelungsgehalts erfasst, deren gefährliche Tragweite er aber nicht erkennt und zudem noch nicht einmal bemerkt, dass ihm etwas verborgen bleibt. Er ist nicht in der Lage, die wahre Tragweite des Vertrages in seine Überlegungen mit einzubeziehen. Intransparente AVB behindern den Versicherungsinteressenten in seiner eigenverantwortlichen vertraglichen Selbstbestimmung.

Das Funktionieren der vertraglichen Selbstbestimmung auf Seiten des Verbrauchers ist Voraussetzung für das Erzielen eines gerechten Interessenausgleichs zwischen den Vertragsparteien. Mit der fehlenden bzw. eingeschränkten Kenntnisnahmemöglichkeit vom Inhalt der AVB wird die Möglichkeit beschnitten, auf eine erhebliche Beeinträchtigung der eigenen Interessen, sei es durch ein generelles Absehen vom Vertragsschluss, den Versuch einer Verhandlung über den Inhalt der Bedingungen oder durch das Ausweichen auf einen „günstigeren" Konkurrenten, entsprechend reagieren zu können.[18]

2. Herstellung eines funktionsfähigen Konditionenwettbewerbs

Voraussetzung für Wettbewerb ist das Vorhandensein mehrerer Anbieter, die sich um den Absatz ihrer Güter bemühen und darüber hinaus auch ein entsprechendes Verhalten auf der Abnehmerseite. Konkurrieren mehrere Versicherer um die potentiellen Kunden ihrer Versicherungsprodukte, so werden bei funktionierendem Wettbewerb grundsätzlich diejenigen zum Geschäftsabschluss gelangen, welche die zur Befriedigung der Kunden geeignetsten Produkte am günstigsten anbieten.[19] Die Versicherungsunternehmen, welche die bessere Leistung erbringen, werden durch einen erhöhten Verkauf ihres Produkts und dadurch mit einer Steigerung ihres Gewinns prämiert. Den anderen Anbietern bleibt nur die Mög-

---

17 *Wolf*, Rechtsgeschäftliche Entscheidungsfreiheit, S. 101.
18 So auch *Kühne*, JZ 1974, 309, 311.
19 Vgl. auch *Baumbach/Hefermehl*, Wettbewerbsrecht, Rdn. 25.

lichkeit sich den Angeboten anzupassen oder auf Dauer Absatz- und Gewinneinbußen hinzunehmen. Dieser Marktmechanismus fördert die ständige Innovation und Verbesserung der Qualität der Versicherungsprodukte.

Da Versicherungsverträge unter Verwendung von AVB geschlossen werden, sollte der Kunde diese zur Kenntnis nehmen, mit den anderen Anbietern vergleichen und schließlich unter Beachtung dieses Vergleichs seine Entscheidung für den insgesamt günstigsten Vertragsinhalt treffen. Für das Funktionieren des Konditionenwettbewerbs ist somit eine hinreichende Transparenz der AVB erforderlich. Der Kunde muss in zumutbarer Weise von Inhalt und Tragweite der Klauselwerke und damit von der Verschiedenartigkeit der angebotenen Vertragsinhalte vor Vertragsschluss Kenntnis nehmen können.[20] Der Versicherungsinteressent kann seine im System des freien Wettbewerbs zukommenden „Schiedsrichterrolle"[21] zwischen den verschiedenen Anbietern nur wahrnehmen, wenn ihm ausreichend transparente Informationen zur Verfügung stehen. Ein Beispiel: Der Versicherungsinteressent ist nicht in der Lage sich für das günstigste Angebot zu entscheiden, wenn der Versicherer Deckungsschutz zu einem günstigen Preis anbietet, jedoch an versteckter Stelle eine Ausschlussregelung vornimmt, die der Versicherungsinteressent mit hoher Wahrscheinlichkeit erst bei Schadeneintritt bemerken wird. Eine intransparente AVB-Gestaltung birgt somit die Gefahr einer Verfälschung des Wettbewerbs, indem der Versicherungsinteressent nicht den wirklich günstigsten Versicherer mit dem Vertragsabschluss und damit mit einer Steigerung des Gewinns prämiert, sondern den Versicherer, der die in seinem Vertrag befindlichen ungünstigen Regelungen am geschicktesten verheimlicht. Die Versicherer können durch die Verwendung intransparenter AVB einem Wettbewerbsdruck im Konditionenbereich entgehen bzw. diesen verringern und trotz besserer Konditionen anderer Anbieter am Markt bestehen.

Eine Verbesserung der Markttransparenz sorgt demnach für eine Stimulierung des Konditionenwettbewerbs.[22] Das Transparenzgebot wird zum Instrument der Kompensation von Marktversagen auf dem Gebiet des Konditionenwettbewerbs.[23]

Transparenz stellt natürlich nur eine Voraussetzung für die Herstellung eines funktionsfähigen Wettbewerbs dar. Beim Wettbewerb um die besten freien Bedingungen sollen nämlich innovative Versicherungsunternehmen durch geschickte Risikoselektion den Versicherten Anreize vermitteln, ihrerseits zur Schadenminderung beizutragen, was den Versicherten erlauben würde, niedrigere Prämien zu verlangen.[24] Mehr Wettbewerb bei den AVB sorgt für eine bessere und schnellere Anpassung der Deckungskonzepte an die individuellen Bedürfnisse des Versicherungsschutzes und beschleunigt die Entwicklung und Einführung neuer Deckungsformen.

---

20 *Wolf*, Rechtsgeschäftliche Entscheidungsfreiheit, S. 95.
21 Vgl. *Emmerich*, Das Recht des unlauteren Wettbewerbs, S. 202.
22 So auch *Köndgen*, NJW 1989, 943, 946 ff.; tendenziell auch *Reifner*, NJW 1989, 952, 958 f.
23 *Köndgen*, a.a.O., 948, 951; ähnlich *Adams*, BB 1989, 781, 783 f.; skeptisch im Hinblick auf das strukturell bedingte Marktversagen *Wolf*, in Hading/Hopt, S. 75.
24 *Geiger*, Der Schutz der Versicherten im Europäischen Binnenmarkt, S. 162.

Viele Kunden nehmen aber selbst dann die AVB nicht zur Kenntnis, wenn sie die intellektuelle Fähigkeit dafür hätten. Grund ist die Komplexität der Bedingungswerke, Zeitmangel und die Tatsache, dass man die Dinge ohnehin in kurzer Zeit wieder vergessen haben wird. Hieraus könnte man vorschnell folgern, dass Transparenz für AVB völlig irrelevant ist. In diesem Zusammenhang wird die Eignung des Transparenzgebotes zur Kompensation der aufgezeigten Ungleichgewichtslage mit dem Argument abgelehnt, das Marktversagen beruhe auf einem Totalverzicht der Klausellektüre, so dass von einer Verbesserung der Konditionentransparenz keine „wirklich spürbare Stimulation" des Wettbewerbs zu erwarten sei.[25] Wo ein Marktverhalten überhaupt nicht vorliegt, kann es auch nicht gefördert werden. Der Gesetzgeber ging jedoch in bezug auf AGB nicht von einer völligen Unkenntnis des Kunden vom gesamten Klauselwerk aus. Die Normierung des § 2 Abs. 1 Nr. 2 AGBG belegt, dass ein Informationsbedürfnis des Kunden bei Vertragsschluss grundsätzlich zu bejahen und vom Verwender durch Bereitstellen des Klauseltextes zu befriedigen ist.[26] Ebenso geht § 8 AGBG davon aus, dass bestimmte Arten von Klauseln zumindest teilweise vom Kunden zur Kenntnis genommen werden, eine Inhaltskontrolle also überflüssig wird. Wäre von der totalen Nichtbeachtung aller Klauseln auszugehen gewesen, wäre eine Totalkontrolle sämtlicher Klauseln anhand bestehender oder zu schaffender Maßstäbe die richtige Reaktion gewesen, wie es in anderen Rechtsgebieten mit struktureller Machtdisparität geschehen ist.

Aufgabe des Transparenzgebots ist es aber auf keinen Fall den Kunden vor Nachteilen zu schützen, die ihm dadurch entstehen können, dass er die AGB gar nicht liest oder bestimmte Wörter in der streitigen Klausel übersieht.[27]

II. Nach Vertragsschluss

1. Rechtswahrnehmung und Rechtsdurchsetzung

Im Stadium nach Vertragsschluss besteht die Aufgabe des Transparenzgebots darin, zu verhindern, dass Klauseln den Kunden von der Durchsetzung der ihm zustehenden Rechte abhalten. Wird beispielsweise eine Geschäftsbedingung, die die Rechte des Kunden aufzeigt, nicht dort platziert, wo sie der Kunde erwarten muss, so besteht die Gefahr, dass er sie nicht findet und deshalb aus Unkenntnis seiner Rechte diese nicht durchzusetzen versucht. Klauseln, die hinsichtlich der Rechtsposition des Kunden sogar irreführend formuliert sind, sind in der Lage den Kunden bereits nach der Lektüre, spätestens aber nachdem der AVB-Verwender das Ansinnen des Kunden unter Hinweis auf den „eindeutigen" Wortlaut der Bestimmung abgelehnt hat, von der Durchsetzung seiner Rechte abzuhalten.

---

25 *Schäfer*, Das Transparenzgebot, S. 27, 31.
26 *Soergel/Stein*, § 2 Rdn. 17; *Lindacher*, Der Topos der Transparenz, S. 347, 351.
27 Vgl. BGH, WM 1992, 940, 942.

Eine weitere Funktion des Transparenzgebots besteht somit in der Herstellung von *Rechtsklarheit*. Dem Versicherungsnehmer soll es möglich sein, sich über den Inhalt der AVB zu informieren, damit er nicht von der Durchsetzung und Wahrnehmung seiner Rechte abgehalten werden kann und ihm nicht unberechtigte Pflichten abverlangt werden.[28]

2. Verhinderung von Ermessens- bzw. Beurteilungsspielräumen

Intransparente Klauseln sind in der Lage, Ermessens- bzw. Beurteilungsspielräume zu schaffen. Es handelt sich dabei um solche Geschäftsbedingungen, deren Regelungsgehalt sich nicht eindeutig konkretisieren lässt. Geschäftsbedingungen, die mehrdeutig oder so unklar formuliert sind, dass sich ihr Inhalt noch nicht einmal auf mehrere voneinander abgrenzbare Bedeutungsalternativen konkretisieren lässt, verschaffen dem Verwender auf diese Weise erhebliche Ermessens- bzw. Beurteilungsspielräume. Vorliegend handelt es sich schwerpunktmäßig um solche Geschäftsbedingungen, die dem Verwender einseitige Änderungs- oder Gestaltungsrechte während der Laufzeit bzw. Abwicklung des Vertrages einräumen.

Die Gefährlichkeit intransparenter AGB-Gestaltung im Stadium nach Abschluss des Vertrages beschränkt sich somit nicht nur auf die Beeinträchtigung der Rechtswahrnehmung bzw. Rechtsdurchsetzung des Kunden. Mit der Schaffung von z.T. erheblichen Ermessensspielräumen auf Verwenderseite und der damit auf Kundenseite verbundenen Beeinträchtigung der Kalkulierbarkeit des Vertragsablaufs, der Beeinträchtigung der Überprüfbarkeit der vom Verwender ausgeübten Rechte sowie einer Beeinträchtigung der wirtschaftlichen Bewegungsfreiheit können durch intransparent gestaltete Geschäftsbedingungen eine Reihe weiterer, für den Kunden des AGB-Verwenders gefährlicher Effekte erzielt werden.

B. Dogmatische Grundlagen des Transparenzgebots

I. EG-Richtlinie über missbräuchliche Klauseln in Verbraucherverträgen

Die EG-Richtlinie über missbräuchliche Klauseln in Verbraucherverträgen vom 05.04.1993[29] (RL) beruht auf der Erkenntnis, dass die Rechtsvorschriften der Mitgliedstaaten über missbräuchliche Klauseln in Verträgen mit Verbrauchern beträchtliche Unterschiede aufweisen. Den Verbrauchern sind die Rechtsvorschriften, die in anderen Mitgliedstaaten gelten, im allgemeinen unbekannt. Diese Unkenntnis kann sie davon abhalten, Waren und Dienstleistungen direkt in anderen Mitgliedstaaten zu ordern. Um die Errichtung des Binnenmarktes zu erleichtern und den Bürger in seiner Rolle als Verbraucher beim Kauf von Waren

---

28 *Wolf*, in Wolf/Horn/Lindacher, § 9 Rdn. 143.
29 Richtlinie 93/13/EWG des Rates ABl. v. 21.4.93 Nr. L 95/29; vgl. Zur Entstehungsgeschichte Überblick bei *Micklitz*, ZEuP 1993, 523 f.

und Dienstleistungen zu schützen, ist es erforderlich, missbräuchliche Klauseln aus diesen Verträgen zu entfernen. Den Verkäufern wird dadurch ihre Verkaufstätigkeit sowohl im eigenen Land als auch im ganzen Binnenmarkt erleichtert. Zugleich wird der Wettbewerb gefördert und den Bürgern der Gemeinschaft eine größere Auswahl zur Verfügung gestellt.

Die Richtlinie gilt nur für Vertragsklauseln, die nicht einzeln ausgehandelt wurden. Eine Vertragsklausel, die nicht im einzelnen ausgehandelt wurde, ist gemäß Art. 3 Abs. 1 RL als missbräuchlich anzusehen, wenn sie entgegen dem Gebot von Treu und Glauben zum Nachteil des Verbrauchers ein erhebliches und ungerechtfertigtes Missverhältnis der vertraglichen Rechte und Pflichten der Vertragspartner verursacht. Dabei ist eine Vertragsklausel immer dann als nicht im einzelnen ausgehandelt zu betrachten, wenn sie im voraus abgefasst wurde und der Verbraucher deshalb, insbesondere im Rahmen eines vorformulierten Standardvertrags, keinen Einfluss auf ihren Inhalt nehmen konnte, Art. 3 Abs. 2 RL.

Daraus folgt, dass die EG-Richtlinie nicht nur auf fertig zusammengestellte AVB, sondern auch auf Klauseln anzuwenden ist, die den individuellen Bedürfnissen des jeweiligen Versicherungsnehmers entsprechen, dessen ungeachtet aber vorformuliert bereitliegen. Sofern ein Versicherer behauptet, dass eine Standardvertragsklausel nicht vorformuliert, sondern im einzelnen ausgehandelt wurde, obliegt ihm die Beweislast, Art. 3 Abs. 2 RL.

Kernstück der Richtlinie ist das in *Art. 5 RL* niedergelegte *Transparenzgebot*. Schriftlich vorformulierte Vertragsklauseln müssen „klar und verständlich" oder, wie es in der englischen Fassung heißt, „in plain intelligible language" abgefasst sein, Art. 5 S. 1 RL. Bei Zweifeln über die Bedeutung einer Klausel gilt die für den Verbraucher günstigste Auslegung, Art. 5 S. 2 RL.

Das Transparenzgebot in der Richtlinie bezieht sich auch auf den Hauptgegenstand des Vertrages und die Angemessenheit zwischen dem Preis oder Entgelt und der Gegenleistung, Art. 4 Abs. 2 RL. Alle Klauseln, auch diejenigen, die das versicherte Risiko und die dafür zu entrichtende Prämie beschreiben, müssen transparent sein. Dies ist z.B. für den Fall relevant, indem durch eine (zulässige) Bedingungsänderung der Leistungsumfang berührt wird. Bleibt diese prämienerhöhende Wirkung verdeckt, so scheitert die Bedingungsänderung am Transparenzgebot.[30]

Aus Art. 5 RL lässt sich keine Rechtsfolge für den Fall der Verletzung des gemeinschaftsrechtlichen Transparenzgebots entnehmen. Art. 6 RL schreibt lediglich vor, dass im Sinne von Art. 3 RL missbräuchliche Klauseln für den Verbraucher unverbindlich seien. Der Begriff der Missbräuchlichkeit umfasst jedoch nicht ohne weiteres das Element der Transparenz. Es lässt sich daraus ableiten, dass die Richtlinie die Rechtsfolge der Verletzung des Transparenzgebotes den Mitgliedstaaten zur Regelung überlässt.[31] Art. 4 Abs. 2 RL enthält jedoch einen eindeutigen Konnex zwischen Missbräuchlichkeitskontrolle und Transparenz der Bestimmung. Daraus lässt sich schließen, dass ein Verstoß gegen das

---

30 Vgl. OLG Düsseldorf, VuR 1998, 124, m.Anm. *Schwintowski*.
31 *Wolf*, in Wolf/Horn/Lindacher, Art. 5 RL, Rdn. 7.

Transparenzgebot der Richtlinie Missbräuchlichkeit im Sinne von Art. 3 Abs. 1 RL nach sich zieht.[32]

II. Deutschland

1. Das Transparenzgebot im AGB-Gesetz

a) Grundsätzliches

Von der Rechtsprechung wurde das sog. Transparenzgebot entwickelt, welches auf dem Informationsmodell des AGB-Gesetzes (AGBG) beruht.[33] Das Transparenzgebot stellt ein grundlegendes Prinzip des AGB-Gesetzes dar.[34] Der Begriff „Transparenz" kommt jedoch im AGB-Gesetz weder wörtlich noch in einer seiner üblichen Übersetzungen (z.B. Klarheit, Verständlichkeit, Eindeutigkeit, Durchschaubarkeit) vor.[35] Das Transparenzgebot bedeutet im Zusammenhang mit AGB und sonstigen Vertragsklauseln das Erfordernis von Klarheit und Verständlichkeit der Vertragsbedingungen in Formulierung und Gestaltung für die hiervon betroffene Partei.[36] Der AGB-Verwender ist verpflichtet, seine AGB „möglichst" so zu gestalten, dass der Durchschnittskunde in der Lage ist, ohne Einholung von weiterem Rechtsrat die ihn benachteiligenden Wirkungen einer Klausel unmittelbar zu erkennen.[37]

Der Zielvorstellung, dass Bestimmungen in AGB „transparent" sein sollen, wird in mehrfacher Hinsicht Ausdruck verliehen, jedoch sind die gesetzlichen Grundlagen des Transparenzgebots umstritten.

Daher wird nun auf die Transparenzproblematik in § 2 AGBG (b.), § 3 AGBG (c.), § 5 AGBG (d.) und § 9 AGBG (e.) näher eingegangen. In diesem Zusammenhang stehen u.a. folgende Fragestellungen im Blickpunkt:

- Wird die über § 9 Abs. 1 AGBG bewirkte Transparenzkontrolle nicht bereits durch die gegenüber der Inhaltskontrolle vorrangig zu prüfenden §§ 2, 3 und 5 AGBG gewährleistet, so dass es einer Ausweitung der Inhaltskontrolle auf die Überprüfung einer hinreichenden AGB-Transparenz gar nicht bedarf?
- Kann die Transparenz Allgemeiner Geschäftsbedingungen überhaupt ein eigenständiger Prüfungsgegenstand des § 9 Abs. 1 AGBG sein oder beschränkt sich die Inhaltskontrolle nicht vielmehr ausschließlich auf die Überprüfung der
- materiell-rechtlichen Auswirkungen einer Geschäftsbedingung?

---

32 So auch *Guillén*, VuR 1994, 309, 311 f.; *Schmid*, EG-Richtlinienvorschlag, S. 255.
33 BGHZ 106, 42, 49 f. = NJW 1989, 222; BGHZ 112, 115, 116 ff. = NJW 1990, 2383; BGHZ 116, 1 3 = NJW 1992, 179.
34 *Köndgen*, NJW 1989, 945, 949; *Westphalen*, Transparenzgebot, Rdn. 1.
35 *Brandner*, FS Locher, S. 317.
36 *Erman/Hefermehl*, § 3 Rdn. 3; *Palandt/Heinrichs*, § 2 AGBG, Rdn. 14.
37 Das Transparenzgebot gilt grundsätzlich auch für AVB.Vgl. *Brandner,* in Ulmer/Brandner/Hensen, § 9 Rdn. 93.

- Stellt § 8 AGBG eine Schranke für die Transparenzkontrolle dar?

b) § 2 AGBG

Nach § 2 Abs. 1 Nr. 2 AGBG werden AVB nur dann Vertragsinhalt, wenn der Verwender dem Kunden die Möglichkeit verschafft, in zumutbarer Weise vom Inhalt der Klausel Kenntnis zu nehmen. Die Vorschrift enthält damit ein Transparenzgebot, wonach AVB verständlich, klar und übersichtlich zu formulieren sind.[38] Dies entspricht nicht nur dem Wortlaut, sondern auch dem Sinn und Zweck der Norm. Der Kunde hat nur dann die Möglichkeit, vom Inhalt und Regelungsgehalt der AVB Kenntnis zu nehmen, wenn diese für ihn verständlich und durchschaubar sind. Mangelnde Transparenz einer Regelung in AVB ist daher nach § 2 AGBG ein *Einbeziehungshindernis*.

Die EG-RL enthält keine Vorschrift zur Einbeziehungskontrolle, steht aber gemäß ihrem Art. 8 RL einer strengeren Regelung nicht im Wege, wie sie in § 2 AGBG enthalten ist. Die Frage der Transparenz von AVB tritt nach dem AGB-Gesetz also nicht erst bei der Inhaltskontrolle, sondern schon bei der Prüfung der Einbeziehung auf. Die Leistungsfähigkeit des Transparenzgebots im Rahmen von § 2 AGBG ist jedoch relativ gering. § 2 Abs. 1 AGBG fordert nicht von dem Verwender auf einzelne Klauseln hinzuweisen, sondern auf die AGB in ihrer Gesamtheit. Eine Differenzierung nach einzelnen Klauseln ist an dieser Stelle grundsätzlich nicht vorgesehen; diese Art der Feinabstimmung bleibt der Auslegung und Inhaltskontrolle überlassen. Ferner gilt § 2 AGBG nach *§ 24 AGBG* nicht für den kaufmännischen Verkehr.

Festzustellen bleibt: die Transparenzvoraussetzungen der Lesbarkeit, Verständlichkeit, Übersichtlichkeit und umfänglichen Angemessenheit betreffen die für den Vertrag bestimmten AVB in ihrer Gesamtheit. Diese Art der Intransparenz ist leicht festzustellen und andererseits auch von den Unternehmen ohne große Anstrengung zu beseitigen, beispielsweise durch die Wahl geeigneten Papiers, geeigneter Drucktypen, eine umfängliche Beschränkung und eine übersichtliche Anordnung der AGB. § 2 AGBG zielt demnach auf eine rein *formale Textverständlichkeit* der Klauseln. Die Vorschrift schützt nur den Kernbereich des Transparenzgebots.[39]

c) § 3 AGBG

Auch bei § 3 AGBG, der *überraschende Klauseln* von der Einbeziehung in den Vertrag ausschließt, geht es um fehlende Transparenz. Eine Aufklärung bzw. genaue Information über die Klauseln eines Vertrages erfolgt in der Praxis, wenn überhaupt, sehr mangelhaft. Der Vertragspartner unterschreibt oft, ohne den Klauselinhalt genau zur Kenntnis zu nehmen. § 3 AGBG dient in diesem Falle der Korrektur eventueller Benachteiligungen des Kunden. § 3 AGBG erfasst eine

---

38 *Heinrichs*, FS Trinkner, S. 159 m.w.N.
39 *Heinrichs*, a.a.O., S. 160.

besonders qualifizierte Erscheinungsform der Intransparenz. Es handelt sich um Klauseln, die nach dem Erscheinungsbild so ungewöhnlich sind, dass der Kunde mit ihnen nicht zu rechnen braucht. Der BGH bejaht dies, wenn den Klauseln ein „Überrumpelungs- oder gar Übertölpelungseffekt" innewohnt.[40] Danach werden Klauseln, die sich nicht im Rahmen dessen halten, was bei Würdigung aller Umstände bei Verträgen dieser Art zu erwarten ist, als überraschende Klauseln von der Einbeziehung nicht erfasst und nicht Vertragsinhalt.[41]

Zur Veranschaulichung dienen folgende Beispiele: Die Aushändigung einer Doppelkarte für die KH-Versicherung enthält im allgemeinen den stillschweigenden Abschluss des Versicherungsvertrages. Das BVerwG bezeichnet den Vertragsabschluss, der von einer weiteren schriftlichen Erklärung des Vermittlers abhängig gemacht wird, als überraschend.[42]

Der Versicherer erweckt den Eindruck mit der Werbung eines Schadentelefon rund um die Uhr, wirksame Schadenanzeigen könnten mündlich erstattet werden. In diesem Falle wäre eine AGB-Klausel überraschend, wenn die Schadenregulierung von einer schriftlichen Anzeige abhängig gemacht wird.

Ähnlich verhält es sich mit *sog. versteckten Klauseln*. Diese befinden sich an systematisch ungewöhnlicher oder unpassender Stelle und schränken Rechtspositionen des Vertragspartners ein, welche an anderer Stelle begründet wurden. In Zusammenhang mit den privaten Krankenversicherungsbedingungen findet sich unter dem Stichwort *Umfang der Leistungspflicht* zunächst der Grundsatz der freien Arzt- und Klinikwahl; an anderer Stelle der AGB wird jedoch die Auszahlung der Versicherungsleistungen hinsichtlich gewisser stationärer Behandlungen davon abhängig gemacht, dass der Versicherungsnehmer die vorherige Zustimmung des Versicherers zu der Wahl des Krankenhauses nachweisen kann. Hier wird der Versicherungsnehmer überrumpelt, weil er, bevor er sich ins Krankenhaus begibt, annehmen muss, dass alle maßgeblichen Informationen zur Leistungspflicht des Versicherers an der diesbezüglichen Stelle der AVB stehen. Die Einbeziehung solcher versteckten AGB-Klauseln kann also an § 3 AGBG scheitern, soweit sie zu einer Überrumpelung des Kunden führen.

Die Bedeutung von § 3 AGBG ist jedoch für die Förderung der Transparenz von AVB insgesamt relativ gering. Der Vertragspartner des Verwenders muss hinsichtlich des Vertragsinhalts, wie gezeigt, gewisse berechtigte Erwartungen hegen, welche durch die AVB-Klauseln enttäuscht werden. Für den Fall, dass solche Erwartungen bestehen, ist dies regelmäßig auf Individualvereinbarungen zurückzuführen, so dass entgegenstehende Klauseln nach § 4 AGBG unbeachtlich sind. Für den größten Teil der Fälle fehlt es aber an solchen Erwartungen. Nur wo diese Möglichkeit besteht, ist es denkbar, dass gerade die intransparente Gestaltung der AGB zur Überrumpelung beiträgt.

---

40 BGHZ 84, 109, 112 = BGH, NJW 1982, 2309.
41 *Palandt/Heinrichs*, § 3 AGBG, Rdn. 1.
42 BVerwGE vom 27.02.1962, VerBAV 1962, 112.

d) § 5 AGBG

§ 5 AGBG spiegelt den Grundsatz *in dubio interpretatio contra proferentum* wider, den die EG-RL in ihrem Art. 5 S. 2 übernommen hat. Sofern eine Klausel mehrdeutig bzw. unklar ist, findet eine Auslegung zugunsten des Verbrauchers und zu Lasten des Verwenders statt. Hieran wird deutlich, dass sich das Transparenzgebot nicht allein in der Kenntnisverschaffungsobliegenheit des § 2 Abs. 1 Nr. 2 AGBG erschöpft, sondern der AGB-Verwender durch diese Auslegungsregel auch zu einer transparenten Klauselgestaltung veranlasst werden soll.

Die Mehrdeutigkeit kann sich dabei aus der Klausel selbst ergeben, aber auch aus anderen Umständen wie etwa der systematischen Stellung innerhalb des gesamten Klauselkatalogs. Mehrdeutigkeit setzt Deutung voraus, also die Anwendung der sonstigen für Allgemeine Geschäftsbedingungen anerkannten Auslegungsmethoden.[43] Sofern eine Klausel mehrdeutig ist, findet die kundenfreundlichste Auslegungsalternative für die weitere Behandlung des Streitfalles Anwendung, § 5 AGBG.

Es ist allerdings zu beachten, dass die vorgesehene kundenfreundliche Auslegung die Gefahr begründet, die Inhaltskontrolle leer laufen zu lassen und dadurch im Ergebnis den Kundenschutz einzuschränken. Mit Rücksicht hierauf hat sich nicht nur im Verbandsprozess, sondern seit einiger Zeit auch im Individualprozess die Tendenz kundenfeindlicher Auslegung mehrdeutiger Klauseln durchgesetzt.[44]

Der Grundsatz der kundenfreundlichsten Auslegung liefe nämlich dem Zweck des Gesetzes zuwider, welcher in der Säuberung des Rechtsverkehrs vor unangemessenen Klauseln bestehe. Dies wäre immer dann der Fall, wenn sich unter mehreren Auslegungsalternativen eine findet, die den Kunden so stark benachteiligt, dass die Klausel, wenn man dieses Verständnis zugrunde legt, der Inhaltskontrolle nach §§ 9-11 AGBG nicht standhält und für unwirksam erklärt werden müsste. Wenn man in solchen Fällen lediglich die kundenfreundlichste Auslegung wählt und folglich eine mit dem AGB-Gesetz vereinbarte Interpretation der Klausel befürwortet, wird der Verwender der AGB keinen Anlass sehen, künftig auf die betreffende Klausel zu verzichten. Der Verwender wird die Klausel auch künftig im vorprozessualen Stadium, über das die meisten Konflikte ja nie hinausgelangen, weiter im kundenfeindlichen Sinne auslegen und damit gegenüber vielen Kunden auch Erfolg haben.

Aus diesen Überlegungen heraus haben Rechtsprechung[45] und Literatur[46] fast einhellig anerkannt, dass im Verbandsklageverfahren für die Inhaltskontrolle von Klauseln jeweils die kundenfeindlichste Auslegung zugrunde zu legen ist.

Bei der Auslegung von AGB werden die objektiven Umstände vor Vertragsschluss untersucht, in denen ermittelt wird, welche Interpretation kundenfreund-

---

43 BGHZ 112, 68; NJW 1992, 1098.
44 *Ulmer*, in Ulmer/Brandner/Hensen, § 5 Rdn. 1, 4 f. m.w.N.
45 BGH, NJW 1980, 831, 832; 1988, 1726, 1727; 1993, 657, 658; 1994, 1060, 1062.
46 *Gerlach*, in Mü-Ko, § 13 Rdn. 21; *Wolf*, in Wolf/Horn/Lindacher, § 13 Rdn. 41; *Löwe*, § 13, Rdn. 28 f.; *Palandt/Heinrichs*, § 13 AGBG, Rdn. 9; *Bunte* ZIP 1982, 591.

licher ist. Für den Individualprozess wurde ein zweistufiges Vorgehen genehmigt.[47] In einem ersten Schritt soll entgegen der Vorschrift die kundenfeindlichste Auslegung ermittelt werden und am Maßstab der §§ 9-11 AGBG überprüft werden. Nur wenn sie und damit auch die kundenfreundlicheren Auslegungen der Klausel der Inhaltskontrolle standhalten, soll unter den verschiedenen Interpretationsmöglichkeiten im zweiten Schritt gemäß § 5 AGBG die kundenfreundlichste den Ausschlag geben. Ob sich dieses Vorgehen mit Art. 5 S. 2 RL vereinbaren lässt, ist nicht völlig geklärt, weil Art. 5 RL eine Ausnahme vom Grundsatz der kundenfreundlichsten Auslegung nur für Kollektivverfahren vorsieht. Letztlich führt jedoch die skizzierte zweistufige Methode zu einer strengeren Handhabung der AGB-Kontrolle, was durch Art. 8 RL ausdrücklich zugelassen ist.

Ein typisches Beispiel für unklare Klauseln enthält § 1 AHB. Der Begriff (Schaden)Ereignis, wie er in § 1 Abs. 1 AHB gebräuchlich ist, lässt sich sowohl im Sinne der Verstoß- als auch im Sinne der Ereignistheorie auslegen.[48] Beide Interpretationen des Begriffes sind für sich allein genommen durchaus klar und transparent.[49] Die jeweilige Anwendung des Begriffs führt nur zu völlig unterschiedlichen Anforderungen an die Gestaltung des Versicherungsschutzes.[50] Dies ist für den durchschnittlichen Versicherungsnehmer nicht ohne weiteres erkennbar und daher wird vertreten, dass § 1 AHB nicht nur unklar ist, sondern auch gegen das Transparenzgebot verstößt.[51]

Für die Frage des Transparenzgebots bedeutet die Reduktion des Grundsatzes der kundenfreundlichsten Auslegung jedoch einen Funktionsverlust des § 5 AGBG und damit eine Verlagerung der Transparenzproblematik in den Bereich des § 9 AGBG. Eine Anwendung des § 5 AGBG kommt nur noch dann in Betracht, wenn die Klausel bei kundenfeindlichster Auslegung zwar transparent aber dennoch mehrdeutig ist.[52]

e) § 9 AGBG

aa) Das Transparenzgebot in § 9 AGBG

In der Rechtsprechung gibt es viele Urteile, die sich mit der Anwendung des § 9 Abs. 1 AGBG im Zusammenhang mit dem Transparenzgebot auseinander gesetzt haben. Der BGH sah bereits im Jahre 1980 in einer Preisänderungsentscheidung[53] das Transparenzgebot im Bereich des § 9 Abs. 1 AGBG, ohne diesen Begriff zu erwähnen.[54]

---

47 BGH, NJW 1992, 1097, 1099; OLG Schleswig, ZIP 1995, 759, 762; *Wolf*, a.a.O., § 5 Rdn. 33; *Ulmer*, in Ulmer/Brandner/Hensen, § 5 Rdn. 31.
48 RGZ 171, 43; BGHZ 25, 34; dagegen BGHZ 79, 76.
49 *Schwintowski*, VuR 1998, 35.
50 *Schwintowski*, Kundenfreundliche Versicherungsbindungen, S. 10.
51 *Schwintowski*, VuR 1998, 35.
52 *Ulmer,* in Ulmer/Brandner/Hensen, § 5 Rdn. 31.
53 BGH, NJW 1980, 2518.
54 So *Köndgen*, NJW 1989, 943, 944.

Am 24.11.1988 erklärte der BGH in seinem „Annuitäten-Urteil"[55] die Tilgungsverrechnungsklausel einer Hypothekenbank gemäß § 9 Abs. 1 AGBG für unwirksam. Das Ergebnis dieser Entscheidung ist für die heutige Entwicklung des Transparenzgebots hinsichtlich § 9 AGBG von großer Bedeutung. Aus diesem Grunde wird auf das Urteil im folgenden näher eingegangen.

(1) Das „Annuitäten-Urteil" des BGH

Das „Annuitäten-Urteil" betraf eine Bestimmung aus einer Musterdarlehensurkunde des Verbandes privater Hypothekenbanken. Dort war einerseits für die vorgesehene Jahresleistung eine vierteljährliche Zahlungsweise und andererseits die Zinsberechnung jeweils nach dem Stand des Kapitals am Schluss des vergangenen Tilgungsjahres vorgeschrieben. Diese Methode der Berechnung ist durch das *Annuitätenprinzip* gerechtfertigt. Die gesetzliche Rechtsfigur des Annuitätensystems ist in § 20 Abs. 2 HBG verankert. Zum besseren Verständnis wird der Wortlaut dieser Bestimmung hier zitiert:

„Von dem Beginn der Amortisation an dürfen die Jahreszinsen von keinem höheren Betrag als von dem für den Schluss des Vorjahres sich ergebenden Restkapital errechnet werden; der Mehrbetrag der Jahresleistung ist zur Tilgung zu verwenden."

Der aus diesem Regelungszusammenhang resultierende Zinserhöhungseffekt wurde in zwei voneinander getrennten, nicht miteinander zusammenhängenden Absätzen der AGB geregelt.[56]

Der III. Zivilsenat des BGH erklärte die streitige AGB-Regelung für ein Hypothekendarlehen wegen *Verstoßes gegen das Transparenzgebot* gemäß § 9 AGBG für unwirksam.

Der BGH bewertete keineswegs die Art der Zinsberechnung im Verhältnis zu den Bankkunden als materiell-rechtlich unangemessen. Der Senat hat die streitige Klausel letztlich mit der Begründung missbilligt, die Bank habe die preiserhöhende Wirkung verschleiert.[57] Dem Vertragspartner war eine Beeinträchtigung durch die preiserhöhende Nebenabrede nicht von Anfang an hinreichend deutlich erkennbar. Der Darlehensvertrag enthalte keine Angabe über die Höhe der Effektivzinsen. Lediglich über die Nominalzinsen werde der Kunde informiert, welche jedoch nicht dem Gesamtbetrag, den er zu zahlen hat, entsprächen. Im einzelnen führte der BGH hierzu folgendes aus: „Für den Darlehensnehmer sind nicht nur diese beiden Daten von Bedeutung. Er muss auch wissen, wie lange er bei gleichbleibendem Zinssatz bis zur vollständigen Tilgung Zahlung in der angegebenen Höhe leisten muss bzw. wie hoch aufgrund dieser Zahlung noch die Restschuldsumme ist. Nur wenn der Kunde darüber Klarheit gewinnt oder wenigstens den sich aus dem Zusammenspiel der Darlehenskonditionen ergebenden effektiven Jahreszins kennt, ist ihm ein Preisvergleich mit den Angeboten anderer Ban-

---
55 BGH, WM 1988, 1780.
56 BGH, NJW 1989, 227, 223.
57 BGH, WM 1988, 1780, 1783.

ken möglich".⁵⁸ Die Beschreibung der Tilgungsberechnung in zwei verschiedenen Absätzen führt auch zu einer Unklarheit und Unverständlichkeit bzw. Intransparenz der Zinsberechnungsklausel. Dem Kunden ist der Inhalt der Klausel damit nicht ohne weiteres begreiflich. Nach Meinung des BGH hätte er die Klauseln kombinieren und bei der Lektüre in ihrem Zusammenhang intellektuell verknüpfen müssen, um ihren Inhalt nachvollziehen zu können. Dies würde jedoch einen Durchschnittskunden überfordern.⁵⁹

Die Besonderheit der Urteilsbegründung bestand darin, dass die Verwendung einer AGB-Klausel mit gesetzlich an sich zulässigem Regelungsinhalt dann in eine unangemessene Benachteiligung umschlagen soll, wenn die Transparenz der zins- bzw. preissteigernden, also benachteiligenden Wirkung nicht hinreichend gegeben erscheint und der Verwender entgegen Treu und Glauben eine entsprechende Transparenz nicht von sich aus herstellt.

(2) Kritik

Das Urteil des BGH hat ohne Zweifel in der Fachwelt kontroverse Diskussionen über Grund und Grenzen des Transparenzgebots im AGB-Gesetz hervorgerufen.⁶⁰

Bis heute wird kritisiert, dass durch das Transparenzgebot ein eigenes, rein formales Kriterium zur Angemessenheitskontrolle geschaffen wurde, ohne dass ein materiell-rechtliches Ungleichgewicht verlangt werde.⁶¹ Demnach sei ohne eine materielle (inhaltliche) Benachteiligung auch ein Transparenzverstoß nicht denkbar. Das bedeutet, dass die Intransparenz als solche die Unwirksamkeit einer Klausel im Rahmen des § 9 AGBG nicht losgelöst von ihrem materiellen Inhalt zu begründen vermag. Dies folge aus der Verortung des Transparenzgebots in § 9 AGBG, der inhaltliche Unangemessenheit voraussetze.⁶² Ebenso ergebe sich dies aus § 8 AGBG, der nur benachteiligende Klauseln zur Überprüfung zulasse, so dass letztlich auch nur derartige Klauseln wegen Transparenzverstoßes verworfen werden könnten.⁶³ Das Transparenzgebot als Bestandteil der Inhaltskontrolle könne nur bei festgestellter Vertragsungerechtigkeit greifen.⁶⁴ Dies sei noch nicht gegeben, wenn der Vertragspartner seine Rechte und Pflichten wegen der intransparenten Gestaltung der Klausel nicht oder nur mit Schwierigkeit verstehen kann. Weiterhin wird eingeräumt, dass Entscheidungen der Rechtsprechung sich bisher zur Begründung äußerlich auf die Intransparenz der betreffenden Re-

---

58 BGH, NJW 1989, 222, 224.
59 BGH, a.a.O.
60 *Bruchner*, WM 1988, 1873, 1875; *Wagner-Wieduwilt*, WM 1989, 37, 45; *Westermann*, ZBB 1989, 36, 38; *Westermann*, FS Steindorff, S. 831 f.; *Campenhausen*, Das Transparenzgebot als Pflicht zur Aufklärung, S. 54; a.A.: OLG Celle, WM 1989, 435, 436; *Löwe*, EwiR § 9 AGBG 1/89, S. 2; *Köndgen*, NJW 1989, 943, 947.
61 Insbesondere *Wagner-Wieduwilt*, WM 1989, 37, 38 ff., unter Berufung auf die Rechtsprechungsgeschichte und in Kritik zu BGHZ 106, 42; ähnlich *Bruchner*, WM 1988, 1873, 1875.
62 *Hellner*, FS Steindorff, S. 584.
63 *Hoyningen-Huene*, FS Trinkner, S. 189 f.
64 *Westermann*, FS Steindorff, S. 828

gelung gestützt haben, letztlich aber ein Verstoß gegen das Äquivalenzprinzip vorlag. Dass die Intransparenz gegenüber dem Äquivalenzprinzip keine eigenständige, sondern nur unterstützende Funktion habe, ergebe sich besonders deutlich bei Betrachtung folgender Fallkonstellation: An die Stelle einer wegen Intransparenz unwirksamen, aber vorteilhaften Regelung träte gemäß § 6 Abs. 2 AGBG das dispositive Gesetzesrecht und damit für den Versicherungsnehmer eine Verschlechterung der Rechtslage ein. *Basedow*[65] räumt ein, dass das Gericht zwar durch ergänzende Vertragsauslegung die ursprünglich intendierte Begünstigung des Versicherungsnehmers wieder herstellen kann, doch wären auch solche Einzelfalllösungen aus der Natur der Sache heraus intransparent. Eine solche Interpretation des Transparenzgebots werfe dem Versicherungsnehmer „nur Steine statt Brot in den Weg". Schließlich wird diese Meinung noch durch eine Parallele zum EG-Recht untermauert.[66] Danach solle nach dem System der Richtlinie bei intransparenten Klauseln das allgemeine Verbot missbräuchlicher Vertragsklauseln gemäß Art. 3 Abs. 1 RL eingreifen. Danach ist eine AGB-Klausel als missbräuchlich anzusehen, wenn sie entgegen dem Gebot von Treu und Glauben zum Nachteil des Verbrauchers ein erhebliches und ungerechtfertigtes Missverhältnis der vertraglichen Rechte und Pflichten der Vertragspartner verursacht. Entscheidendes Kriterium für die Missbräuchlichkeit sei hiernach das in Art. 3 Abs. 1 RL genannte Missverhältnis der vertraglichen Rechte und Pflichten der Vertragspartner und letztlich das Äquivalenzprinzip. Die Intransparenz einer Klausel, so *Basedow,* stelle kein eigenständiges Kontrollkriterium dar, sondern verstärke das Unwerturteil, welches aus der materiellen Verschlechterung des vertraglichen Gleichgewichts der Rechte und Pflichten resultiere.[67]

(3) Stellungnahme

Dazu soll im folgenden Stellung genommen werden:

In einer ersten Gruppe von Fällen können Klauseln für unwirksam befunden werden, weil deren unklare Gestaltung geeignet ist, den Eindruck einer falschen Rechtslage zu erwecken, wodurch die andere Vertragspartei von der Geltendmachung ihrer Rechte im nachvertraglichen Stadium abgehalten werden könnte.[68] Diese Fälle werden als unproblematisch eingeordnet, da der materiell-rechtliche Nachteil unmittelbar einleuchtet. *Koller*[69] erkennt in der nachvertraglichen Benachteiligung zugleich die ökonomische Begründung für das Transparenzgebot. Bei einseitigen Gestaltungsvorbehalten des AGB-Verwenders ist das Transparenzgebot auch anzuwenden. Solche Vorbehalte erlauben Willkürentscheidungen

---

65 *Basedow*, NVersZ 1999, 349, 350.
66 *Basedow*, a.a.O.
67 *Basedow*, a.a.O.
68 BGHZ 93, 29 *Köndgen*, NJW 1989, 943, 944 ff.; *Wagner-Wieduwilt*, WM 1989, 37, 38 ff. In BGH NJW 1988, 1726, enthielt der Garantieschein eine Klausel, durch die „weitergehende Ansprüche" ausgeschlossen wurden. Der BGH hielt die Klausel für unwirksam, weil ein rechtsunkundiger Durchschnittskunde von der Geltendmachung von Ansprüchen gegen den Verkäufer abgehalten werden könnte.
69 *Koller*, FS Steindorff, S. 667, 671 f.

und verletzen deshalb - in einem materiellen Sinne - die wirtschaftliche Selbstbestimmung.[70] Problematisch beurteilt wird das Transparenzgebot dagegen bei Preisbestimmungsklauseln. Intransparente Preisbestimmungsklauseln bewirken folgendes, und hierfür ist der Hypothekenzinsfall[71] ein denkbar anschauliches Beispiel: Intransparente Preisbestimmungsklauseln erwecken beim Kunden den Eindruck eines niedrigeren Preises (angegebener Nominalzins), indem sie einen preiserhöhenden Umstand (quartalsmäßige Tilgung) entweder so gestalten, dass er in seiner Relevanz für die Preisbestimmung nicht mehr erkennbar ist oder in Bestimmungen untergebracht wird, die als solche nicht die Preisbestimmung, sondern - wie im Beispielsfall - die Tilgungsmodalitäten betreffen. Die mangelnde Transparenz bewirkt, allgemeiner formuliert, dass ein Umstand, der üblicherweise aufgrund seines Informationswertes beim Kunden Beachtung findet, in den Bereich des vom Kunden als nicht entscheidungsrelevant erachteten Bereichs der Klauselbestimmungen versetzt wird. Bei Preisbestimmungen erfolgt also durch die Intransparenz eine faktische Verschlechterung der Informationslage des Kunden. Die Intransparenz bewirkt das Marktversagen. Das Transparenzgebot kann umgekehrt das durch die intransparente Preisbestimmung bewirkte Marktversagen kompensieren.[72]

Dem Argument, das Transparenzgebot sei überflüssig, weil der Kunde infolge der Inhaltskontrolle nach dem AGB-Gesetz auf das Lesen der AGB verzichten könne, da er ohnehin geschützt sei, ist entgegenzutreten. In bezug auf Preisklauseln stimmt dieses Argument nur dann, wenn das AGB-Gesetz auch seiner Aufgabe der Inhaltskontrolle unangemessener Klauseln nachkommt. Würde man auf das Transparenzgebot verzichten, entstünde dagegen eine Schutzlücke. Das AGB-Gesetz würde ohne das Transparenzgebot das Vertrauen des Kunden enttäuschen.

Wie bereits oben dargestellt richtet sich die Hauptkritik der Rechtsprechung gegen den formalen Charakter des Transparenzgebots, während Unangemessenheit im Sinne von § 9 Abs. 1 AGBG nur inhaltliche (materielle) Unangemessenheit bedeuten könne. Eine materielle Unangemessenheit könne aber schon deshalb nicht gegeben sein, weil das AGB-Gesetz keine Befugnis zur Preiskontrolle verleihe. Es fehle am Maßstab für den richtigen Preis.[73]

Köndgen[74] stellt in diesem Zusammenhang noch einmal klar:

„Die Benachteiligung des Kunden in Gestalt intransparenter Klauseln äußert sich darin, dass der Kunde in Unkenntnis der Relevanz des Klauselinhalts für seinen Vertragsschluss davon abgehalten wird, seine Chancen im Wettbewerb zu suchen - und zwar nicht, indem er mit dem Anbieter verhandelt, sondern sich nach günstigeren Konkurrenten umsieht."

---

70 BGH, NJW 1980, 2518; NJW 1985, 623, 627.
71 Ausführlich dazu unter § 2 B. II. 1. e)aa)(1).
72 Vgl. *Drexl*, Die wirtschaflitche Selbstbestimmung des Verbrauchers, S. 356 ff. Im Ergebnis ebenso, *Köndgen*, NJW 1989, 943, 948.
73 *Drexl*, a.a.O.
74 *Köndgen*, NJW 1989, 943, 949.

Er versteht diese Benachteiligung als materiell unangemessen und begründet dies mit dem Konzept einer *marktbezogenen Unangemessenheit*. Das Transparenzgebot schütze die Integrität der Nachfrageentscheidung unabhängig davon, ob der einzelne Verbraucher Schutz benötigt. *Köndgen* kommt damit für das AGB-Gesetz zu einer ordnungspolitischen Funktionsbestimmung. Das Transparenzgebot schütze auch den Wettbewerb als solchen in Ergänzung des GWB und des UWG.

Das AGB-Gesetz ist mit seiner Klauselkontrolle dazu bestimmt, die Beeinträchtigung wirtschaftlicher Selbstbestimmung auf der Seite der anderen Vertragspartei infolge der Vorformulierung von Vertragsbestimmungen auszugleichen. Klauseln, die unverständlich formuliert sind, verschlechtern die Informationslage des Kunden und damit die Wettbewerbsbedingungen. In den Inhalt der Preisbestimmung wird nicht eingegriffen, denn die Garantie von Transparenz genügt zur Wiederherstellung wettbewerblicher Verhältnisse.

Bei der Inhaltskontrolle kommt es demnach zur Überprüfung der materiellen Angemessenheit bzw. Gerechtigkeit einer Klausel. Das Transparenzgebot stellt jedoch Anforderungen an die Darstellbarkeit von Klauseln. Auch rechtlich nicht benachteiligende Klauseln können wettbewerbsverzerrenden Charakter haben, wenn sie nicht zur Kenntnis genommen werden und wegen Intransparenz nicht in die Vertragsabschlussentscheidung einbezogen werden.[75] Gerade dann aber muss das Transparenzgebot in seiner wettbewerbsunterstützenden Funktion eingreifen können. Schließlich wäre bei gleichzeitig vorliegender inhaltlicher Unangemessenheit ein Rückgriff auf das Transparenzgebot überflüssig.[76]

Die EG-RL statuiert in Art. 5 S. 2 RL die Transparenzkontrolle nicht als einen Unterfall der Inhaltskontrolle, sondern als eine selbstständige Kategorie der Missbrauchskontrolle.[77] So wurde vorgetragen, dass AGB dem Kunden durch intransparente AGB-Klauseln Rechte einräumen, die ihm beispielsweise nach dem Gesetz gar nicht zustehen.[78] Nach *Römer*[79] müssen auch solche Regelungen klar formuliert sein, damit der Kunde seine Vorteile wahrnehmen kann. Hier stellt sich die Frage, welche Sanktion an einen Verstoß geknüpft werden soll. Soll die Intransparenz der Klauseln in einem solchen Falle zur Unwirksamkeit führen? Grundsätzlich gilt es, diesen Vorteil nicht durch Anwendung des Transparenzgebots zu vernichten.

Für die Frage des Verhältnisses zwischen Transparenz und materiellrechtlicher Angemessenheit ergibt sich folgendes: Das Transparenzgebot ist nicht nur dann anwendbar, wenn die Gefahr einer inhaltlichen Benachteiligung des Kunden besteht. Vielmehr führt die *bloße Intransparenz* einer Klausel zur *Unwirksamkeit* nach § 9 Abs. 1 AGBG.

Entsprechend seinen verschiedenen Funktionen können dem Transparenzgebot im Rahmen des § 9 Abs. 1 AGBG verschiedene Einzelwirkungen oder tat-

---

75 Vgl. *Fahr*, Inhaltskontrolle, Transparenzgebot, S. 112.
76 *Brandner,* in Ulmer/Brandner/Hensen, § 9 Rdn. 175; vgl. auch *Fahr*, a.a.O., S. 113.
77 *Brandner*, a.a.O.
78 Vgl. *Basedow*, VersR 1999, 1045, 1049.
79 *Römer*, NVersZ 1999, 97, 104.

bestandliche Ausformungen zugeschrieben werden.[80] Es handelt sich um typische Erscheinungsformen, die sich im Einzelfall überschneiden können und das Transparenzgebot als solches klarer fassbar machen:

- Als eigentlicher Kern des Transparenzgebots erweist sich das Erfordernis der *Verständlichkeit* von AVB. Danach müssen AVB so verständlich formuliert sein, dass Sinn und Zweck der AVB samt rechtlicher Tragweite für den Kunden ohne weiteres erkennbar sind. Neben der Textverständlichkeit und der Lesbarkeit, welche sich grundsätzlich aus § 2 AGBG ergibt, umfasst das Verständlichkeitsgebot als Teil des Transparenzgebots insbesondere das Erfordernis der Sinnverständlichkeit.
- Um dem Transparenzgebot zu entsprechen, müssen AVB bezüglich Tatbestand und Rechtsfolge so bestimmt formuliert sein, dass sich für den Verwender keine ungerechtfertigten Ermessensspielräume eröffnen. Der Kunde soll die AVB so weit wie möglich ohne zusätzliche rechtliche Beratung verstehen können.[81] Dem *Bestimmtheitsgebot* kann aber regelmäßig nur dann genügt werden, wenn bei der Ausformulierung der Vertragsklauseln alle möglichen vielschichtigen Konstellationen hinreichend differenziert geregelt werden.[82] Das Transparenzgebot wird in diesem Zusammenhang auch als Komplementärgebot bezeichnet, denn die AGB müssen nicht nur transparent, sondern auch bestimmt sein.[83]
- Weiterhin muss bei der Transparenz dem *Richtigkeitsgebot* Rechnung getragen werden. Dieses besagt, dass der Klauselinhalt die im vorliegenden Fall geltende Rechtslage richtig und unverschleiert und ohne Täuschung über tatsächlich bestehende Rechte und Pflichten wiedergeben muss.[84]
- Zur Richtigkeit gehört auch das Gebot der *Vollständigkeit*.[85] So kann etwa eine unvollständige Aufzählung der dem Kunden zustehenden Rechte oder die unvollständige Wiedergabe der Tatbestandsvoraussetzungen vom Anspruch gegen den Kunden einen irreführenden Effekt nach sich ziehen.
- Aus dem Erfordernis der konkreten tatbestandlichen Ausformung ergibt sich das *Gebot der Differenzierung*, wenn für verschiedene typische Fallgestaltungen unterschiedliche Beurteilungen hinsichtlich der Angemessenheit zu treffen sind.[86]

Abzustellen ist dabei - ebenso bei § 3 AGBG - auf die Verständnismöglichkeiten des typischerweise bei Verträgen der geregelten Art zu erwartenden rechtsunkundigen Durchschnittsbürgers.[87] Der BGH verkennt nicht, dass es in be-

---

80 *Wolf*, in Wolf/Horn/Lindacher, § 9 Rdn. 148 ff.
81 *Wolf*, in Wolf/Horn/Lindacher, § 9 Rdn. 150; *Schäfer*, Das Transparenzgebot, S. 5 f.: hingegen will den Begriff der Transparenz von der Problematik der „Bestimmtheit" des Klauselinhalts abgrenzen. Anders als mit dem Begriff der Transparenz sei mit dem Begriff der Bestimmtheit nicht die Klarheit und Durchschaubarkeit einer Geschäftsbedingung gekennzeichnet.
82 *Wolf*, in Wolf/Horn/Lindacher, § 9 Rdn. 150.
83 *Lindacher*, Der Topos der Transparenz, S. 348.
84 BGHZ 104, 82, 92 f.; *Palandt/Heinrichs*, § 9 AGBG, Rdn. 16a.
85 *Wolf*, in Wolf/Horn/Lindacher, § 9 Rdn. 154.
86 *Wolf*, a.a.O., Rdn. 152.
87 BGHZ 106, 49.

stimmten Rechtsbereichen außerordentliche oder sogar unüberwindbare Schwierigkeiten bereiten kann, alle Auswirkungen einer Regelung für den Durchschnittskunden verständlich darzustellen. Das Transparenzgebot will den Verwender nicht zwingen, jede AGB-Regelung gleichsam mit einem umfassenden Kommentar zu versehen. Er soll aber verpflichtet sein, bei der Formulierung von vornherein auf die Verständnismöglichkeiten des Durchschnittskunden Rücksicht zu nehmen und, wenn das ohne unangemessene Ausweitung des Textumfangs möglich ist, zwischen mehreren möglichen Klauselfassungen diejenige zu wählen, bei der die kundenbelastende Wirkung einer Regelung nicht unterdrückt, sondern deutlich gemacht wird.[88] Ergänzend ist für Verbraucherverträge auf *§ 24 a AGBG* hinzuweisen, wonach bei der Beurteilung der unangemessenen Benachteiligung nach § 9 AGBG auch die den Vertragsabschluss begleitenden Umstände zu berücksichtigen sind.[89] Ist eine Klausel für den typischen Kunden intransparent, für die konkrete Vertragspartei, etwa einen Kaufmann oder Juristen, aber verständlich, kann ihre Unwirksamkeit im Individualprozess nicht mehr aus einer Verletzung des Transparenzgebotes hergeleitet werden.[90]

Schließlich hat der BGH klargestellt, dass das Transparenzgebot des § 9 AGBG nicht nur im Individualprozess, sondern auch im *Verbandsprozess* (§ 13 AGBG) wirkt.[91]

bb) § 8 AGBG

Nicht alle Inhalte Allgemeiner Geschäftsbedingungen unterliegen der Inhaltskontrolle nach §§ 9-11 AGBG. Nach § 8 AGBG bezieht sich diese vielmehr nur auf solche Klauseln in AGB, die von Rechtsvorschriften abweichen oder diese ergänzen.

(1) Zum Verständnis des § 8 AGBG

Die Vorschrift des § 8 AGBG setzt nach ihrem Wortlaut voraus, dass es für den in AVB geregelten Tatbestand Rechtsvorschriften gibt. Wann man in concreto von einer abweichenden oder einer ergänzenden Regelung spricht, soll zunächst dahingestellt bleiben. Insgesamt muss nämlich beachtet werden, dass das VVG nur einen geringen Teil dessen regelt, was heute im Versicherungswesen einer Regelung bedarf. In diesem Zusammenhang ist z.B. auf die bei Entstehung des VVG im Jahre 1908 noch nicht vorhandene Rechtsschutzversicherung hinzuweisen. Auch der weite Bereich der Krankenversicherung oder die immer bedeutsamere Berufsunfähigkeitsversicherung wurden in das VVG bisher nicht aufgenommen. Die Beschränkung der AVB-Kontrolle auf solche im Gesetz geregelten Tatbestände würde demnach zu einem weitgehenden Ausschluss der

---
88 BGHZ 112, 115, 119.
89 § 24a AGBG wurde zur Umsetzung der EG-Richtlinie über missbräuchliche Klauseln durch Gesetz vom 19.07.1996 (BGBl. I S. 1013) eingeführt; dazu *Börner*, JZ 1997, 595.
90 *Palandt/Heinrichs*, § 9 AGBG, Rdn. 16.
91 BGHZ 116, 1, 3.

Kontrolle führen.

Heute besteht aber Einigkeit darin, dass die Bestimmung des § 8 AGBG redaktionell verunglückt ist. Mit § 8 AGBG ist nach allgemeiner und zutreffender Auffassung lediglich vorgeschrieben, dass die Kontrolle nach dem AGB-Gesetz sich nicht auf solche AGB-Regelungen erstreckt, die nur wiedergeben, was ohnehin gesetzlich geregelt ist, oder die Preise und Leistungsbeschreibungen enthalten.[92] Unter *Leistungsbeschreibungen* wird in der Literatur die Festlegung der Kriterien des Versicherungsschutzes im Hinblick auf die versicherten Gefahren verstanden.[93] Sie dienen der Spezifizierung des versicherten Risikos[94] und werden daher auch oft synonym als Risikobeschreibung bezeichnet.[95] Während die Definition der Leistungsbeschreibung heute geklärt ist, wird die Frage nach einem kontrollfreien Raum von leistungsbeschreibenden AVB um so heftiger und besonders kontrovers diskutiert. Der BGH befasste sich erstmals in einer Entscheidung aus dem Jahre 1993[96] mit der Bedeutung des § 8 AGBG für die Kontrollfähigkeit von AVB und führte aus, dass es sich bei den Ausschlussbestimmungen der Nr. 1a und 3a des § 9 VHB 84 nicht um kontrollfreie Leistungsbeschreibungen handele. Da die Klauseln die Versicherungsleistung einschränken, indem sie Leistungen ausschließen, seien diese inhaltlich zu kontrollieren; § 8 AGBG stehe dem insoweit nicht entgegen. Ergänzend führt der BGH aus, dass der Inhaltskontrolle lediglich ein enger Bereich der Leistungsbezeichnung entzogen sei. Diesem engen Bereich werden Bestimmungen zugeordnet, ohne deren Vorliegen mangels Bestimmtheit oder Bestimmbarkeit des wesentlichen Vertragsinhalts ein wirksamer Vertrag nicht mehr angenommen werden könne. Klauseln, die das Hauptleistungsversprechen einschränken, verändern, ausgestalten oder modifizieren, seien somit in jedem Falle inhaltlich zu kontrollieren.[97]

Wie festgestellt, legen Leistungsbeschreibungen ohne gesetzliche Festlegung allein aufgrund vertraglicher Vereinbarung das Ob, den Gegenstand, Art, Umfang, Quantität und Qualität der vertraglichen Leistung unmittelbar fest. Sie gehören zu den Bestimmungen der Vertragsparteien und sind nach der Intention des Gesetzgebers[98] und der herrschenden Meinung[99] von einer Inhaltskontrolle auszunehmen. In bezug auf Versicherungsverträge entspricht die Leistungsbeschreibung dem Produkt Versicherungsschutz und ist untrennbar mit ihm verbunden. In den AVB konkretisiert sich für den Verbraucher die durch das Versicherungsereignis aufschiebend bedingte Leistungsverpflichtung des Versicherers aus dem Vertrag. Fraglich ist daher, welche AVB kontrollfreie Leistungsbeschreibungen

---

92 *Brandner*, in Ulmer/Brandner/Hensen, § 8 Rdn. 1; *Wolf*, in Wolf/Horn/Lindacher, § 8 Rdn. 1; so auch die Begr., BT-Drcks. 7/3919, S. 22 zu § 6 des Entwurfs.
93 Zum Begriff vgl. *Flick*, Schranken der Inhaltskontrolle, S. 88 f.; *Löwe*, in Löwe/Westphalen/Trinkner, AGBG, § 8 Rdn. 7.
94 Vgl. hierzu insbesondere *Farny*, ZVersWiss 75, 169, 172.
95 Zum synonymen Begriffsverständnis *Palandt/Heinrichs*, § 8 AGBG, Rdn. 2; *Staudinger/Schlosser*, AGBG, § 9 Rdn. 176.
96 BGH vom 21.4.1993 = VersR 1993, 830.
97 BGH, VersR 1993, 830, 831.
98 Vgl. BGH NJW 1985, 3013; VersR 1990, 91; NJW 1992, 688.
99 So z.B. *Wolf*, in Wolf/Horn/Lindacher, § 8 Rdn. 10; *Palandt/Heinrichs*, § 8 AGBG, Rdn. 2.

i.S.v. § 8 AGBG darstellen und welche nicht. Die hierzu vertretenen Meinungen in der Literatur und Rechtsprechung gehen weit auseinander.[100]

Schmidt-Salzer[101] möchte als kontrollfreien Hauptgegenstand eines Versicherungsvertrages die Teile der AVB ansehen, die den Typus des einzelnen Vertrages betreffen. Dabei geht es um die Definition des Versicherungsfalles, mithin das Hauptleistungsversprechen. Der Kontrolle sollen jedoch alle Klauseln unterliegen, die das Hauptleistungsversprechen einschränken, verändern, ausgestalten oder modifizieren.

Dreher[102] sieht als kontrollfrei nur diejenigen Klauseln an, die den jeweiligen Versicherungsvertrag konstituieren und damit den Leistungskern bilden. *Römer*[103] geht noch weiter, indem er allein den Vertragszweck als kontrollfrei betrachtet. Die vertretenen Untergliederungen von primären, sekundären und tertiären Leistungsbeschreibungen zur Abgrenzung zwischen kontrollfreiem und zu kontrollierendem Bereich der AVB lehnt er als ungeeignet ab, so dass ausdrücklich auch primäre Leistungsbeschreibungen als kontrollunterworfen kategorisiert werden, wenn diese inhaltlich mehr als nur die Bestimmung des Vertragszwecks enthalten. *Römer* betont weiter, dass sich der als Maßstab der Inhaltskontrolle heranzuziehende Vertragszweck nicht einheitlich bestimmen lasse und von der jeweiligen Ausgestaltung der AVB und der speziellen Versicherungsart abhänge.[104]

Sieg[105] hingegen argumentiert mit der klassischen Differenzierung zwischen primären und sekundären Risikobegrenzungen. Primäre Risikobegrenzungen bzw. Beschreibungen sind danach Festlegungen der eigentlichen Versicherungsleistung, also dem, was dem Versicherungsnehmer positiv gegeben wird. Sekundäre Risikobeschreibungen hingegen legen die Leistungsausschlüsse fest. Eine Inhaltskontrolle von primären und auch einem großen Teil der sekundären Risikobeschreibungen lehnt er ab, da diese als Produktbeschreibung die Ware Versicherungsschutz bestimmen und so zu den (nicht kontrollfähigen) essentialia des Vertrages gehören. Dessen unbeschadet betont er jedoch die Kontrollfähigkeit sämtlicher AVB nach § 3 AGBG.[106]

Der BGH vermeidet eine Differenzierung zwischen primären und sekundären Risikobeschreibungen und benennt in der bereits zitierten Grundsatzentscheidung aus dem Jahre 1993[107] einen Kernbereich, der gemäß § 8 AGBG keiner Kontrolle nach den §§ 9-11 AGBG unterliege. Im Ergebnis kann daher festgestellt werden, dass der BGH eindeutig die Kontrolle jeweils des gesamten Bedingungswerkes favorisiert, insbesondere die Kontrolle von Klauseln, die das Hauptleistungsversprechen in irgendeiner Form einschränken. Daraus ergibt sich, dass alle Klau-

---

100 Ausführliche Übersicht über die zur Inhaltskontrolle von AVB vertretenen Meinungen: *Bruck/Möller/Winter*, VVG, 1. Teil Anm. A 66 ff; *Loo*, Angemessenheitskontrolle.
101 *Schmidt-Salzer*, BB 1995, 1493.
102 *Dreher*, VersR 1995, 245, 249.
103 *Römer*, FS Lorenz, S. 468 f.
104 *Römer*, a.a.O.
105 *Sieg*, VersR 1977, 489, 491.
106 *Sieg*, a.a.O.
107 BGH, VersR 1993, 830, 831.

seln, die nicht zum (positiven) Kernbereich des Vertrages gehören, außerhalb des Anwendungsbereiches des § 8 AGBG liegen und damit der Kontrolle der §§ 9-11 AGBG unterliegen.

Darüber hinaus wird, wie oben erwähnt, auch die Gegenleistungsvereinbarung, also regelmäßig die *Preisvereinbarung* von der Inhaltskontrolle ausgenommen.[108] Davon zu unterscheiden sind jedoch die sog. Preisnebenabreden, sowie Preisanpassungs- oder einseitige Preisbestimmungsklauseln.[109] Diese Klauseln sind meist nur mittelbar mit der Hauptleistung verbunden und betreffen zum Teil nur Nebenleistungen, mit deren Erforderlichkeit der Kunde bei Vertragsschluss nicht rechnen kann oder muss, bzw. haben ihren Entstehungstatbestand infolge von Veränderungen bei der Vertragsabwicklung nach Vertragsschluss.

Damit wird deutlich, dass die sog. essentialia negotii nicht der Inhaltskontrolle unterfallen. In der Literatur wird dies zu Recht damit begründet, dass im Hinblick auf Preis und Hauptleistung keine präzisen rechtlichen Angemessenheitsmaßstäbe existieren und existieren können. Eine richterliche Kontrolle der Preise und ihres Verhältnisses zu den Hauptleistungen kann und soll daher nur in Extremfällen der §§ 138 BGB und 22 GWB stattfinden.[110] Weiterhin wird in diesem Zusammenhang ausgeführt, dass solche Klauseln durch Vereinbarung zwischen den Parteien getroffen werden, was völlig im Einklang mit dem Mechanismus der Marktwirtschaft steht. Dementsprechend würde eine solche Kontrolle prinzipiell im Widerspruch zu den Strukturgesetzen einer Marktwirtschaft stehen.[111] Allerdings hat der BGH bis heute für das Versicherungsrecht noch zu keiner der ihm zur Prüfung vorgelegten AVB-Klauseln entschieden, sie sei nach § 8 AGBG kontrollfrei.[112]

Die Kontrollfreiheit solcher Regelungen, die nur den Regelungsbestand eines Gesetzes wiedergeben, ist im Versicherungsrecht unproblematisch, soweit sich die AVB im wesentlichen an den Wortlaut der Rechtsvorschrift halten.[113]

Problematischer sind die Fälle, bei denen der Versicherer eigene Formulierungen verwendet. Dann ist zu prüfen, ob er mit diesen eine ohnehin bestehende Rechtslage richtig wiedergibt oder ob er von ihr abweicht. Bei der Prüfung ist zu beachten, dass unter *Rechtsvorschriften* i.S. von § 8 AGBG auch alle ungeschriebenen Rechtsgrundsätze und die Regeln des Richterrechts zu verstehen sind.[114] Ein *Abweichen* liegt vor, d.h. dem Gericht liegt mithin ein anderer Prüfungsgegenstand als das Gesetz vor, wenn der Regelungsgehalt der AVB mit dem Inhalt der einschlägigen Rechtsvorschriften nicht übereinstimmt.[115] Eine *Ergänzung* ist

---

108 *Palandt/Heinrichs*, § 8 AGBG, Rdn. 2 ff.
109 *Wolf*, in Wolf/Horn/Lindacher, § 8 Rdn. 14; *Locher*, Recht der AGB, S. 75.
110 *Koller*, NJW 1996, 675f.
111 *Brandner*, BB 1991, 701, 705.
112 *Römer*, NVersZ 1999, 97, 99.
113 Vgl. *Römer*, a.a.O., der darauf hinweist, dass es selbstverständlich ist, dass die Zivilgerichte auch nicht über den Weg der AVB Rechtsvorschriften inhaltlich nach dem AGB-Gesetz kontrollieren können.
114 Vgl. *Römer*, NVersZ 1999, 97, 99, m.w.N.
115 *Palandt/Heinrichs*, § 8 AGBG, Rdn. 7.

gegeben, wenn die Grundentscheidung einer Rechtsvorschrift durch AGB konkretisiert, auf andere Interessen ausgedehnt oder sonst erweitert wird oder wenn Rechtsvorschriften aus einem selbst nicht einschlägigen Anwendungsbereich übernommen werden.[116] Wird eine Rechtslage nur teilweise wiedergegeben, ist die Klausel ebenfalls kontrollfähig, da eine falsche Rechtslage suggeriert wird.[117]

Eine Klausel unterliegt der Inhaltskontrolle nicht, soweit sie als *deklaratorische Klausel* eine gesetzliche Vorschrift wiederholt, die selbst dann auf den Vertrag anzuwenden wäre, wenn man die (inhaltsgleiche) Klausel streicht.[118] Deklaratorische Klauseln haben deshalb keinerlei konstitutive Wirkung.

(2) § 8 AGBG als Kontrollschranke für das Transparenzgebot?

Da das Transparenzgebot einen unmittelbaren Kontrollmaßstab darstellen kann, könnten Transparenzdefizite auch bei der Entscheidung der Kontrollfähigkeit einer AVB-Klausel einen Beitrag leisten. Somit spielt bei der Frage der Kontrollfähigkeit von Klauseln das Transparenzgebot eine Rolle. In diesem Zusammenhang muss geklärt werden, ob das aus § 9 AGBG abgeleitete Transparenzgebot ebenfalls auf Klauseln anwendbar ist, die eigentlich gemäß § 8 AGBG von der Kontrolle nach den §§ 9-11 AGBG ausgenommen sind.

Dylla-Krebs[119] will ein aus § 9 AGBG hergeleitetes Transparenzgebot nicht für Preis- und Leistungsklauseln gelten lassen. Man dürfe auch unter dem Namen des Transparenzgebots nicht das Preis-Leistungsverhältnis antasten.

Dies kann jedoch aus folgenden Gründen nicht überzeugen: Der Schutzzweck des AGB-Gesetzes besteht im Kern darin zu verhindern, dass eine Vertragspartei ihre Freiheit zur Vertragsgestaltung einseitig ausnutzt. Dies erfordert, dass das aus § 9 AGBG abgeleitete Transparenzgebot ebenfalls auf Klauseln anwendbar ist, die gemäß § 8 AGBG von der Kontrolle nach den §§ 9 bis 11 AGBG ausgenommen sind. Eine für den Vertragspartner unklare und undurchschaubare Preisgestaltung und Leistungsbeschreibung in den AGB kann wegen Verstoßes gegen das Transparenzgebot unwirksam sein, auch wenn § 8 AGBG solche Regelungen grundsätzlich von der Kontrolle nach den §§ 9 bis 11 AGBG ausnimmt.[120] Als Begründung wird u.a. angeführt, dass nach Art. 4 Abs. 2 RL der Hauptgegenstand des Vertrages nur von der Inhaltskontrolle ausgeschlossen ist, wenn die Bestimmung *klar* und *verständlich* abgefasst ist. Damit sind solche AVB-Regelungen am Maßstab des Transparenzgebots zu überprüfen, die eine Leistungsbeschreibung enthalten, auch soweit sie den Kernbereich der Leistung beschreiben und Prämien bzw. Tarife regeln.[121] Da der Schutz des Kunden im Hinblick auf die fehlende Inhaltskontrolle gerade durch das Transparenzgebot er-

---

116 *Wolf*, in Wolf/Horn/Lindacher, § 8 Rdn. 7.
117 *Staudinger/Coester*, AGBG, § 8 Rdn. 36.
118 *Kötz*, in Mü-Ko, AGBG, § 8 Rdn. 1.
119 *Dylla-Krebs*, Schranken der Inhaltskontrolle, S. 148 ff.
120 Vgl. *Präve*, Versicherungsbedingungen und AGB-Gesetz, Rdn. 426; *Schimikowski*, r+s 1998, 353, 354 m.w.N.; *Römer*, NVersZ 1999, 97, 98; *Horn*, WM Sonderbeil. Nr. 1/1997, 18.
121 *Baumann*, VersR 1996, 1; *Römer*, NVersZ 1999, 97, 99.

reicht werden soll, wäre es unerklärlich, das Transparenzgebot mit der Inhaltskontrolle für die genannten Fälle auszunehmen.

Auf Klauseln in AVB, die nur den *Inhalt von Rechtsvorschriften* wiedergeben, sei das Transparenzgebot auch nicht anwendbar. Dies folge zum einen aus Art. 1 Abs. 2 RL. Nach dieser Vorschrift unterliegen Vertragsklauseln, die auf bindenden Rechtsvorschriften oder auf Bestimmungen oder Grundsätzen internationaler Übereinkommen beruhen, bei denen die Mitgliedstaaten oder die Gemeinschaft - insbesondere im Verkehrsbereich - Vertragsparteien sind, nicht den Bestimmungen dieser Richtlinie. Damit sei Art. 4 Abs. 2 RL und damit auch das Transparenzgebot nicht anwendbar.[122] Zum anderen sei der Zweck des § 8 AGBG darin zu sehen, im Ergebnis die gesetzgeberische Entscheidung einer Angemessenheitsprüfung und Verwerfungskompetenz der Gerichte über §§ 9 ff. AGBG zu entziehen, sofern nur das Gesetz zum Klauselinhalt erhoben wird. Denn an Recht und Gesetz ist das Gericht gebunden (Art. 20 Abs. 3 GG). Diese dürfen auch nicht auf diesem Wege richterlich bewertet werden.[123]

Dazu folgende Stellungnahme: Es ist der Auffassung zu folgen, dass eine Transparenzkontrolle von AVB auch dann Anwendung findet, wenn es sich um eine Klausel handelt, die eigentlich gemäß § 8 AGBG von der Kontrolle der §§ 9-11 AGBG ausgeschlossen ist. Eine Transparenzkontrolle sollte sich auch auf *deklaratorische Klauseln* beziehen und darf dort nicht ausgeschlossen sein.

Das Transparenzgebot stellt nämlich ein allgemeines bürgerlich-rechtliches Prinzip des AGB-Gesetzes dar und sichert auf diese Weise, dass nur solche Willenserklärungen zum Vertragsinhalt werden, die klar, bestimmt, wahr und vollständig den aufeinander bezogenen Willen der Parteien zum Ausdruck bringen. Deklaratorische Vertragsbedingungen liegen nach dem Sinn und Zweck von § 8 AGBG dann vor, wenn die Inhaltskontrolle die Bindung des Richters an Entscheidungen des Gesetzgebers verletzen und das Verbot der bloßen Angemessenheitskontrolle von Rechtsvorschriften missachten würde. Hier muss jedoch noch einmal klar herausgestellt werden, dass dies bei der Kontrolle der Transparenz Allgemeiner Geschäftsbedingungen nicht möglich ist. Bei der Transparenzkontrolle geht es nicht um die Kontrolle von Rechtsvorschriften, sondern lediglich um die Herstellung von Transparenz. In diesem Zusammenhang muss jedem Einzelnen bewusst werden: Erklärt ein Zivilgericht eine intransparente Klausel für unwirksam, wird die Prärogative des Gesetzgebers überhaupt nicht berührt.

Klauseln können im Hinblick auf ihre Transparenz (§ 9 AGBG) bereits dann überprüft werden, wenn sie einen von der Rechtsvorschrift geschaffenen Gestaltungsspielraum ausfüllen.[124] Daran anknüpfend kann verlangt werden, dass gesetzeswiederholende intransparente Klauseln immer gemäß § 8 AGBG kontrollfähig sind. Soweit eine Klausel auf ihre Transparenz überprüft wird, geht es nicht um die materielle Kontrolle der zugrundeliegenden Rechtsvorschrift, sondern um die Frage, ob die Klausel verständlich ist.[125]

---

122 *Römer*, NVersZ, 1999, 97, 98 m.w.N.
123 Vgl. BGH, VersR 99, 710.
124 BGHZ 106, 160, 164.
125 So auch *Schwintowski*, VuR 1999, 165, 166.

Rechtsvorschriften müssen hinsichtlich ihrer Bestimmtheit und Klarheit anderen Anforderungen genügen im Vergleich zu den vorformulierten Vertragsbedingungen. Der Grundsatz der Normenklarheit verlangt richtigerweise, dass die in den Gesetzen geregelten Rechtsbeziehungen für den Bürger voraussehbar und berechenbar sind, da er Normadressat ist. Jedoch können mehrdeutige Gesetze teleologisch ausgelegt werden, was bei unklaren Vertragsinhalten nicht möglich ist.[126] Auf verfassungsrechtlicher Ebene gilt das Transparenzgebot bisher nicht. Daher kann es vorkommen, dass ein Gesetz intransparent formuliert ist. In einem solchen Fall gebietet das Transparenzgebot dem AGB-Verwender, den intransparenten Gesetzestext in einen transparenten, also für den rechtsunkundigen Durchschnittsbürger verständlichen Klauseltext zu überführen. Demnach steht fest, dass hinsichtlich der Transparenz ein grundsätzlicher Unterschied besteht, ob eine Regelung als AVB kraft Vertrages oder kraft Gesetzes gilt. Das Informationsgebot nach Treu und Glauben hat in der Vertragsbeziehung zwischen Verwender und Vertragspartner einen ganz anderen Stellenwert als für den Gesetzgeber.[127] Zudem darf nicht vergessen werden, dass der Abstraktionsgrad von Gesetzen notwendigerweise größer ist als bei einer an Treu und Glauben ausgerichteten Ausgestaltung konkreter Vertragsbeziehungen.[128]

Schließlich kann eine Kontrolle intransparenter Klauseln auch nicht mit dem Argument abgelehnt werden, eine Anwendung des Transparenzgebots auf deklaratorische Klauseln führe zu dem „widersprüchlichen und absurden Ergebnis, dass nach § 6 Abs. 2 AGBG die vermeintlich unwirksame Klausel durch sich selbst als dispositives Gesetzesrecht ersetzt würde".[129] Zunächst ist festzustellen, dass intransparente Klauseln oder Klauselbestandteile regelmäßig unwirksam sind, ohne dass an ihre Stelle ein gesetzliches Dispositivrecht treten würde.[130] Problematisch ist die Unwirksamkeit einer Vertragsbedingung jedoch, wenn die ersatzlose Streichung der intransparenten Klausel für bestehende Verträge keine den typischen Interessen beider Vertragsparteien Rechnung tragende Lösung bietet. Dies kann beispielsweise dann der Fall sein, wenn die betreffende Klausel dem Versicherungsnehmer zwar Rechte einräumt, die Ausgestaltung dieser Rechte aber in intransparenter und unwirksamer Weise erfolgt. In diesen Fällen kann die Unwirksamkeit der intransparenten Klausel nicht dazu führen, dass die Versicherungsnehmer die betreffenden Rechte als solche verlieren. Ein ersatzloser Wegfall der Rechte riefe ein grobes Missverhältnis zwischen Leistung und Gegenleistung hervor, das weder mit § 138 BGB noch mit § 81c VAG zu vereinbaren wäre. Auch eine Gesamtunwirksamkeit des bestehenden Vertrages würde den Interessen der Vertragsparteien nicht genügend Rechnung tragen. Letztlich kann es also nur darum gehen, die Rechte der Versicherungsnehmer durch eine

---

126 Im Individualverfahren gehen Unklarheiten in AGB zu Lasten des Verwenders, vgl. § 5 AGBG. Im Verbandsverfahren (§ 13 AGBG) ist von der kundenfeindlichsten Auslegung der Klausel auszugehen. Vgl. auch § 2 B. II. 1. d.
127 *Brandner,* in Ulmer/Brandner/Hensen, § 8 Rdn. 91.
128 *Brandner,* a.a.O.
129 Vgl. LG Hamburg, NVersZ 1998, 33, 34.
130 Vgl. hierzu BGHZ 106, 42, 52.

transparente Ausgestaltung und geeignete Formulierung der Vertragsbedingungen durchschaubar, richtig, bestimmt und klar darzustellen. Aus diesem Grunde kann auch nicht die entstehende Lücke gemäß § 6 Abs. 2 AGBG durch dasselbe, unwirksam deklarierte dispositive, intransparente Gesetzesrecht gefüllt werden. Intransparente deklaratorische Klauseln müssen vielmehr durch wirksame, d.h. transparente Klauseln ersetzt werden.

Würde man der Auffassung folgen, das Transparenzgebot sei auf Klauseln, die nur den Inhalt von Rechtsvorschriften wiedergeben, nicht anzuwenden, hätte dies gravierende Auswirkungen für die Praxis. Die Zielvorstellung - transparente Klauseln, z.B. für den Bereich des Versicherungswesens durchzusetzen - wäre von vornherein für einen bestimmten Bereich gar nicht möglich. Sofern eine Klausel deklaratorischer Natur ist, käme es auf eine transparente Gestaltung in AVB nicht mehr an. Dass der einzelne Versicherungsinteressent bzw. Versicherungsnehmer jedoch nicht in der Lage ist, diese Klausel zu verstehen, wäre für diesen Bereich scheinbar uninteressant. Damit würde jedoch de facto das Transparenzgebot in Frage gestellt.

f) Zusammenfassung

Das Erfordernis der Transparenz von AVB kommt als Kriterium der Einbeziehungskontrolle nach § 2 Abs. 1 Nr. 2 AGBG zur Anwendung. Das Transparenzgebot als Oberbegriff der AGB-Kontrolle äußert sich außerdem in der Überraschungsregelung des § 3 AGBG sowie in der Unklarheitenregelung des § 5 AGBG. Nach der BGH-Rechtsprechung, z.B. „Annuitäten-Urteil", gilt das Transparenzgebot jedoch nicht nur als Maßstab für die §§ 2, 3, 5 AGBG, sondern auch für § 9 AGBG. Der Anwendungsbereich der Inhaltskontrolle kann nicht mit der Begründung eingeschränkt werden, dass das Transparenzgebot in den §§ 2, 3, 5, 10, 11 AGBG seine abschließenden Ausprägungen gefunden habe. Letztlich bedeutet das Transparenzerfordernis der Einbeziehungskontrolle kein Hindernis für ein späteres Transparenzerfordernis durch die Inhaltskontrolle.[131] Die Transparenz bei der Einbeziehung und bei der Inhaltskontrolle können sich überschneiden, haben aber doch ihre selbstständige Bedeutung. Während die Transparenz bei der Einbeziehung der Ermöglichung selbstbestimmter Entscheidungen beim Vertragsschluss dient, will die Transparenz bei der Inhaltskontrolle vor allem den angemessenen Interessenausgleich und insbesondere auch die Abwicklungstransparenz sicherstellen. Das unterschiedliche Schutzziel führt auch zu unterschiedlichen Anwendungsbereichen. Die Vorschriften der Einbeziehungs- und Inhaltskontrolle ergänzen sich wechselseitig in der gemeinsamen Zweckrichtung, die Verwendung klarer, verständlicher und durchschaubarer AGB-Regelungen im Rechtsverkehr zu gewährleisten. Für die Rechtsprechung des BGH spricht, dass sie besser in der Lage ist, den Verbraucher vor missbräuchlichen und verschleiernden Klauseln zu schützen.

---

131 *Wolf*, in Wolf/Horn/Lindacher, § 9 Rdn. 145 f.

Das Transparenzgebot stellt ein eigenständiges Rechtsinstitut i.R. des § 9 Abs. 1 AGBG dar und ein Verstoß gegen das Transparenzgebot führt ohne das Hinzutreten einer inhaltlich unangemessenen Benachteiligung zur Unwirksamkeit der Klausel. Ein weiterer Tatbestand der Inhaltskontrolle nach § 9 Abs. 2 AGBG ist damit nicht geschaffen, weil es nicht um die Prüfung der inhaltlichen Unangemessenheit geht.

Preisbestimmende und leistungsbeschreibende sowie deklaratorische Klauseln unterliegen der Transparenzkontrolle. Der Ausschluss der §§ 9-11 AGBG in § 8 AGBG bezieht sich nur auf die Angemessenheitskontrolle, nicht auf die vom historischen Gesetzgeber unberücksichtigt gebliebene Transparenzkontrolle.

2. Transparenzgebot in §§ 31, 32 WpHG

Das Transparenzgebot findet sich nicht nur in den verschiedenen Regelungen des AGB-Gesetzes, sondern auch in anderen den Wirtschaftsverkehr betreffenden Normen wie z.B. des WpHG.

Der Gesetzgeber hat mit dem am 01.01.1995 in Kraft getretenen Wertpapierhandelsgesetz[132] (WpHG) in den *§§ 31, 32 WpHG* Verhaltensregeln geschaffen. Mit diesen Verhaltensregeln wird erstmals der Grundsatz der anleger- und objektgerechten Beratung[133] gesetzlich konkretisiert. Eine Bank, so heißt es im Leitsatz 1 des „Bond-Falles", hat bei der Anlageberatung den - gegebenenfalls zu erfragenden - Wissensstand des Kunden über Anlagegeschäfte der vorgesehenen Art und dessen Risikobereitschaft zu berücksichtigen (anlegergerechte Beratung); das von ihr danach empfohlene Anlageobjekt muss diesen Kriterien Rechnung tragen (objektgerechte Beratung). Der auf diese Weise erstmals kodifizierte *Grundsatz der anleger- und objektgerechten Beratung* beruht im Kern auf der Umsetzung der Artt. 10, 11 der Wertpapierdienstleistungsrichtlinie vom 10.05.1993.[134]

Zusammengefasst sollen mit den §§ 31 ff. WpHG drei Ziele verwirklicht werden.[135] Erstens geht es um die institutionelle Funktionsfähigkeit der Kapitalmärkte, d.h. um die Gewährleistung derjenigen Rahmenbedingungen, die dafür sorgen, dass Kapital gebildet und nicht sofort in den Konsum fließt oder anderen Zwecken zugeführt wird.[136] Zweitens geht es um die operationale Funktionsfähigkeit der Kapitalmärkte, d.h. um die Minimierung der Kosten, die das Funktionieren der Kapitalmärkte hemmen und auf diese Weise die Wettbewerbsfähigkeit des Faktors Kapital beeinträchtigen.[137] Und drittens sollen die §§ 31 ff. WpHG auch die allokative Funktionsfähigkeit der Wertpapiermärkte[138] verbessern, in-

---

132 BGBl. I 1749.
133 BGH, WM 1993, 1455.
134 Richtlinie Nr. 93/22/EWG des Rates vom 10.5.1993 (Abl. EG Nr. 1, 141/27 v. 11.6.1993 (WpDRiL); vgl. auch *Schwintowski*, VuR 1997, 83, 84.
135 Vgl. *Schwintowski*, a.a.O.
136 *Assmann*, Handbuch des Kapitalanlagerechts, Einl. Rdn. 360.
137 *Assmann*, a.a.O., Rdn. 359.
138 *Assmann*, a.a.O., Rdn. 358.

dem sie die Bedingungen dafür schaffen, dass das Geld dorthin fließt, wo es am dringendsten gebraucht wird, wo es aus der Sicht der Anleger die höchste Rendite verspricht. Dazu bedarf es eines Optimums an Informationen und Markttransparenz.[139] Im Mittelpunkt steht der informierte Anleger, genauer die Beseitigung des Informationsgefälles zwischen den Wertpapierdienstleistungsunternehmen (WpDU) und den Anlegern.[140] Abzustellen ist nicht auf ein abstrakt-durchschnittliches Interesse einer vorgestellten Gruppe von Anlegern, sondern auf das konkret-individuelle Interesse desjenigen, der in der jeweiligen Situation beraten wird.

Tritt ein Anlageinteressent an eine Bank heran, um über die Anlage eines Geldbetrages beraten zu werden, so wird das hierin liegende Angebot zum Abschluss eines Beratungsvertrages stillschweigend durch die Annahme des Beratungsgespräches angenommen.[141] Das Kriterium für den Abschluss eines konkludenten Beratungsvertrages ist hiernach die Möglichkeit des Kunden zwischen mehreren Alternativen eines Anlageprogramms der Bank auswählen zu können.[142] Inhalt und Umfang der Beratungspflicht sind von einer Reihe von Faktoren abhängig, die sich einerseits auf die Person des Kunden und andererseits auf das Anlageprojekt beziehen. Die konkrete Ausgestaltung der Pflicht hängt entscheidend von den Umständen des Einzelfalles ab. Zu den Umständen in der Person des Kunden gehören dessen Wissensstand über Anlagegeschäfte der vorgesehenen Art und seine Risikobereitschaft. Es ist daher zu berücksichtigen, ob es sich bei dem Kunden um einen erfahrenen Anleger mit einschlägigem Fachwissen handelt und welches Anlageziel der Kunde verfolgt. Verfügt die Bank nicht über entsprechendes Wissen, muss sie den Informationsstand und das Anlageziel des Kunden erfragen. In bezug auf das Anlageobjekt hat sich die Beratung auf diejenigen Eigenschaften und Risiken zu beziehen, die für die jeweilige Anlageentscheidung wesentliche Bedeutung haben oder haben können.[143] Die empfohlene Anlage muss unter Berücksichtigung dieses Ziels auf die persönlichen Verhältnisse des Kunden zugeschnitten, also anlegergerecht sein.[144]

Nach § 31 Abs. 1 Nr. 1 WpHG ist demnach ein WpDU verpflichtet, Wertpapierdienstleistungen mit der erforderlichen Sachkenntnis, Sorgfalt und Gewissenhaftigkeit im Interesse seiner Kunden zu erbringen. Klarstellend ist es nach § 32 Abs. 1 Nr. 1 WpHG sogar verboten, Kunden den Ankauf oder Verkauf von Wertpapieren oder Derivaten zu empfehlen, wenn und soweit die Empfehlung nicht mit den Interessen des Kunden übereinstimmt. Inhaltlich muss die Beratung *wahr, klar, rechtzeitig* und *vollständig* sein.[145] Hierdurch werden Kriterien des Transparenzgebots angesprochen.

---

139 *Koller*, in Assmann/Schneider, WpHG, Vor. § 31 Rdn. 10.
140 So bereits die Empfehlung der Kommission vom 25.7.1977 betreffend europäische Wohlverhaltensregeln für Wertpapiertransaktionen, Abl. EG Nr. L 212/37 v. 20.8.1977, S. 37 ff.
141 So zuvor bereits BGHZ 100, 117 118 = WM 1987, 495.
142 BGH, WM 1993, 1455, 1456.
143 BGH, WM 1987, 531, 532.
144 BGH, WM 1993, 1455, 1456.
145 *Koller*, in Assmann/Schneider, WpHG, § 31, Rdn. 99 ff.

Die Interessenwahrungspflichten weisen eine Doppelnatur auf, indem sie sowohl privatrechtlich gegenüber den Kunden als auch öffentlich-rechtlich gegenüber dem Bundesaufsichtsamt für den Wertpapierhandel (BAWe) geschuldet werden.[146]

Damit erweist sich der Grundsatz der anleger- und objektgerechten Beratung als übergreifendes Rechtsprinzip, dessen Wurzel in den treuhandähnlichen Geschäftsbesorgungs- und Interessenwahrungsverhältnissen des bürgerlichen Rechts und des Handelsrechts liegen.

3. Transparenzgebot im VAG

Die Deregulierung des Versicherungsmarktes und insbesondere der Wegfall aufsichtsbehördlicher Vorabkontrolle von AVB zwangen zu flankierenden Maßnahmen, um Intransparenz von Versicherungsleistungen und -prämien zu begegnen; es galt Informationslücken beim Versicherungskunden zu schließen.[147] Das Informationsdefizit soll nunmehr durch eine Konsumenteninformationspflicht abgedeckt werden.[148] Die Disclosure-Vorschriften der „Dritten Schaden- und Lebensversicherungsrichtlinien" zielen auf die Information der Versicherten ab.[149] Der deutsche Gesetzgeber hat diese europarechtlichen Vorgaben in §§ 10, 10a VAG umgesetzt.

a) § 10 VAG

Nach § 10 Abs. 1 VAG müssen die AVB vollständige Angaben enthalten

- über den Versicherungsfall und die Risikoausschlüsse
- über Art, Umfang und Fälligkeit der Leistungen der Versicherer
- über vertragliche Gestaltungsrechte des Versicherungsnehmers und Versicherer sowie Obliegenheiten des Versicherungsnehmers
- über Anspruchsverlust bei Fristversäumung
- über inländische Gerichtsstände
- über Grundsätze und Maßstäbe der Überschussbeteiligung.

Lediglich für Rückversicherungsverträge und auf Großrisiken (Art. 10 Abs. 1, S. 2 EGVVG) findet diese Vorschrift keine Anwendung (§ 10 Abs. 3 VAG).

§ 10 VAG soll gewährleisten, dass der Versicherungsnehmer seine Rechte und Pflichten selbstständig aus den AVB ersehen kann.[150] Insoweit spricht die Regelung ein *Transparenzgebot* aus.[151]

---

146 Vertiefend *Schwintowski*, VersWissStud Bd. 2, S. 11, 15 ff.
147 Vgl. dazu *Prölss/Schmidt*, VAG, Vorbem. Rdn. 123 ff., 126.
148 *Schmidt*, ZVersWiss 1998, 55, 59.
149 Einzelheiten bei *Müller*, Versicherungsbinnenmarkt, Rdn. 841 ff., 866.
150 Vgl. die Begr. der BReg. zu § 10 VAG, BT-Drcks. 12/5969 (zu Art. 1 Nr. 7); *Prölss/Schmidt*, VAG, § 10 Rdn. 12; *Osing*, Informationspflichten, S. 61.
151 So auch *Schimikowski*, r+s 1998, 353, 354.

Nach § 10 Abs. 1 VAG ist der Versicherer zu einer vollständigen Kundeninformation über die Rechte und Pflichten aus dem Versicherungsvertrag verpflichtet. Das ist im Hinblick auf das angestrebte Ziel, das informationelle Defizit des Kunden ausgleichen zu wollen, grundsätzlich zu begrüßen. Andererseits kann es zu einer beträchtlichen Aufblähung des Textvolumens kommen, was Probleme im Hinblick auf Verständlichkeit und Übersichtlichkeit mit sich bringt.[152]

Erfüllt ein Versicherer seine öffentlich-rechtlichen Pflichten aus § 10 Abs. 1 VAG nicht, muss er mit Maßnahmen des BAV rechnen. Zur rechtlichen Aufsicht nach § 81 Abs. 1 S. 4 VAG gehört vor allem die Einhaltung der deutschen versicherungsaufsichtsrechtlichen Vorschriften.[153]

b) § 10 a VAG

Seit dem 29.07.1994 sind erstmals in Deutschland im VAG *Verbraucherinformationen* verankert, die die Versicherer vor Vertragsschluss und während der Vertragslaufzeit den Versicherten zu gewähren haben.

Gemäß § 10 a Abs. 1 VAG ist der Versicherungskunde - Großrisiken ausgenommen - in einer Verbraucherinformation über die für das Versicherungsverhältnis maßgebenden Tatsachen und Rechte zu unterrichten. Nach Anlage Teil D werden in Abschnitt I unter Abs. 1 a-h Verbraucherinformationen aufgelistet, die die Versicherungsunternehmen vor Abschluss von Verträgen für die Versicherungssparten zu erteilen haben.[154] Nach Anlage D Abschnitt I Nr. 1 b gehören zur Verbraucherinformation auch die für das Versicherungsverhältnis geltenden AVB. Die AVB sind damit Inhalt der Verbraucherinformationen.[155]

Der Gesetzgeber verlangt zudem bei Lebensversicherungen und Unfallversicherungen mit Prämienrückgewähr Angaben über die für die Überschussermittlung und Überschussbeteiligung geltenden Berechnungsgrundsätze und Maßstäbe, die Angabe der Rückkaufswerte, Angabe über den Mindestversicherungsbetrag bei Umwandlung in eine prämienfreie Versicherung, sowie solche über das Ausmaß, in dem Leistungen garantiert sind. Bei fondsgebundenen Versicherungen muss über die Art der darin enthaltenen Vermögenswerte informiert werden. Außerdem sind allgemeine Angaben über die für diese Versicherungsart geltende Steuerregelung erforderlich. Bei der Krankenversicherung ist zusätzlich über die Auswirkung steigender Krankheitskosten auf die zukünftige Beitragsentwicklung und auf Möglichkeiten zur Beitragsbegrenzung im Alter hinzuweisen. Schließlich haben die Lebensversicherer eine jährliche Mitteilung über den Stand der Überschussbeteiligung zu geben.

Die Verbraucherinformationen sind nach § 10 a Abs. 2 VAG *schriftlich* mitzuteilen. Sie müssen *eindeutig formuliert, übersichtlich gegliedert* und *verständlich in deutscher Sprache* oder der Muttersprache des Versicherungsnehmers abgefasst sein. Schriftform ist geboten, weil dem Kunden die Information jederzeit

---

152 Dazu unter § 4 A.
153 Dazu näher *Kaulbach*, in Fahr/Kaulbach, VAG, § 81 Rdn. 18.
154 Hierzu ausführlich *Winkler von Mohrenfels*, VersWissStud Bd. 2, S. 39 ff.
155 *Prölss/Schmidt*, VAG, § 10 a Rdn. 12.

verfügbar sein muss. Sie kann auch durch Angebote etwa im Internet gewährleistet sein, solange der Kunde sich die Verbraucherinformation ausdrucken lassen kann.[156] Die Antragsvordrucke müssen so gestaltet sein, dass die Übersichtlichkeit, Lesbarkeit und Verständlichkeit nicht beeinträchtigt werden (§ 10 a Abs. 3 VAG). Dazu muss die Information so abgefasst sein, dass sich ein durchschnittlich gebildeter Versicherungsnehmer ohne anwaltliche Hilfe ein zutreffendes Bild vom Vertragsinhalt machen kann. Damit ist das Transparenzgebot erstmals gesetzlich im deutschen Recht verankert.

§ 10 a Abs. 2, S. 2 VAG statuiert ein *öffentlich-rechtliches Transparenzgebot* für die Verbraucherinformation und damit auch für AVB. Das Vollständigkeitsgebot für AVB, das § 10 VAG enthält, wird ergänzt durch die gesetzliche Forderung nach Lesbarkeit und Verständlichkeit.

Die Informationspflicht ist, jedenfalls bei wesentlichem Inhalt der Information, eine vertragliche Nebenpflicht, so dass bei ihrer Verletzung ein Schadenersatz nach den Regeln des Verschuldens bei Vertragsschluss in Betracht kommt.[157] Sie erweist sich damit als Ausprägung des Grundsatzes der anleger- und objektgerechten Beratung. Allerdings decken die Verbraucherinformationen nur einen Teilbereich dessen ab, was an Beratungsleistung anleger- und objektgerecht zu erbringen ist. Sie beziehen sich vor allem auf wesentliche Teile des Versicherungsvertrages, gehören also zur objektgerechten Beratung. Aussagen zur anlegergerechten Beratung machen sie nicht. Auf der Grundlage der vom Gesetzgeber geforderten Verbraucherinformationen kann der Verbraucher seine Wahlentscheidung nicht fällen. Denn dazu bedarf es einer Bedarfsanalyse aus der Perspektive des Kunden. Dem Gesetzgeber reichen jedoch formale Hinweise auf das geltende Recht sowie Art und Umfang der Leistung der Versicherer oder Angaben über die Bindefrist des Antrags, die Belehrung über das Recht zum Widerruf oder zum Rücktritt und die Anschrift der zuständigen Aufsichtsbehörde aus. Dies ist wichtig, aber auch schon immer geschuldet gewesen. Das eigentliche Ziel von Verbraucherinformationen, nämlich komplexe, intransparente Informationen auf den Wesensgehalt der ausgetauschten Leistungen zu reduzieren und damit Verbraucherschutz durch Informationsreduktion zu leisten, wird damit nicht verwirklicht.

Ferner hat der Gesetzgeber nicht sichergestellt, dass die Verbraucherinformationen wirklich erbracht werden. Der Versicherungsvertrag kommt nämlich auch dann zustande, wenn der Versicherer die Verbraucherinformation nicht oder nicht vollständig erbringt (§ 5 a Abs. 1 VVG). Der nicht oder nicht hinreichend informierte Versicherungsnehmer hat in diesen Fällen nur ein Widerspruchsrecht, das noch dazu ein Jahr nach Zahlung der ersten Prämie erlischt. Dies zeigt, dass die durch Einführung der Verbraucherinformationen angestrebte Informationsgleichheit nicht notwendig eintritt. Somit muss eine Interessenwahrung der Ver-

---

156 Vgl. hierzu *Waldenburg*, BB 1996, 2365, 2369; *Heinrichs*, NJW 1997, 1407, 1409; *Koehler*, MMR 1998, 289, 290.
157 *Römer*, VW 1996, 928.

sicherten im Sinne des Grundsatzes der anleger- und objektgerechten Beratung gefordert werden.

III. Großbritannien

1. Das Transparenzgebot in den UTCCR 1999

In Großbritannien wurde die Umsetzung der EG-RL durch die Einführung der „Unfair Terms in Consumer Contracts Regulations in 1994"[158] vollzogen, welche jedoch 1999 noch einmal geändert wurden. Seit 1.10.1999 sind in Großbritannien die *„Unfair Terms in Consumer Contracts Regulations 1999"* (UTCCR 99) in Kraft.[159]

Die „Unfair Terms in Consumer Contracts Regulations 1994" mussten geändert werden, da sie zum Teil nicht der EG-RL entsprachen:
„The new Regulations have two main purposes. (...). Second, to remove the differences between definitions and layout in the EC Directive and the 1994 Regulations in order to remove any room for argument that the scope of the Regulations is different from that of the Directive."[160]

Die UTCCR 99 gelten neben dem bisher bereits wirksamen „Unfair Contract Terms Act 1977" (UCTA 77). Sie werden als bedeutende Ergänzung der britischen „consumer protection legislation" angesehen. Während Versicherungsverträge von UCTA 1977 bisher nicht erfasst waren, sind UTCCR 99 auf diese anwendbar.[161] Die Versicherungswirtschaft in Großbritannien konnte sich mit ihrer Forderung, alle Versicherungsverträge aus der Europäischen Richtlinie auszuschließen, nicht durchsetzen.[162]

a) reg. 7 UTCCR 99

In reg. 7 UTCCR 99 wird das Transparenzgebot positiv formuliert. Unter der Überschrift „Written contracts" heißt es:
(1) A seller or supplier shall ensure that any written term of a contract is expressed in plain, intelligible language.
(2) If there is doubt about the meaning of a written term, the interpretation which is most favourable to the consumer shall prevail but this rule shall not apply in proceedings brought under regulation 12.

Damit wird das in Art. 5 der EG-RL enthaltene *Transparenzgebot* fast wortgleich übernommen.

---

158 SI 1994/3159; seit 1.7.1995 in Kraft.
159 Vgl. *Furmston*, Sale and Sypply of Goods, S. 123.
160 DTI, Consumer Protection, UTCCR 99, II.4.
161 *Bone/Rutherford/Wilson*, Unfair Terms in Consumer Contracts regulation, S. 66 f.
162 *Clarke*, The Law of Insurance Contracts, 19-5A, S. 485.

aa) „Plain, intelligible language" - reg. 7 (1) UTCCR 99

AVB in Großbritannien müssen demnach gemäß reg. 7 (1) UTCCR 99 klar und verständlich bzw. *plain and intelligible* formuliert werden. Art. 5 S. 1 der EG-RL lässt die Rechtsfolgen bei Nichtbeachtung von Klarheit und Verständlichkeit offen, so dass die Mitgliedstaaten die adäquaten Rechtsfolgen selbst bestimmen können. Fraglich ist, welche Rechtsfolge die UTCCR 99 bei Verstoß gegen das Transparenzgebot vorsehen.

Reg. 7 UTCCR 99 enthält zunächst keine Sanktionierung für den Fall, dass Klauseln nicht in „plain and intelligible language" formuliert sind. In Absatz 2 wird das Prinzip der *kundenfreundlichen Auslegung* wiedergegeben. Bei Zweifeln über die Bedeutung der AVB soll lediglich die Auslegung gelten, die für den Verbraucher am günstigsten ist.

Es wird jedoch in Erwägung gezogen, Klauseln, die nicht dem Transparenzgebot der reg. 7 (1) UTCCR 99 entsprechen, als „unfair terms" anzusehen, denn in reg. 6 (2) UTCCR 99 „is an additional impetus to clear drafting of core terms as those terms are only subject to the fairness test if they are not in plain intelligible language".[163]

Reg. 6 UTCCR 99 enthält folgenden Wortlaut:
Assessment of unfair terms
6 (1) (...)
    (2) In so far as it is in plain intelligible language, the assessment of fairness of a term shall not relate
    (a) to the definitions of the main subject matter of the contract, or
    (b) to the adequacy of the price or remuneration, as against the goods or services supplied in exchange.

Reg. 6 (2) UTCCR 99 entspricht Art. 4 Abs. 2 EG-RL. Die oben genannte Rechtsfolge entspricht auch der Auffassung des Director General of Fair Trading (DGFT),[164] welchem gemäß reg. 10 ff. UTCCR 99 folgende Aufgaben zukommen[165]:

- a duty to consider complaints and to consider whether standard form contract terms are unfair;

- a right to go to court to prevent the continued use, and recommendation for use of any unfair terms;

---

[163] *Haslem*, Unfair Terms in Consumer Contracts, S. 11: „It may be suggested that there is further indirect penalty for the use of language which is not in plain and intelligible in that such drafting could be regardes as indicative of an unfair term."

[164] „ (...) the use of terms which consumers are likely to find difficult to read and understand is a potential source of unfairness in its own right that fully deserves attention and action." Vgl. Office of Fair Trading, Unfair Contract Terms, Issue No. 2, S. 10 f.

[165] Die UTCCR 99 ermächtigt erstmals, neben dem DGFT auch ein „qualifying body" gegen missbräuchliche Klauseln vorzugehen.

- a right to have regard to undertakings by the parties in deciding whether to take legal action;
- an obligation to give reasons for his decisions whether or not to apply for a court order;
- widely-drawn powers to give out information and advice about the operations of the regulations;

„Unfair terms", reg. 5 (1) UTCCR 99, sind für den Kunden unverbindlich gemäß reg. 8 (1) UTCCR 99.[166] Eine Klausel, die gegen das Transparenzgebot verstößt ist demnach unwirksam. Im Gegensatz zu Deutschland, gibt es in Großbritannien bisher keine Gerichtsurteile, die sich mit der Problematik intransparenter AVB auseinandergesetzt haben.

bb) „Interpretation" - reg. 7 (2) UTCCR 99

Reg. 7 (2) UTCCR 99 spiegelt den Grundsatz *in dubio interpretatio contra proferentum* wider, den die EG-RL in ihrem Art. 5 S. 2 übernommen hat. Bei Zweifeln über die Bedeutung einer Klausel gilt die für den Kunden günstigste Auslegung. Die sog. contra proferentum rule ist bereits bei der Auslegung von AVB im common law verankert.[167] Im Versicherungsrecht richtet sich diese contra proferentum rule zumeist gegen den Versicherer, der regelmäßig die Bedingungen stellt. Ein Beispiel gibt der Fall English v. Western.[168] Dort war in einer Kfz-Haftpflichtversicherungspolice die Haftung für Personenschäden von Mitgliedern des Haushalts des Versicherten ausgeschlossen („any member of assured's household"). Bei einem Verkehrsunfall des Versicherten wurde dessen mitfahrende Schwester verletzt. Die Geschwister lebten beide bei ihrem Vater. Die Versicherung musste leisten. Das Gericht begründete diese Entscheidung damit, dass der Haftungsausschluss mehrere Interpretationen zuließ. Zum einen können Personen, die im selben Haushalt wie der Versicherte leben, gemeint sein. Und zum anderen können aber auch nur Mitglieder eines Haushalts vom Ausschluss betroffen sein, in welchem der Versicherte Haushaltsvorstand war. Da der Versicherer die Klausel verfasst hatte, wurde der letzteren und damit für den Versicherer ungünstigeren Auslegung der Vorzug gegeben.

Die contra proferentum rule kann sich aber genauso gegen den Versicherungsnehmer wenden, nämlich dann, wenn von ihm oder seinem Broker aufgesetzte Formulierungen auszulegen sind.[169] Zu denken ist dabei auch an Angaben im einbezogenen Antragsformular. Hier ist aber zu prüfen, ob nicht die Mehrdeutigkeit auf einer unklaren Formulierung der Frage durch den Versicherer beruht.

---

[166] reg. 8 (1) UTCCR 99 „An unfair term in a contract concluded with a consumer by a seller or supplier shall not be binding on the consumer."
[167] Lee (John) and son (Grantham) Ltd. v. Railwax Executive (1949) 2 AllE.R. 581.
[168] (1940) 2.K.B. 156, 165.
[169] Barlett & Partners Ltd. v. Meller (1961) 1 Lloyd`s Rep. 487; Balfour v. Beaumont (1982) 2 Lloyd`s Rep. 493, 503.

Hieran wird deutlich, dass der Klauselverwender in Großbritannien durch diese Auslegungsregel auch zu einer transparenten Klauselgestaltung veranlasst werden soll.

Bei der verbraucherfreundlichen Auslegung muss jedoch auch folgendes beachtet werden:

„It can, however, be asked whether in considering under reg. 7 which interpretation is most favourable to the consumer, the impact of the fairness test should be borne in mind. It may be that the interpretation the "most favourable to the consumer" absent any consideration of the fairness test, would result in a narrowing of the scope of the term so that it would then be viewed as fair. In contrast, a wider construction might lead to its categorisation as unfair and so as completely ineffective against the consumer. In such case, the wider construction could be viewed as that "most favourable to the consumer" if the impact of the fairness test is borne in mind. It can be suggested that the rule of construction in reg. 7 may require consideration of the interaction of any particular interpretation and the application of the fairness test."[170]

Dies entspricht auch Art. 5 S. 2 EG-RL, wonach auch eine kundenfeindliche Auslegung erlaubt ist, wenn diese in Verbindung mit der Unwirksamkeit (reg. 8 (1) UTCCR 99) für den Kunden insgesamt günstiger ist. Der Grundsatz der kundenfreundlichen Auslegung liefe nämlich auch in Großbritannien dem Zweck des Gesetzes zuwider, unangemessene Klauseln aus dem Rechtsverkehr zu beseitigen.

b) „Incorporation" - para. 1 (i) schedule 2 UTCCR 99

Die von der EG-Richtlinie über missbräuchliche Klauseln in Art. 3 Abs. 3 vorgegebene Liste der Klauseln, die für missbräuchlich erklärt werden können, wurde gemäß reg. 5 (5) UTCCR 99 übernommen. Die Notwendigkeit für den Kunden, die Möglichkeit zu haben, die Vertragsbedingungen auch zur Kenntnis zu nehmen wird in paragraph 1 (i) Schedule 2 der Regulations erwähnt. Danach kann jede Bedingung als „unfair" bewertet werden, wenn

„ (...) irrevocably binding the consumer to terms with which he had no real opportunity of becoming acquainted before the conclusion of the contract."

Es handelt sich dabei um sog. „hidden clauses".

„Consumers are not bound by terms they could not get to know before signing a contract, but it is regrettably common for consumers not to have sight, or any notice, of the full terms and conditions until after they have signed a contract."[171]

---

170 *Haslem*, Unfair Terms in Consumer Contracts, S. 13 f.
171 OFT, A bulletin issued by the OFT, Issue No. 1, S. 9.

Obwohl die Bestimmungen der EG-RL und die Regulations tatsächlich kundenfreundlicher und stärker kundenorientiert angelegt sind, unterscheiden sie sich nach Ansicht des „Office of Fair Trading" (OFT) nicht merklich von dem, was im „common law" bereits festgelegt ist, dass die Kunden nämlich das Recht haben, die AVB zu kennen und zu verstehen.[172]

2. „Insurance Companies Act 1982"

Neben den UTCCR 99 befinden sich auch in anderen Gesetzen in Großbritannien Anhaltspunkte für die Verankerung des Gebotes Klauseln transparent zu formulieren.

Das aktuelle Aufsichtsrecht wurde vor allem durch den „Insurance Companies Act 1982" (ICA 82), der die Acts von 1974 und 1981 zusammenfasste, sowie einigen ausführenden regulations bestimmt. Durch den ICA 82 wurden dem Minister für Industrie- und Handel (Department of Trade and Industry, DTI) Regulierungs- und Aufsichtsrechte für die gesamte Versicherungswirtschaft eingeräumt.[173]

Für den Bereich des ordinary long-term business[174] enthalten die sects. 75 und 76 ICA 82 in Verbindung mit den regs. 70 und 71 ICR 81 weitere Vorschriften zum Schutz der Versicherungsnehmer bei Vertragsschluss. Danach ist dem Versicherungsnehmer nach Vertragsschluss eine Mitteilung zu übersenden. Anhaltspunkte für eine transparente Gestaltung werden detailliert in reg. 70 und scheds. 10 und 11 ICR 81 festgelegt. Es werden der Wortlaut der erforderlichen Mitteilung bis hin zur Größe der Buchstaben besonders relevanter Textteile geregelt. Diese Vorschriften betreffen jedoch nicht den gesamten long-term business Bereich, sondern nur die allgemeinen Lebensversicherungen.

3. „Financial Service Act 1986"

Es folgte 1986 der „Financial Services Act 1986" (FSA 86), der das Ziel hatte, eine umfassende Erneuerung und Verbesserung der britischen Anlegerschutzvorschriften zu erreichen. Durch die bisherige Gesetzgebung war der Verbraucher noch nicht gegen unfaire Praktiken skrupelloser Vermittler und Versicherer geschützt.

Der FSA 86 reguliert fast das gesamte Investmentgeschäft. Im Bereich der Lebensversicherung sind lediglich die Risikolebensversicherung und einige spezielle andere Produkte nicht durch ihn betroffen.[175]

Durch sect. 48 und 133 FSA 86[176] ist die wissentliche Abgabe von falschen oder missverständlichen Auskünften, Prognosen oder Versprechen ebenso wie

---

172 OFT, a.a.O., S. 8.
173 Secs. 37-48 ICA 82.
174 Zum long-term business gehören grundsätzlich die auf einen längeren Zeitraum angelegten Versicherungen, insbesondere Lebens- und Rentenversicherungen sowie langfristige Invaliditätsversicherungen, vgl. im einzelnen sched. 1 ICA 82.
175 *Neuhaus*, Die aufsichtsrechtlichen Rahmenbedingungen in Großbritannien, S. 213 f.

das unredliche Verschweigen wesentlicher Tatsachen im Rahmen der Vertragsanbahnung und damit auch im Rahmen der Werbung für alle Versicherer strafbewehrt.[177] Die Strafandrohung beläuft sich gemäß sect. 47 (6) bzw. 133 (3) FSA 1986 auf eine Geldstrafe oder bis zu sieben Jahren Haft.

Im Oktober 1997 wurde das „Securities and Investment Board" (SIB) von der „Financial Service Authority" (FSA) abgelöst. Die FSA ist eine dem Finanzministerium zugeordnete Institution, welche die Aufsicht über die Banken und Versicherungen übernommen hat.[178] Ihre Ziele liegen u.a. darin, sicherzustellen, dass Versicherer den Kriterien „information about customers" und „information for customers" gerecht werden. So müssen die Versicherer nach dem Prinzip *„know your customer and suitability"* verfahren und sicherstellen, dass herausgegebene werbliche Informationen fair und nicht irreführend sind *(fair and not misleading literature/projections/statements).*[179]

Jedes Unternehmen muss einen „compliance"-Officer haben, der nicht nur die Einhaltung dieser Regeln, sondern auch über die Einhaltung sämtlicher Bestimmungen der FSA wacht.[180] Damit soll Transparenz schon im vorvertraglichen Stadium gewährleistet werden.[181] Welche Voraussetzungen die werblichen Informationen erfüllen müssen, um den Kriterien „fair and not misleading" zu genügen und ob die werblichen Informationen in Großbritannien letztlich transparent dargestellt werden, wird an anderer Stelle näher erörtert.[182]

4. „Statements of Insurance Practice"

Aufgrund der Selbstregulierung in Großbritannien hat der Dachverband der britischen Versicherungswirtschaft, die „Association of British Insurers" (ABI), die „Statements of Insurance Practice" im Jahre 1977 (und 1986 in novellierter Form) veröffentlicht.[183]

In diesen Statements wurden u.a. Form und Inhalt der Verträge gewissen Regeln unterworfen, die eine Benachteiligung der Versicherungsnehmer verhindern sollen.

Sowohl das „Statement of General Insurance Practice" als auch das „Statement of Long-Term Insurance Practice" enthalten einen Teil, der allgemeine Regeln für den Inhalt der zu verwendenden Vertragsformulare empfiehlt. Die Versicherungsnehmer sollen deutlich auf die Konsequenzen falscher oder nachlässiger Angaben hingewiesen werden. Sie enthalten inhaltliche und formale Anfor-

---

176 Auszugsweise abgedruckt in Encyclopedia of Insurance Law, Rdn. 2-1010 ff.
177 Vormals in sect. 73 ICA 1982 geregelt, durch sects. 211, 212 (2), sched. 17 FSA 1986 aufgehoben und durch sects. 47 und 133 FSA 1986 ersetzt.
178 Financial Service Act 1986; Banking Act 1987.
179 Vgl. Consultation paper der FSA und PIA, 1999, S. 5 f.
180 Vgl. *Köhne*, ZfV 1999, 800
181 Vgl. auch *Köhne*, a.a.O.
182 § 4 B. II., III.
183 Abgedruckt bei *Hodgin*, Insurance Law, S. 241 ff.

derungen an die Vertragsdokumente und fordern *eine klare, leicht verständliche Gestaltung und explizite textliche Fassung* der Standardpolicen.[184]
In sec. (5) „Policy Documents" der Statements of General Insurance Practice und in sec. (2) „Policies and Accompanying Documents" der Statements of Long Term Insurance Practice wird folgendes verankert:
„Insurers will continue to develop *clearer and more explicit* (hervorgehoben durch Verfasserin) proposal forms and policy documents whilst bearing in mind the legal nature of insurance contracts."

Die Einhaltung oben genannter Wettbewerbsrichtlinien fällt zunächst in den Bereich der ABI. Es ist eine Bedingung für die Mitgliedschaft beim ABI, dass die Versicherungsunternehmen im Einklang mit den Wettbewerbsrichtlinien handeln. Der ABI unterhält diesbezüglich allerdings keine spezielle Kontrolleinrichtung. Im Falle von Beschwerden können lediglich Rückfragen in verschiedener Intensität bei den Versicherungsunternehmen angestellt werden. Als letztes Mittel bei Missachtung der Regeln steht der Entzug der Verbands-Mitgliedschaft zur Verfügung.

Soweit es sich um Versicherer handelt, die nicht im ABI organisiert sind, können Beschwerden an das DTI gerichtet werden. Bei Beschwerden, die sich insbesondere auf die Produktgestaltung beziehen, verweist das DTI auf einschlägige Schiedsstellen (PIAS, IOB). Das DTI sieht seine Aufgabe nicht darin, die Einhaltung der Wettbewerbsrichtlinien zu gewährleisten.

Die vorgenannten Regeln enthalten demnach, ähnlich wie in reg. 7 UTCCR 99, Anforderungen an die Gestaltung von AVB. Das Transparenzgebot kommt somit in diesen „Statements of Insurance Practice" zur Anwendung. Bei allen Verbesserungen, die diese Statements gebracht haben, ist jedoch zu berücksichtigen, dass sie immer noch nicht für alle Unternehmen gelten, dass sie keinen durchsetzbaren Rechtsanspruch begründen und die Versicherer in diesem Zusammenhang als Richter in eigener Sache tätig werden.

5. Vorvertragliche Informationspflichten

Zur Überlassung einer sog. Verbraucherinformation sind die Versicherer in ganz Europa seit Geltung und Umsetzung der Dritten Versicherungsrichtlinien in die jeweiligen nationalen Rechtsordnungen verpflichtet.

Sect. 72 A ICA 82[185] setzt das Erfordernis einer *Verbraucherinformation* aus den Dritten Richtlinien in die Rechtssysteme des Vereinigten Königreichs um. Diese Vorschrift verweist auf die Geltung eines neu eingefügten Schedule 2 E mit dem Titel „Information for Policy Holders of UK Insurers and EC Companies".

Dieser Schedule unterscheidet zwischen long-term insurance und general insurance. Für den Bereich der general insurance, unter den sämtliche Versiche-

---

184 Vgl. *Cadogan/Lewis*, The Scope and Operation of the Statements of Insurance Law&Practice, Vol. 2, No. 4, S. 107 ff.
185 Zuletzt geändert durch reg. 40 (1) der Insurance Companies (Third Insurance Directives) Regulations 1994, SI 1994/1696.

rungsverträge mit nur einjähriger Laufzeit fallen, legt para. 3 (2) fest, dass der Versicherer Individualpersonen vor Vertragsabschluss schriftlich über eine Beschwerdestelle, ein Klagerecht neben dem Beschwerdeweg, und - im Falle einer Rechtswahlmöglichkeit - über das vom Versicherer vorgeschlagene Recht informieren muss. Die AVB muss der Versicherer dagegen nicht offenbaren.

Para. 3 (3) ermöglicht für den Fall, dass eine Übergabe schriftlich vor Vertragsabschluss nicht mehr möglich ist, die fehlenden Informationen bei sich bietender Gelegenheit nach Vertragsschluss zu überreichen.[186] Hieraus folgt nicht nur, dass die verspätete Übergabe durch den Versicherer nicht sanktioniert wird, sondern auch, dass der Vertragsabschluss überhaupt nicht von der Aushändigung abhängig gemacht wird. Dem Versicherungsnehmer wird außerdem kein Widerrufsrecht eingeräumt. Ein solches ist nach sect. 76 ICA 82 nur für die sog. long-term policies vorgesehen und wird erst durch die Übersendung einer sog. statutory notice ausgelöst.

Für den Bereich der long-term insurance unterscheidet Schedule 2 E zwischen Informationspflichten, die *vor Vertragsschluss* und solchen, die *während der Vertragslaufzeit* zu erfüllen sind. Zu den Informationspflichten vor Vertragsschluss gehören eine konkrete Leistungsbeschreibung, Mitteilungen über einzelne Wahlmöglichkeiten des Versicherungsnehmers, über die Vertragsbeendigung, die Prämienzahlungsmodalitäten, die Überschussermittlung und -beteiligung, die Rückkaufswerte, die Zeitpunkte einer möglichen Kündigung, Steuervergünstigungen, Beschwerdemöglichkeiten, Entschädigungen bei Zahlungsschwierigkeiten des Versicherers sowie die Bekanntgabe des anzuwendenden Rechts.[187] Während der Laufzeit sind Änderungen im Hinblick auf die bisherigen Informationen und jährlich einmal die aktuelle Überschussbeteiligung anzuzeigen.

Vor Abschluss des Vertrages ist der Versicherer nach para. 1 (3) des Schedule 2 E verpflichtet den Antragsteller *schriftlich* zu informieren. Der Vertragsabschluss wird aber auch bei den long-term contracts nicht von der Aushändigung der Verbraucherinformationen abhängig gemacht. Der Vertrag wird allein durch Angebot und Annahme wirksam. Eine dem para. 3 (3) entsprechende Vorschrift, die fehlenden Unterlagen nach Vertragsschluss nachzureichen, gibt es nicht. Es gibt auch keine aufsichtsrechtlichen Sanktionen gegen den Versicherer, der eine rechtzeitige Information unterlässt. Sanktionen drohen nur für das unterlassene Zusenden der sog. statutory notice. Ein solches Unterlassen kann sogar strafrechtliche Konsequenzen nach sich ziehen.[188] Diese statutory notices schließen jedoch weder die Verbraucherinformationen ein, noch enthalten sie irgendeinen Hinweis auf diese. Der Verbraucher wird daher regelmäßig nicht erfahren und häufig nicht wissen, dass er ein Recht auf Erhalt dieser Informationen hat, wenn sie ihm nicht vor Vertragsabschluss zugesandt werden. Bei der statutory notice handelt es sich um die Unterrichtung über ein Widerrufsrecht.

---

186 „as soon as practible after this time"
187 Die Übersendung der AVB gehört nicht zu den Informationspflichten des Versicherers.
188 Vgl. sect. 75 (4) ICA 82.

Insgesamt kann festgestellt werden, dass die Kenntnis von Verbraucherinformationen auf die Wirksamkeit des Vertrages ersichtlich überhaupt keinen Einfluss hat. Es ist demnach höchst zweifelhaft, ob Großbritannien den Anforderungen der Dritten Richtlinie bereits in richtlinienkonformer Weise nachgekommen ist. Es besteht somit akuter Nachbesserungsbedarf.

6. Zusammenfassung

Die Umsetzung der EG-RL ist durch die Einführung der UTCCR 99 abgeschlossen. Das Transparenzgebot wurde in den regs. 6 (2); 7; para. 1 (i) schedule 2 UTCCR 99 verankert und fast wortgleich mit der EG-RL positiv formuliert. Das Gebot Klauseln transparent zu formulieren ist u.a. in den „Statements of Insurance Practice" zu finden. In Großbritannien kann der Verstoß gegen das Gebot Klauseln „in plain intelligible language" zu formulieren, nach einheiliger Auffassung zur Unverbindlichkeit der Klausel führen. Damit wurde erstmals durch die UTCCR 99 die Unwirksamkeit intransparenter AVB festgelegt.

Teil 2 Entwicklung von Maßstäben für die Transparenz von AVB

Obwohl das Transparenzgebot in den jeweiligen Rechtsordnungen positiv verankert ist, wird es noch immer als Leerformel bezeichnet.[189] Der Grund dafür ist u.a. darin zu sehen, dass es auf Gemeinschaftsebene keinen Rechtsrahmen gibt, der Mindestbestimmungen hinsichtlich der Transparenz in Versicherungsverträgen im allgemeinen festlegt bzw. missbräuchliche allgemeine Versicherungsvertragsklauseln charakterisiert oder die Grundsätze von Treu und Glauben sowie des vertraglichen Gleichgewichts speziell für den Versicherungssektor definiert.

Das Transparenzgebot bietet in seiner Ausgestaltung viele Möglichkeiten eine Klausel zu beleuchten. Dabei geht es nicht nur um eine bloße formale Kontrolle von Gestaltungsformen in AGB-Texten.[190] Das Transparenzgebot muss auf Fallgestaltungen reagieren, bei denen es trotz der Einhaltung der im AGB-Gesetz aufgestellten Standards an der Verständlichkeit der Regelungen fehlt. Die Verständlichkeit bemisst sich nicht ausschließlich nach grammatikalischen oder logischen Vorgaben, sondern ist auch davon abhängig, ob der Inhalt der Regelung vom Empfänger verstanden wird. Ausgangspunkt ist demnach die Verständlichkeit einer Regelung an sich.

Eine Kontrolle ist jedoch nur dann sinnvoll, wenn justitiable Regelungen existieren und dadurch die Vorhersehbarkeit erhöht und damit Rechtssicherheit geschaffen wird.

---

189 *Basedow*, VersR 1999, 1045.
190 Hierzu *Erman/Hefermehl*, AGBG, § 3 Rdn. 3.

Transparenz entsteht - wie eingangs erwähnt[191] - durch Kommunikationsprozesse. So wird in der Unternehmenskommunikation stets gefragt: Aufgrund welcher *Ziele* sind für welche und wie viele Kommunikations*partner* welche Kommunikations*inhalte* mit welchen Kommunikations*mitteln wann* und *wo* anzubieten? Diese Zusammenhänge zwischen den einzelnen Entscheidungen verdeutlicht die von *Bittl* nachfolgend entworfene Abbildung eines „Fünfecks der Unternehmenskommunikation".[192]

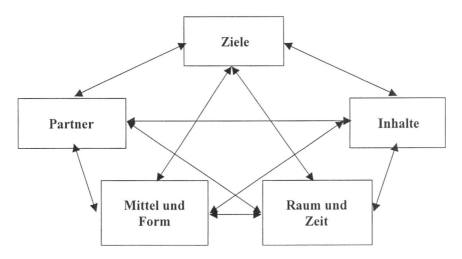

Abb. 1   Fünfeck der Unternehmenskommunikation

Ausgehend von diesem Fünfeck sollen im folgenden Maßstäbe für die Transparenz von AVB entwickelt werden.

Eine Auflistung von Kriterien hat das *Ziel*, verständliche bzw. transparente AVB für den Rechtsverkehr zu schaffen. Zunächst wird in § 3 geklärt, für welche *Partner* AVB transparent formuliert werden müssen. Um die *Kommunikationsinhalte* genau benennen zu können, und die Frage *wann* und *wo* diese anzubieten sind, werden in § 4 und § 5 Anforderungen an die *Kommunikationsinhalte* aufgestellt. An dieser Stelle werden *Kommunikationsmittel* benannt, welche eine transparente Gestaltung von AVB gewährleisten.

§ 3 Laientransparenz oder Expertentransparenz?

Bei der Prüfung hinreichender Transparenz Allgemeiner Versicherungsbedingungen muss zunächst geklärt werden, welche Art von Transparenz gefordert wird. Wer muss die einzelnen AVB verstehen? Ist auf den Verständnishorizont und die Erwartungen eines Durchschnittskunden, *sog. Laientransparenz*, abzu-

---

191 Vgl. § 1 B.
192 *Bittl*, ZfV 2000, 174, 179.

stellen oder wäre es nicht sinnvoller als Maßstab eine *sog. Expertentransparenz* anzustreben.

Im Versicherungsgeschäft wird eine Unterteilung in Großrisiken und Verbraucherversicherungen vorgenommen. Bei *Großrisiken* hat man es mit gewerblichen Kunden, oft mit speziell ausgebildeten Versicherungsabteilungen in Unternehmen zu tun. Aus diesem Grunde sind viele Verbraucherschutzregeln des VVG auf Großrisiken nicht oder nur sehr eingeschränkt anwendbar (§ 187 VVG).[193] Die Klauseln der Industriefeuerversicherung, der industriellen Transportversicherung, der Betriebsunterbrechungsversicherung oder der betrieblichen Altersversorgung müssen nur von den Experten auf beiden Seiten verstanden werden.[194] Es handelt sich um Verträge zur Deckung der Risiken des gewerblich-beruflichen Bereichs. Ihre Beziehungen zu den Versicherern wickeln gewerbliche Kunden häufig durch eigene Versicherungsabteilungen, über rechtlich selbstständige firmenverbundene Versicherungsvermittler oder durch Versicherungsmakler ab.

Im Gegensatz dazu handelt es sich bei *Verbraucherversicherungen* um Verträge mit Privatkunden, insbesondere privaten Haushalten, zur Deckung des Versicherungsbedarfs der persönlichen Lebenssphäre unter Ausschluss gewerblicher und beruflicher Risiken.[195]

Wer eine Hausratversicherung abschließt, kann von einer AVB-Regelung, je nach ihrem Inhalt, ein anderes Verständnis haben als derjenige, der Versicherungsnehmer einer Betriebsunterbrechungsversicherung ist. Bei den Verbraucherversicherungen im Privatkundengeschäft wenden sich die AVB an alle Bevölkerungsschichten.

Bei den gewerblichen Kunden sind die „Experten" ohne Zweifel auch auf Einfachheit, gute Gliederung, Kürze, Prägnanz und stimulierende Zusätze angewiesen. Hier darf aber nicht vergessen werden, dass sich das Ganze auf der Ebene der Fachsprache abspielt. Diese ist den Teilnehmern in der Regel bekannt. Ein Beispiel: CMR-Deckungen für Transportunternehmen stellt einen geläufigen Terminus dar, welcher dem Laien absolut fremd ist. Auch Incoterms, wie cif oder fob oder tel quel dürfen in solchen AVB verwendet werden.[196]

Die Frage des Transparenzmaßstabs bestimmt sich immer nach dem Horizont eines Durchschnittskunden der entsprechenden Vertragsart.[197] Demnach befinden sich die Anforderungen an die Transparenz von AVB für Verbraucherrisiken auf einer anderen Ebene als für Großrisiken. Gemein ist jedoch beiden, dass die jeweiligen AVB transparent gestaltet werden müssen.

Die nachfolgenden Betrachtungen beziehen sich nur auf *Verbraucherversicherungen*.

---

193 *Schwintowski*, Kundenfreundliche Versicherungsbedingungen, S. 37.
194 *Schwintowski*, a.a.O.
195 *Gabler*, Versicherungslexikon, Stichwort Privatkundengeschäft.
196 Es handelt sich um international gebräuchliche Standards für Gefahrtragung und Qualitäten.
197 BGHZ 112, 115 = NJW 1990, 2383; BGHZ 116, 1, 7 = NJW 1992, 179.

A. Maßgeblicher Verständnishorizont im Rechtssystem

I. Verbraucher

Nach der EG-RL müssen die Klauseln für den *Verbraucher* klar und verständlich formuliert werden, Art. 5 S. 1 RL. Als Verbraucher ist eine natürliche Person anzusehen, die nicht in Ausübung ihrer gewerblichen oder beruflichen Tätigkeit handelt, Art. 2 b RL. In diesem Sinne trifft die Verbraucherdefinition des ehemaligen US-Präsidenten *Kennedy*[198] zu: „Verbraucher sind wir alle." Im Gegensatz zu der Definition Kennedys umfasst jedoch der Verbraucherbegriff nur Personen, die als Käufer oder Benutzer von Gütern oder Dienstleistungen und nicht im Rahmen ihres Gewerbes oder Berufes handeln. Aus dieser Sicht drückt der Begriff des Verbrauchers eine bestimmte Eigenschaft einer Person aus, die von ihrem Marktverhalten präzisiert wird. Daraus ist nicht zu schließen, dass wir alle Verbraucher sind, sondern vielmehr dass wir alle Verbraucher sein können.[199]

Dem Transparenzgebot entspricht ein bestimmtes Verbraucherbild, und zwar das Leitbild des *mündigen* Verbrauchers.

II. Durchschnittskunde

In einem sehr engen Zusammenhang nicht nur mit dem Verbraucherkonzept, sondern auch mit den neu entwickelten Vorstellungen der Klarheit und Verständlichkeit steht ein anderer Ausdruck, nämlich der Begriff des *Durchschnittskunden*. Der Transparenzmaßstab einer Klausel wird nach der Rechtsprechung des BGH nicht durch einen konkreten Vertragspartner und seine eigenen Kenntnisse und Verständnismöglichkeiten, sondern durch den abstrakten Durchschnittskundenkreis bestimmt. Der BGH entschied im Zusammenhang mit einer Gebäudeversicherung im Juni 1998: Bei verständiger Würdigung, aufmerksamer Durchsicht, Berücksichtigung des erkennbaren Sinnzusammenhangs der Versicherungsbedingungen muss durch den durchschnittlichen Versicherungsnehmer ohne versicherungsrechtliche Spezialkenntnisse entschieden werden, was unter dem Begriff „innerhalb eines Gebäudes" zu verstehen sei.[200] Der Versicherer lehnte den Deckungsschutz für einen Wasserschaden ab, welcher durch Löcher und Risse in Ableitungsrohren der Wasserversorgung entstanden war. Die Rohre waren 20 bis 50 cm unterhalb des Kellerbodens im Erdreich zwischen Fundamentmauern des Gebäudes verlegt worden. Dem Versicherer hielt der BGH entgegen, dass die Abwasserleitung als innerhalb eines Gebäudes qualifiziert werden könne. Der Versicherungsschein führt das Gebäude als mit seinen Bestandteilen als versichert auf. Zu diesen seien grundsätzlich alle Wasserrohre in seiner räumlichen

---

198 „Consumers, by definition, include us all"; Verbraucherbotschaft des Präsidenten Kennedy vom 15.03.1962, special Message to the Congress on Protecting the Consumer Interest, abgedruckt bei *Hippel*, Verbraucherschutz, S. 281.
199 In diesem Sinne auch *Reich*, Binnenmarkt und Verbraucherinteresse, S. 24.
200 Handelsblatt 08.06.1998.

Nähe zu zählen.[201] Ergänzend hätte das Gericht einen Verstoß gegen das Transparenzgebot annehmen können, da eine andere Interpretation des Begriffes „innerhalb" möglich ist.[202] Sofern Bestandteile des Gebäudes nicht mitversichert werden sollen, muss dies klar bestimmt werden. Eine Klausel in einem Versicherungsvertrag muss demnach für den durchschnittlichen Versicherungsnehmer klar und verständlich sein.

Der Begriff des Durchschnittskunden wurde trotz seiner Wichtigkeit für das Transparenzgebot in Gesetzestexten, z.B. AGB-Gesetz, VAG, bisher nicht verwendet. Im deutschen Schrifttum wird der Begriff des Durchschnittskunden kritisiert. Gegen den Begriff des Durchschnittskunden wird eingewendet, er sei eine Kunstfigur der Rechtsprechung, die nicht haltbar sei.[203] *Limbach*[204] hat sich mit dieser Rechtsfigur auseinandergesetzt und ist zu dem Ergebnis gekommen, dass es einen verständigen Rechtsgenossen bzw. Durchschnittskunden nicht gibt, er stelle einfach eine rhetorische Figur dar. Dieses Ergebnis basiere auf einer Analyse von Gerichtsentscheidungen.

Richtig ist, dass eine gewisse Rechtsunsicherheit aus der Verwendung des Begriffs des Durchschnittskunden resultieren kann. Das AGB-Gesetz enthält keine einheitlichen Wertkriterien und es fehlt an einschlägiger Rechtsprechung.[205] Dieser Argumentation ist jedoch entgegenzuhalten, dass in vielen Rechtsgebieten als Beurteilungsgrundlage der objektive Empfängerhorizont oder das Rechtsgefühl aller billig und gerecht Denkenden herangezogen wird. Die Rechtspraxis hat daher ausreichend Erfahrung im Umgang mit einem solchen Beurteilungsmaßstab. Von entscheidender Bedeutung ist der Versuch den Durchschnittskunden genau festzulegen, d.h. ein eindeutiges für alle verständliches Charakterbild zu entwerfen.[206]

III. „Ordinary man"

Im englischen Versicherungsrecht wird auf den „ordinary man of normal intelligence and average knowledge of the world" abgestellt.[207]

„The meaning of a word in a policy is that which an ordinary man of normal intelligence would place upon it, it is to be construed as it is used in the English language by ordinary persons".[208]

Demnach stellt man auch im englischen Recht auf eine Art "Durchschnittskunden" ab. Wer genau unter den Begriff des „ordinary man" fällt, bleibt offen. Eine genaue Definition lässt sich nicht finden.

---

201 A.a.O.
202 *Schwintowski*, Kundenfreundliche Versicherungsbedingungen, S. 25.
203 *Hellner*, FS Steindorff, S.575.
204 *Limbach*, Der verständige Rechtsgenosse, S. 99.
205 Siehe auch *Schäfer*, Das Transparenzgebot, S. 59.
206 Vgl. dazu § 3 D. I.
207 Vgl. *Clarke,* The Law of Insurance Contracts, S. 332.
208 *Merkin*, Colincaux's Law of Insurance, S. 49.

Interessanterweise kreiert *Scholl*[209], aus deutscher Sicht, einen neuen Begriff für die Transparenzbemühungen in Großbritannien. Er meint die Transparenzbemühungen gehen eindeutig in Richtung „Fool's transparency".[210] Dieses Konzept solle den Kunden vor den allergrößten Torheiten und Übertölpelungen schützen. Der Ausdruck der sog. „Fool's transparency" wird jedoch auch von ihm nicht weiter erklärt.

„Fool's transparency" und „ordinary man" können meines Erachtens im Ergebnis gleich behandelt werden. Der Begriff „Fool's transparency" bedeutet letztlich, dass AVB für den Laien bzw. für den „ordinary man" transparent gestaltet werden.

B. Umsetzung des Transparenzgebots in die Praxis

Eine Umsetzung des Transparenzgebots in die Praxis bedeutet, dass die AVB in den jeweiligen Versicherungssparten *eindeutig formuliert*, *übersichtlich gegliedert* und *verständlich* abgefasst sind. Der Versicherungsnehmer müsste in der Lage sein, sich marktgerecht zu verhalten. Wie die Versicherungspraxis zeigt, entsprechen jedoch die AVB diesen Anforderungen nicht.

Auch in Großbritannien genügen die AVB nicht immer dem Postulat ausreichender Transparenz. Die AVB sind in beiden Rechtsordnungen für den Kunden größtenteils unverständlich.

Der Grund für die Unverständlichkeit der AVB wurde bisher noch nicht angesprochen. Die zunehmende Rechtsunzufriedenheit des Bürgers ist vor allem die Reaktion darauf, dass er die unverständliche Rechtssprache kaum mehr versteht. Daher soll im folgenden das Verhältnis von *Sprache und Recht* „untersucht" werden.

I. Sprache und Recht

Die Sprache dient wie das Recht dem „zwischenmenschlichen Ideentransport"; der Verständigung bzw. dem Austausch von Informationen. Fragen wir nach dem Grund der oben angesprochenen Unzufriedenheit der Bürger, müssen wir feststellen, dass sie Gesetzes-, Verwaltungs-, Urteils-, und überhaupt Amtssprachen als eine Art Fremdsprache ansehen, die sie nicht verstehen. Ein Gesetzeschinesisch, das zu Formeln und Chiffren von Insidern für Insider wird.

Vor allem die Vertragssprache in AGB-Klauselwerken bezieht sich in hohem Maße auf die Sprache der Rechtsnormtexte. AGB-Sprache ist so gesehen Zivilrechtssprache, die sich von der Alltagssprache, der Gemeinsprache, unterscheidet. Die für den Laien unverständliche Sprache versteckt die Bedeutung von AGB-Texten und macht sie intransparent.[211] Die Fachsprache in AVB entsteht dadurch, dass zu den Wörtern einer natürlichen Sprache weitere, in ihrer Bedeu-

---

209 *Scholl*, Transparenzregeln.
210 *Scholl*, Transparenzregeln, S. 8, 145.
211 *Hebestreit*, Transparenz im AGB-Recht, S. 231.

tung eindeutig festgelegte sog. Fachwörter oder termini technici treten.[212] Das Ziel von Fachsprachen ist die genaue Information und eindeutige Kommunikation zwischen Fachleuten. Hervorzuheben ist die in allen Fachsprachen zu beobachtende und auch der juristischen Fachsprache eigene Reduzierung der Sprachmittel. Es werden oft Aussagen, die dem Inhalt ganzer Sätze entsprechen, zu nominalen Satzgliedern zusammengefasst, kleine Sätze in substantivierten Verben zusammengezogen.[213] Oft entstehen doppelte Genitive und häufig wird das für den „guten Stil" verpönte Passiv bevorzugt[214], um nur einige Beispiele zu nennen.

Im Bereich der Fachsprachen unterscheidet man zwischen Kommunikationsbereichen und Schichten der „Sprachen im Fach".[215] Es hat sich ein dreischichtiges Modell durchgesetzt, um alle Kommunikationsbereiche der Fachsprache adäquat beschreiben zu können. Es wird unterschieden zwischen *fachinterner* Sprache, dazu gehören die Wissenschaftssprache und fachliche Umgangssprache, *interfachlicher* Sprache, also der Sprache zwischen den Fächern, und der *fachexternen* Sprache, womit die Verbreitungssprache gemeint ist.[216]

II. Juristische Fachsprache

Die juristische Fachsprache ist keine reine Theorie- oder Wissenschaftssprache, die eine strenge Formalisierung kennzeichnet, wie dies bei manchen naturwissenschaftlichen Fachsprachen der Fall ist. Sie ist vielmehr eine fachbezogene Umgangssprache[217], die für die Frage der Verständlichkeit geradezu gefährlich sein kann. Die juristische Fachsprache steht mit der Gesetzessprache in Wechselwirkung, die möglichst alle denkbaren Einzelfälle durch eine allgemeine Regelung erfassen will. Aus diesem Grunde ist eine besondere Tendenz der Abstraktion der Juristensprache zu erkennen, die der Durchschaubarkeit im Wege steht. In dem Moment, wo auf juristisch unscharfe Begriffe der Gemeinsprache ausgewichen wird, entstehen Ungenauigkeiten und Lücken, die die Rechtssicherheit in Frage stellen. Die unabdingbare Begriffsklarheit der juristischen Sprache liegt daher notwendigerweise manchmal mit der sprachlichen Verständlichkeit, d.h. der Allgemeinverständlichkeit im Widerstreit. Rechtsklarheit ist aber nur durch Begriffsklarheit und diese wiederum nur mit den besonderen Mitteln der juristischen Fachsprache zu gewährleisten.[218]

Die juristische Fachsprache erhebt den Anspruch für Laien verständlich zu sein, und muss doch gleichzeitig den Bedürfnissen von Spezialisten genügen. In der juristischen Fachsprache wird mit derselben Terminologie in allen 3 Kommunikationsbereichen gearbeitet: fachintern, interfachlich und fachextern.

---

212 Vgl. dtv-Lexikon, Bd. 6, S. 11 f., Stichwort Fachsprache.
213 Vgl. *Admoni,* Fachsprachen, S. 218 ff.
214 *Wagner,* Die deutsche Verwaltungssprache, S. 16 ff.
215 *Fluck,* Fachsprachen, S. 20 f.
216 *Fluck,* a.a.O.; vgl. auch *Kanz,* Versicherte Risiken, S. 19 f.
217 So *Wassermann,* Sprachliche Mittel in der Kommunikation, S. 114 ff.
218 *Wagner,* Die deutsche Verwaltungssprache der Gegenwart, S. 16 ff.

III. Ursachen der Unverständlichkeit

Viele Laien verstehen nicht, warum Kosten nach einem Schadenfall abgelehnt werden, die ihrer Meinung nach unter Versicherungsschutz fallen müssten. Manche Missverständnisse lassen sich selbst dann nicht beseitigen, wenn der Versicherer die Ablehnung der Kosten begründet, die infolge eines nicht-versicherten Risikos entstanden sind. Versicherungskunden stoßen i.d.R. erst nach einem Schadenfall auf Ausschlüsse.[219]

„Vor dem Gesetz steht ein Türhüter. Zu diesem Türhüter kommt ein Mann vom Lande und bittet um Eintritt in das Gesetz. Aber der Türhüter sagt, dass er ihm jetzt den Eintritt nicht gewähren könne. (...) Solche Schwierigkeiten hat der Mann vom Lande nicht erwartet, das Gesetz soll doch jedem und immer zugänglich sein, denkt er (...)".[220]

Bekanntlich scheitert der Mann vom Lande vor dem Gesetz in *Kafkas* geheimnisvoller Parabel. Das Gesetz bleibt eine unverständliche, unbetretbare „Transzendenz", d.h. der Türhüter ist die unüberwindliche Barriere zwischen dem Mann vom Lande und dem Gesetz.

Verständnisprobleme beruhen nicht immer auf der Verwendung von Fremdwörtern. Für die Unverständlichkeit gibt es mehrere Gründe. Zum einen liegt es daran, dass die Rechtssprache viele gemeinsprachliche Wörter verwendet, ihnen aber dennoch einen anderen Bedeutungsinhalt gibt. Im Idealfall versucht die Rechtssprache durch den richtigen Ausdruck ein Höchstmaß an *Präzision* zu erzielen. Darin liegt aber auch zugleich das Problem, denn diese erkennt oftmals nur der Jurist. Wird die Fachsprache nämlich absolut präzise, so kann sie dem Laien damit auch absolut unverständlich werden. Juristische Fachtermini sind dem Durchschnittsversicherungsnehmer meist fremd. Im Versicherungsbereich verbietet das Verständlichkeitsgebot Begriffe wie Rückwärtsversicherung, Folgeprämienverzug, Unteilbarkeit der Versicherungsprämie, Sachinbegriff, Interessenmangel, Versicherung für fremde Rechnung - mögen sie auch im VVG Verwendung finden.[221]

Zum anderen ist die Abstraktion wegen der Vielzahl oft nur gedachter Verhaltensweisen Grund für die Unverständlichkeit. Eine Fachsprache zu haben, die zugleich Gemeinsprache ist, läuft auf eine Paradoxie hinaus.[222] Alles so zu formulieren, dass es der Laie versteht, ist nicht möglich. Ausdrücke der juristischen Fachsprache, die mit denen der Gemeinsprache äußerlich übereinstimmen, weichen oft auf der Inhaltsebene von den Ausdrücken der Gemeinsprache ab. Diese sprachlichen Unterscheidungen haben ihren Grund in der Natur der Kommunika-

---

219 In der Werbung werden z.B. die versicherten Leistungen und nicht die Ausschlüsse in den Vordergrund gestellt.
220 *Kafka*, Vor dem Gesetz.
221 *Schimikowski*, r+s 1998, 353, 359.
222 *Otto*, Die Paradoxie einer Fachsprache, S. 44 ff. In der Rechtssprache bedeutet „Besitz" weniger als Eigentum, während die Gemeinsprache Besitz als Synonym für Eigentum verwendet. Anderes Beispiel: Das Leihen von sechs Eiern zum Zwecke des Verbrauchs ist fachsprachlich nicht als Leihen sondern als Darlehen anzusprechen, weil die Bedeutung von leihen rechtlich nämlich die Rückgabe genau der entliehenen Sache impliziert, nicht einer gleichwertigen.

tion. Umgekehrt kann es sein, dass in der Gemeinsprache ein Bedeutungswandel eingetreten ist, den sich die juristische Fachsprache nicht zu eigen gemacht hat.[223] Des weiteren ändert sich der Inhalt der Fachausdrücke laufend durch Rechtsfortbildung und andere neue Erkenntnisse.

Aber auch ein *schlechter Stil* fördert die Unverständlichkeit; so beispielsweise eine fehlende Gliederung, ein unlogischer Satzaufbau und Verschachtelungen.

Eine der wichtigsten Ursachen mangelhafter Verständlichkeit ist auch das *fehlende Vorverständnis* des Bürgers. Einigkeit besteht dahingehend, dass letztlich ein Verstehen von Rechtstexten nur möglich ist, wenn im konkreten Einzelfall eine Einsicht in die Rechtsphänomene und damit in das Prinzip Recht selbst schon besteht oder ermöglicht wird.[224]

Für die jeweiligen AVB existieren Kommentare. Der juristische Kommentar zu den Versicherungsbedingungen des Auto-Schutzbriefes der Versicherungswirtschaft beispielsweise erscheint unter dem Titel: "Kraftfahrtversicherung Kommentar zu den Allgemeinen Bedingungen für die Kraftfahrtversicherung - AKB und zu den Allgemeinen Bedingungen für die Verkehrs-Service-Versicherung - AVSB" und wird von Juristen[225] regelmäßig überarbeitet. Dort finden vor allem Fachleute Entscheidungshilfen bei unklaren Fällen oder besonderen Konstellationen. Die Kommentare zu den Versicherungsbedingungen werden von Fachleuten für Fachleute geschrieben. Zwar sind sie auch den Laien zugänglich und durch die Erklärungen zu den einzelnen Paragraphen besser verständlich als die Bedingungen allein, doch werden Laien nicht viel mit ihnen anfangen können, wenn ihnen das juristische Hintergrundwissen fehlt. Zudem weiß ein Laie nicht, wo er nachschlagen muss, und kann deshalb leicht etwas Wichtiges übersehen.

Ein Jurist stellt grundsätzlich andere Überlegungen an als ein Laie, daher können beide zu ganz unterschiedlichen Ergebnissen kommen, was den Versicherungsschutz angeht. So kann die juristische Ausbildung als *Sozialisation* verstanden werden.[226] Der Jurist weiß sich als solcher auszudrücken und eignet sich das Juristendeutsch an. Ein Zeichen der Sozialisation der Juristen ist es, dass ihnen die juristische Terminologie so geläufig wie ihre Muttersprache wird. Sie verlernen allmählich, sich in einen Laien hineinzuversetzen, der diese Sozialisation nicht durchlaufen hat. Auch sind sie auf ihre „Übersetzungsaufgabe" nicht vorbereitet, dem rechtunkundigen Laien den Sachverhalt verständlich zu erklären.[227] Eine Fachsprache ist gleichzeitig Erkennungszeichen und Verständigungsmittel. Sie hat gruppenbildende Funktion. Sie fördert Beziehungen zwischen Fachleuten und deren Abschließung, sie hat Verschlüsselungscharakter.[228]

---

223 So beispielsweise: „der Bedachte".
224 *Wassermann*, Sprachliche Mittel in der Kommunikation, S. 114 ff.
225 *Ernst Stiefel* und *Edgar Hofmann*.
226 *Brinkmann*, Juristische Fachsprache und Umgangssprache, S. 62.
227 Vgl. hierzu *Kanz*, Versicherte Risiken, S. 30.
228 *Brinkmann*, a.a.O.

Gegenwärtig erwecken die AVB den Eindruck, als wolle man den Leser in Unwissenheit belassen, z.B. um ihn zu übervorteilen. Das „Kleingedruckte" ist in manchen Verträgen „kleinverständlich".

Teilweise sind Bedingungen auch unter Zeitdruck auf den Markt gebracht worden; unklare Formulierungen haben sich eingeschlichen, die wiederum nicht durchdachte Probleme ergeben. Ein Hauptgrund für die Schwerverständlichkeit liegt jedoch eindeutig darin, dass die Verfasser der AVB gar nicht wissen, wie man sich verständlich ausdrückt.

Ein anderes Beispiel soll zeigen, dass eine Verständnisschwierigkeit nicht nur zwischen Versicherungsnehmern und Versicherern gegeben ist. Der Richter ist vor Gericht oft nicht in der Lage, das Gutachten eines Sachverständigen zu verstehen. Dieser benutzt seine eigene Fachsprache. Dieses Beispiel soll zeigen, dass eine Fachperson außerhalb ihres eigenen Fachs oft auch nur ein Laie ist und Zusatzinformationen und Erklärungen braucht, um inhaltlich folgen zu können.

Bisher wurde für die Vermittlung der AVB kein besonders großer Aufwand betrieben. Die Informationen von Versicherungsratgebern und Tests in Zeitschriften, die für den Laien gedacht sind, sind relativ gering. Es wird nicht genügend gesellschaftlichen Wert darauf gelegt, dass die Versicherungsbedingungen verstanden werden. Aus diesen Gegebenheiten ist im Versicherungswesen eine grundsätzliche Abneigung zwischen Versicherern und Versicherungsnehmern vorhanden. Auf beiden Seiten existieren mehr oder weniger Vorurteile, die sich nicht so einfach aus dem Weg räumen lassen. Die Versicherungsnehmer gehen davon aus, dass die Versicherer nur darauf aus sind, hohe Prämien zu kassieren und im Schadenfall alles unternehmen, um nicht zahlen zu müssen. Die Versicherungsnehmer versuchen unter allen Umständen, so die Vorstellung der Versicherer, Schäden vorzutäuschen, oder mindestens der Höhe nach überzogene Ansprüche durchzusetzen.[229] Beides wird sich auch in Zukunft nicht ändern lassen. Deshalb muss nach anderen Wegen gesucht werden, um die damit für beide Seiten verbundenen Unsicherheiten zu minimieren. Viele Missverständnisse zwischen Versicherern und Versicherungsnehmern könnten vermieden werden, wenn jeder Einzelne in der Lage wäre, die Bedingungen auf Schadenfälle anzuwenden. Andererseits darf der Versicherungsnehmer auch nicht erwarten, dass stets alle Kosten, die nach einem Schadenfall auftreten, versichert sind. Es ist aber festzustellen, dass seine Erwartung z.T. durch die Werbung gefördert wird.

Deshalb ist eine möglichst vollständige Unterrichtung des Kunden zu fordern, damit der angestrebte Wettbewerb im Versicherungswesen funktioniert und zum anderen, damit die Belange der Verbraucher nicht nur hinreichend, sondern durch ihn selbst möglichst optimal gewahrt werden. Bezogen auf Versicherungsverträge sollen die AVB mit dem Transparenzgebot in Einklang stehen.

Ziel sollte es sein zwischen den Parteien nicht nur auf sprachlicher Ebene gegenseitige Akzeptanz füreinander herzustellen.

---

229 *Voit*, Gedanken und Erfahrungen eines Richters in Versicherungssachen, S.5 f.

C. Expertentransparenz

Es stellt sich die Frage, ob der Maßstab der Laientransparenz, d.h. Transparenz für den durchschnittlichen Versicherungsnehmer, durchgängig ein befriedigendes Ergebnis bietet und in allen Fällen durchgehalten werden kann. Ein Blick auf die gegenwärtige Situation der Versicherungsmärkte zeigt, dass die AVB nicht transparent, d.h. klar und verständlich für die Durchschnittskunden sind. Zum einen kann es daran liegen, dass Versicherungsunternehmen sich bisher nicht darum bemühen die Klauseln transparenter zu gestalten, andererseits kann man möglicherweise an eine Grenze der Transparenz von AVB stoßen. Das Transparenzgebot darf auch den AGB-Verwender nicht überfordern.[230] Die Grenze kann dort gesehen werden, wo mit den AVB komplizierte und deshalb schwer verständliche Sachverhalte geregelt werden müssen. Die Informationen, die der Versicherungsinteressent bekommt, müssen wahr und von Fachkunde getragen sein. In diesem Zusammenhang stellt sich die Frage: Juristisch eindeutig und trotzdem allgemeinverständlich - ein unlösbares Problem?

Für den Maßstab der Verständlichkeit auf den Durchschnittskunden abzustellen, ist grundsätzlich ein nachvollziehbarer und logischer Gedanke. Erfahrungen aus der Praxis beweisen jedoch, dass die Problematik der Unverständlichkeit von AVB nach wie vor existiert. Zur Lösung des angesprochenen Dilemmas könnte nach einem anderen Konzept gefragt werden bzw. könnten andere Maßstäbe herangezogen werden.

So sei die Sprache der Verhandlung die Umgangssprache und die Sprache des Vertrages müsse dagegen die juristische Fachsprache sein.[231] Vertragliche Regelungen beziehen sich auf das Gesetz, indem sie es voraussetzen, konkretisieren, modifizieren oder abbedingen. Diese Kommunikation zwischen Vertrag und Gesetz funktioniere nur, wenn beide dieselbe Sprache haben.[232] Daher sei der Gebrauch der Fachsprache unverzichtbar. Es müsse in Kauf genommen werden, dass die Fachsprache nur für den Fachmann verständlich sein könne.[233] Es kann ohne weiteres gesagt werden, dass die notwendige Begriffsklarheit der juristischen Sprache mit der Allgemeinverständlichkeit in Konflikt steht. Die geforderte Rechtssicherheit kann aber nur durch Begriffsklarheit und diese wiederum nur mit den besonderen Mitteln der juristischen Fachsprache gewährleistet werden.[234] Bei aller Berechtigung der Bestrebungen, das Juristendeutsch auch dem Laien verständlich zu machen, so wird argumentiert, müsse man sich von vornherein von der Idee verabschieden, ein guter Vertrag könne allgemeinverständlich sein.[235] Ein Vertrag kann nur dann für die Beteiligten verständlich sein, wenn die Beteiligten das erforderliche juristische Vorverständnis oder einen juristischen Dolmetscher zur Seite haben. Bei jeder sprachlichen Äußerung, ob im privaten

---

230 BGHZ 112, 115, 119.
231 *Langenfeld*, Vertragsgestaltung, Rdn. 131.
232 *Langenfeld*, a.a.O.
233 *Rupp*, DNotZ-Sonderheft 1981, 78.
234 Vgl. *Duve*, DNotZ-Sonderheft 1981, 33.
235 *Langenfeld*, a.a.O., Rdn 133.

oder beruflichen Kreis, muss ein gewisses Maß an Vorverständnis vorausgesetzt werden. Es ist richtig, dass nicht jeder Vertrag bzw. jedes Gesetz für jeden verständlich sein muss. Der Versicherungsinteressent, der die Ware Versicherung kauft, sollte aber in der Lage sein den Vertrag zu verstehen.

Römer[236] deutete in diesem Zusammenhang an, dass bei komplizierten und schwer verständlichen Regelungsmaterien der Maßstab des durchschnittlichen Versicherungsnehmers erweitert werden müsse. Sprachlich stoße die Darstellung des Gegenstandes Versicherung auf Schwierigkeiten.[237] Nach dem Transparenzgebot könnte man vom Versicherer verlangen, dass er auf Rechts- und Fachbegriffe verzichtet, allerdings nur soweit dies möglich ist. Hierbei dürfe nicht vergessen werden, dass bei einer Übersetzung im Einzelfall ein Teil des Inhalts und die genauen Abgrenzungen verloren gehen kann. In diesen Fällen, so die Auffassung *Römers*, sei dem Versicherungsnehmer mehr damit gedient, wenn die AVB sich der hergebrachten Begriffe bedienten. Als Beispiel sei hier die Rechtsschutzversicherung genannt, die teilweise ohne den einen oder anderen juristischen Begriff nicht auskommen wird.[238] Weiter sind Sachverhalte zu bedenken, die so kompliziert sind, dass sie sich dem Verständnis eines durchschnittlichen Versicherungsnehmers entziehen.[239] Seiner Meinung nach muss es dann genügen, wenn die AVB so klar formuliert sind, dass ein *Fachmann* sie versteht, bei dem sich der Versicherungsnehmer ggf. Rat holen kann.[240]

Transparenz in diesem Sinne soll als *Expertentransparenz* bezeichnet werden.

In der Rechtsprechung des BGH gibt es schon ähnliche Ansätze.[241] Es handelt sich dabei um die *Auslegung von Rechtsbegriffen*, die in den AVB verwendet werden und nicht im allgemeinen Sprachgebrauch vorkommen. In diesen Fällen ist unter dem verwendeten Begriff das zu verstehen, was Juristen im allgemeinen damit verbinden. Man könnte in analoger Weise bei der Regelung von schwierigen Sachverhalten darauf abstellen, dass die Regelung in den AVB von einem entsprechendem Fachmann verstanden werden muss.

Eine Expertentransparenz anzustreben wäre nicht fernliegend, wenn man zunächst den Blick auf andere Bereiche richtet und sich fragt, wo man dort den Maßstab der Verständlichkeit ansetzt. Möglicherweise ist in diesen Bereichen auch nur ein Fachmann dieses Gebiets in der Lage, komplex geregelte Sachverhalte genau zu verstehen.

Der Anwalt, der vor Gericht die Interessen des Mandanten vertritt, kennt sich in der juristischen Fachsprache genauso gut aus wie der Richter und der Anwalt des Versicherers. Es stehen sich also nur Fachleute gegenüber. Jeder Jurist ist ein

---

236 Vortrag, gehalten auf dem 3. Versicherungsrechtlichen Tagessymposium des Versicherungsforum am 23./24.4.1997 in Düsseldorf, unveröffentlicht.
237 *Römer*, NVersZ 1999, 97, 104.
238 Als Beispiele werden angeführt: Vollstreckungstitel (§ 2 ARB), Konkurs- und Vergleichsverfahren (§ 4 ARB), Willenserklärung (§ 14 ARB), Verschulden (§ 21 ARB) u.v.a., vgl. *Winter*, r+s 1991, 397 ff.
239 Beispiel: Rückkaufswert in der Lebensversicherung, § 176 VVG, einschließlich des Zillmerns.
240 *Römer*, NVersZ 1999, 97, 101.
241 Vgl. BGH, VersR 1992, 606.

Dolmetscher, ein Vermittler zwischen der Rechtsordnung und dem Bürger.[242] Er versteht sich deshalb als Dolmetscher, weil er dem rechtsunterworfenen Bürger die Bedeutung der Rechtslage, also von Norm und Richterspruch, verdeutlicht.

Der Sachverständige erstellt ein Gutachten, das in einer fachbezogenen Sprache formuliert wird. Jeder einzelne, der mit diesem Gutachten arbeitet oder der mit diesem Sachverhalt konfrontiert wird, ist nicht ohne weiteres fähig, die Ausführungen des Sachverständigen zu verstehen. Man benötigt Zusatzinformationen, möglicherweise kann nur eine genaue Aufklärung oder Beratung weiterhelfen. Der Sachverständige wäre in diesem Falle wahrscheinlich der einzig kompetente Ansprechpartner.

Ein weiteres Beispiel kann in dem Erlernen der Straßenverkehrsregeln gesehen werden. Es kann davon ausgegangen werden, dass kein Straßenverkehrsteilnehmer sich diese Regeln durch die Lektüre des Bundesgesetzblattes aneignet. Die Straßenverkehrsregeln werden durch die Fahrschulen und die dort verwendeten Lehrmethoden dem Einzelnen begreiflich gemacht. Die Fahrschulen unternehmen alles Mögliche, damit der einzelne Verkehrsteilnehmer in der Lage ist, mit den Straßenverkehrsregeln umzugehen und sie selber auch richtig anwenden kann. Warum sollte man diesen Grundgedanken nicht auch auf das Versicherungswesen anwenden können?

Die Berufsgruppen der Rechtsanwälte, Steuerberater, Wirtschaftsprüfer, Ärzte etc. werden nicht ohne Grund als Vertrauensberufe bezeichnet, und völlig zu Recht wird gerade bei ihnen eine besondere fachliche Ausbildung als Grundlage gewährten und in Anspruch genommenen Vertrauens der Ratsuchenden angesehen.[243]

Die aufgeführten Beispiele sollten deutlich machen, dass bestimmte Bereiche nur von Fachleuten durchschaut werden können. Das ist auf keinen Fall von Nachteil, da es so möglich ist, ein spezielles Gebiet genau zu erklären und zu verstehen. Nur ein Fachmann dieses Gebiets ist in der Lage die teilweise Komplexität richtig darzustellen und die Interessen desjenigen zu vertreten, der mit dieser Materie nicht vertraut ist. Ob dies für den Bereich des Versicherungswesens auch angenommen werden kann, soll im folgenden untersucht werden.

Der nächste Abschnitt beschäftigt sich mit der Alternative zum bisherigen Transparenzmaßstab - der sog. Expertentransparenz. Möglicherweise können mit Hilfe der Expertentransparenz die Ziele des Transparenzgebots erreicht werden. Es soll gezeigt werden, ob eine Expertentransparenz ohne weiteres umsetzbar ist und ob sie die Unverständlichkeit von AVB beseitigen kann.

I. Definition

Sofern man einen anderen Maßstab an die Verständlichkeit von AVB stellt, muss zunächst geklärt werden, wie man diesen Maßstab definiert.

---

242 *Weirich*, DNotZ-Sonderheft, 1981, 82.
243 *Taupitz*, VersWissStud. Bd. 4, S. 105 ff.

Expertentransparenz verlangt auch in diesem Zusammenhang, dass AVB klar, verständlich und übersichtlich zu formulieren sind. AVB müssen also dem Transparenzgebot genügen. Den Maßstab für die Transparenz bildet aber nicht wie bisher der Durchschnittskunde, sondern ein Experte. Ein Fachmann dieses Gebietes soll ohne besondere Mühe die AVB verstehen. Auch der Experte ist auf Einfachheit, gute Gliederung, Kürze, Prägnanz und stimulierende Zusätze angewiesen.[244] Allerdings spielt sich das ganze auf der Ebene der Fachsprache ab, die in der Regel den Beteiligten geläufig ist.

II. Dogmatische Bedenken

Gegen die Annahme einer Expertentransparenz sprechen folgende Kritikpunkte.

1. Schutzzweck des AGB-Gesetzes

Der *Schutzzweck des AGB-Gesetzes* und damit des Transparenzgebotes könnten einer Expertentransparenz entgegenstehen.

Die herrschende Meinung sieht den Schutzzweck des AGB-Gesetzes in dem Schutz des Kunden vor der einseitigen Ausnutzung der Vertragsgestaltungsfreiheit durch den Verwender.[245] Sinn und Zweck des AGB-Gesetzes sei, den mit der Verwendung von AGB typischerweise und unabhängig von der Marktstellung des Verwenders verbundenen Gefahren entgegenzutreten.[246] Die Intention des AGB-Gesetzes sei der Ausgleich des wirtschaftlichen Machtgefälles und der Unterlegenheit des AGB-Kunden.[247]

Die Zielsetzung des AGB-Gesetzes besteht ohne Zweifel darin, für mehr Rechtsklarheit und damit Rechtssicherheit zu sorgen.[248] Bei der Verwendung von AGB im rechtsgeschäftlichen Wirtschaftsverkehr, gilt es dem Prinzip des angemessenen Ausgleichs der beiderseitigen Interessen Geltung zu verschaffen. Damit ist das AGB-Gesetz nicht zuletzt auch ein wirtschaftsrechtliches Gesetz zur Kompensation von Marktversagen.[249]

In den Vorarbeiten zum AGB-Gesetz taucht der Terminus Transparenzgebot nicht auf. Gleichwohl lässt sich kaum bezweifeln, dass das Transparenzgebot ein *grundlegendes Prinzip* des AGB-Gesetzes ist, das den Vertragspartner vor un-

---

244 Dazu näher unter § 4 A. II.
245 Vgl. dazu *Ulmer*, in Ulmer/Brandner/Hensen, Einl. Rdn. 9, 29 m.w.N.; *Wolf*, in Wolf/Horn/Lindacher, Einl. Rdn. 3 f; *Lieb* AcP 178 (1978), 200 ff.; *Lieb* AcP 183 (1983), 358 f.; *Erman/Hefermehl*, AGBG, Vor. § 1 Rdn. 7.
246 BGH, NJW 1976, 2345, 2346 m.w.N.; Staudinger/Schlosser, § 1 Rdn. 29; Kötz in Mü-Ko, § 1 Rdn. 2; *Heinrichs*, NJW 1977, 1505; *Wolf*, a.a.O., Einl. Rdn. 3 f., 14; *Schmidt-Salzer*, NJW 1977, 129, 130; *Adams*, BB 1989, 781, 783. Innerhalb der herrschenden Meinung werden dazu verschiedene Wertungsgrundlagen genannt; vgl. hierzu *Frey*, ZIP 1993, 572, 573.
247 *Damm*, JZ 1978, 173, 178; *Schmidt*, JuS 1987, 929, 931; vgl. auch *Nicklisch*, BB 1974, 941, 944; kritisch *Brandner*, JZ 1973, 613, 614.
248 *Hellner*, FS Steindorff, S. 577; BT-Drcks. 7/3919 vom 06.08.1975.
249 *Hart*, Allgemeine Geschäftsbedingungen und Justizsystem, S. 77 ff.

durchschaubaren Regelungen schützen soll, die ihn über seine Rechte und Pflichten im unklaren lassen.[250]

Aufgabe des AGB-Gesetzes ist es, die Wahrnehmbarkeit, Durchschaubarkeit und Vergleichbarkeit von Bedingungswerken zu steigern und damit den durch informationsbedingtes Marktversagen beeinträchtigten Konditionenwettbewerb zu stimulieren.

Der Schutzzweck des Transparenzgebots besteht ferner in der Gewährleistung von Preis- und Produktklarheit. In bezug auf die Preisklarheit weist der BGH auf folgendes hin:

„Das Gesetz geht davon aus, dass der Kunde der Preisvereinbarung besondere Aufmerksamkeit widmet und sein Interesse an einem angemessenen, marktgerechten Preis selbst wahrt. Das kann er jedoch nur, wenn der Vertragsinhalt ihm ein vollständiges und wahres Bild über Art und Höhe des Preises vermittelt und ihn so auch zum Marktvergleich befähigt".[251]

Die Preisklausel muss demnach so formuliert sein, dass der Kunde eigenständig, d.h. ohne fremde Hilfe, den Inhalt richtig erfassen kann. Der Schutz des Kunden erfordert es auch, dass er über die anderen Punkte der Bedingungen selbst Klarheit erlangen kann und so in die Lage versetzt wird, die Qualität des Produktes einschätzen zu können.

Durch die Einführung einer Expertentransparenz würde man diesen Schutzzweckgedanken unterlaufen, da in diesem Falle die Preis- und Produktklarheit nur für den Experten gewährleistet werden muss. Auf den Kunden wird dabei nicht abgestellt und daher keine Rücksicht genommen.

2. Schutzzweck der EG-RL über missbräuchliche Klauseln in Verbraucherverträgen

In der EG-RL wird das Transparenzgebot in Art. 5 S. 1 RL und Art. 4 Abs. 2 RL normiert. Das Gesamtkonzept der EG-RL zielt konsequenter als das existierende deutsche AGB-Recht auf ein verbraucherorientiertes Schutzkonzept. *Verbraucherschutz als Rechtsprinzip* ist u.a. der Schutzzweck des harmonisierten Rechts.

Es ist ein Verdienst des Richtliniengebers, dass er in Art. 4 Abs. 2 und Art. 5 RL durch die Adjektive *klar* und *verständlich* das Transparenzgebot ausdrücklich in die Richtlinie aufgenommen hat. Es wird deshalb erwartet, dass diese Ausdrücke auch in den Gesetzestexten der EG-Länder verwendet werden und ihre Umsetzung in der Wirklichkeit des täglichen Lebens des Verbrauchers in der Gemeinschaft beobachtet werden kann. Je klarer und verständlicher das Vertragsklauselwerk abgefasst wird, desto sicherer wird der Verbraucher mit seinem Rechtsgeschäft umgehen können. Darüber hinaus soll nicht übersehen werden,

---

250 Vgl. dazu § 2 A.II.1.
251 BGHZ 112, 115, 117; vgl auch *Köndgen*, NJW 1989, 943, 950; *Koller*, FS Steindorff, S. 683.

wie bereits an anderer Stelle erwähnt, dass Transparenz zur Schaffung eines effizienten Wettbewerbs beiträgt. *Collins*[252] schreibt dazu folgendes:
> „This principle of intelligibility in consumer contracts fits into a consumer choice model for the legislation, for it insists that markets should operate under ground rules which ensure so far as reasonably practicable that consumers know what they are buying. The primary motive for this kind of regulation is to remedy market failure."

Der Verbraucher muss tatsächlich die Möglichkeit haben, von allen Vertragsklauseln Kenntnis zu nehmen. An dieser Stelle ergeben sich die gleichen Bedenken bei der Annahme einer Expertentransparenz wie im Zusammenhang mit dem Schutzzweck des Transparenzgebots im AGB-Gesetz.

Damit kann festgestellt werden, dass eine Expertentransparenz mit Schutzzweckgedanken des AGB-Gesetzes und der EG-RL nicht zu vereinbaren ist. Zudem führt der am typischen Durchschnittskunden orientierte Maßstab zu einem permanenten Wettbewerb um das transparenteste Produkt. Das hängt damit zusammen, dass man niemals sicher sein kann, ein Produkt nicht vielleicht doch noch transparenter zu formulieren, als es zur Zeit formuliert ist. Diese am Maßstab typischer Durchschnittskunde immanente Dynamik würde man beim Anknüpfen an eine Expertentransparenz aufgeben.

D. Laientransparenz

Ob AVB den Anforderungen des Transparenzgebots entsprechen, bestimmt sich also nach dem Verständnis des Laien, da eine Expertentransparenz kein zufriedenstellendes Ergebnis gewährleisten kann.

I. Einheitliches Leitbild

In den einzelnen Rechtssystemen haben sich bestimmte Leitbilder für ein Verbraucherkonzept herausgebildet.[253] Es geht nunmehr um die Frage, wer unter den jeweiligen Begriff zu subsumieren ist.

Die Entwicklung eines *einheitlichen Verbraucherleitbildes* erscheint unumgänglich, da ohne genaue Kenntnis, wer als Verbraucher, Durchschnittskunde bzw. „ordinary man" anzusehen ist, die Versicherer nicht in der Lage sind den Grad für die Formulierung verständlicher AVB zu bestimmen. Anderseits benötigt auch der Richter, sofern eine Klausel streitig ist, Parameter, um eine richtige Entscheidung zu treffen.

Von besonderer Bedeutung ist dabei die *Erwartungshaltung* des Kunden in bezug auf die geregelten Inhalte und die Bedeutung des Klauselinhaltes für die

---

252 *Collins*, OxforJLegalStud. 1994, 229, 247. Er schreibt weiter: „The use of unintelligible terms creates a risk of market failure, just as the presence of a dominating or confidential relationship creates the risk of abuse of power". S. 253
253 Vgl. § 3 A.

vertraglichen Regelungen.²⁵⁴ Das Verständnisvermögen wird von den Erwartungen des Vertragspartners an den Inhalt der AGB geprägt. Je eher der Klauselinhalt seinen Erwartungen entspricht, desto leichter fällt ihm das Verständnis. Treten, umgekehrt, unbekannte Regelungen an die Stelle, ist es für ihn nicht nur erforderlich diese Abweichungen zu erkennen, vielmehr muss der Kunde sich einen ihm bislang fremden Inhalt zueignen. Dieses Erkennen erfordert ein höheres Maß an intellektueller Leistung. Daraus folgt: Je mehr der Klauselinhalt von der Erwartungshaltung des Versicherungskunden abweicht, desto höher sind die Anforderungen an die Transparenz dieser Klausel.²⁵⁵

In diesem Zusammenhang ist zu beachten, dass die Erwartungshaltung des Kunden von der Bedeutung der Klausel für das Gefüge der Rechte und Pflichten eines Vertrages bestimmt wird.²⁵⁶ Je wesentlicher der Inhalt einer Klausel für die Rechtsstellung des Kunden ist, desto konkreter wird im Regelfall die Erwartungshaltung sein.

Um den Grad für die Formulierung genau einschätzen zu können, muss zudem die Zumutbarkeitsgrenze festgelegt werden. Hierbei geht es um die Problematik, welche Anstrengungen dem Vertragspartner des Verwenders zugemutet werden können, um sich den Inhalt der AGB zu erschließen.²⁵⁷

Der Grad für die Formulierung verständlicher AVB bestimmt sich nach der *Erwartungshaltung* des Durchschnittskunden und nach dessen *Zumutbarkeitsgrenze*.

Es geht nun darum, den Begriff des Durchschnittskunden mit Eigenschaften und Merkmalen auszufüllen, mithin ein einheitliches Leitbild zu entwerfen. Versicherungskunden lassen sich im Hinblick auf ihr Verständnispotential anhand der Kriterien *Berufstätigkeit*, *Alter*, *Bildungsstand* und *Lebenskreis* unterscheiden. Aufgrund dieser Kriterien weisen sie zwangsläufig auch Unterschiede in ihrer Geschäftserfahrung sowie in ihrer Branchen- und Rechtskundigkeit auf. Interessanterweise wird eine begriffliche Unterteilung in unterdurchschnittliche, durchschnittliche und überdurchschnittliche Versicherungsnehmer vorgenommen.²⁵⁸ Danach braucht ein unterdurchschnittlicher nicht zu wissen, welchen Versicherungsschutz er sich einkauft und wenn er es wissen will, muss er sich Rechtsrat einholen. Demgegenüber genießt der Überdurchschnittliche den Vorteil, dass seine AVB die der durchschnittliche Versicherungsnehmer nicht ver-

---

254 BGH, NJW 1995, 2286, 2287; LG Frankfurt, NJW 1989, 2265, 2266; *Westphalen*, Transparenzgebot, Rdn. 11.
255 *Koller*, FS Steindorff, S. 667, 684.
256 Vgl. dazu BGH, ZIP 1991, 1054, 1057; OLG Köln, NJW 1995, 2044, 2045. Diesen Aspekt hob auch der BGH im zweiten Urteil zur Zinsberechnungsklausel hervor, vgl. BGHZ 112, 115, 117 f. Dem Transparenzgebot komme gerade bei Preisnebenabreden eine besondere Bedeutung zu, da der Preis der Inhaltskontrolle gem. § 8 AGBG entzogen sei und das AGBG davon ausgehe, dass der Kunde sein Interesse an einem angemessenen Preis selbst wahre. Deshalb müssten die AGB so gestaltet sein, dass dem Kunden ein vollständiges und wahres Bild über Art und Höhe des Preises vermittelt werde. Preiserhöhende Nebenabreden bedürften daher in erhöhtem Maße der Klarheit und Durchschaubarkeit, um dem Kunden die Verhandlungsmöglichkeiten und Abschlusschancen zu sichern.
257 Vgl. hierzu *Kreienbaum*, Transparenz und AGB-Gesetz, S. 273.
258 *Lorenz*, VersR 1998, 1086, 1087.

steht, für ihn auch dann intransparent sind, wenn er durch seine überdurchschnittlichen Fähigkeiten ganz genau weiß, worum es geht.[259]

Darüber hinaus versucht man heute, Kunden in *soziodemographischen* bzw. *psychologischen Einheiten* zu definieren. In einer Untersuchung[260] wurden 1994 sieben verschiedene Versicherungskundentypen aufgrund von psychologischen Merkmalen ermittelt. Diese sind in der Abbildung dargestellt.

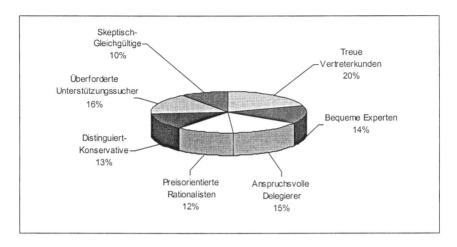

Abb. 2   Psychonomics/Alldara

Aufgrund solcher Studien ist man in der Lage, einige Merkmale bzw. Charaktereigenschaften für einen durchschnittlichen Versicherungskunden zu benennen.

Mit dem Begriff des Durchschnittskunden sollen nicht die verschiedenen Niveaus in der Gesellschaft erfasst werden, sondern eines als maßgeblich erklärt werden. Ausgehend vom Leitbild des mündigen Verbrauchers, handelt es sich beim Durchschnittskunden um einen Menschen, der selbstständig Entscheidungen treffen kann. Vergleichbar mit der Definition in § 104 Nr. 2 BGB, darf sich der Durchschnittskunde nicht in einem die freie Willensbildung ausschließenden Zustand krankhafter Störung der Geistestätigkeit befinden.

Es wird davon ausgegangen, dass der Kunde von heute immer „klüger" wird. Andere behaupten genau das Gegenteil.[261] Dabei ist der „kluge" Kunde nur das Idealbild, das Verbraucherschützer so gern zeichnen: Intelligent, gebildet, an Versicherungsbedingungen interessiert, preisbewusst, anspruchsvoll, kritisch. Wenn man sich jetzt noch vorstellt, dass dieser Kunde viel Zeit hat, um lange Briefe zu schreiben und jede Zeitschrift zu lesen, die ein Versicherungsrating veröffentlicht, ist das Bild komplett.[262]

---

259 *Lorenz*, a.a.O.
260 Psychologische Typologie privater Versicherungsnehmer, psychonomics/Alldara/II R.
261 Vgl. *Surminski*, ZfV 1998, 395, 398.
262 *Surminski*, a.a.O.

Im englischen Recht wird auf den „ordinary man with normal intelligence" abgestellt. „Normal intelligence" kann dahingehend interpretiert werden, dass der Versicherungskunde über einen gewissen Bildungsstand verfügt. Man könnte daran denken, den geforderten Bildungsstand mit einem IQ-Quotienten zu definieren. Es ist aber auch möglich, von einer *Mindestschulausbildung* auszugehen. Der Versicherungsnehmer beherrscht das *Lesen* und *Schreiben*. Hier muss zugleich erwähnt werden, dass 15-20% unserer Bevölkerung entweder nicht lesen oder schreiben können. Für diesen Bevölkerungskreis muss der Maßstab typischer Durchschnittskunde ebenfalls legitimiert werden, will man nicht Gefahr laufen, dass in dem hier angesprochenen Kundensegment alle AVB permanent nichtig sind. Meines Erachtens kann man den Maßstab typischer Durchschnittskunde auch gegenüber denen, die keine typischen Durchschnittskunden sind damit legitimieren, dass sie über die 80%, die wissen was sie tun, automatisch mitgeschützt werden. Eine weitere Voraussetzung ist die Fähigkeit mit den *Grundrechenoperationen*, d.h. Addition, Subtraktion, Multiplikation und Division, umgehen zu können. So hat die Rechtsprechung des BGH es auch als zumutbar angesehen, dass der Versicherungsnehmer einfache Multiplikationen selbst vornehmen muss.[263]

Darüber hinaus ist zu beachten, dass der Kunde diese Art von Verträgen nur ein- oder zweimal im Leben schließt. Der Versicherungskunde verfügt über *keine zusätzlichen versicherungsrechtlichen Kenntnisse*, welche er sich beispielsweise aus Fachzeitschriften oder Ratgebersendungen hätte aneignen können. Er besitzt auch keine Erfahrungen mit dem Kauf eines Versicherungsproduktes.

Festzustellen bleibt, es handelt sich bei dem Leitbild um einen mündigen Bürger, der eine Mindestschulausbildung hat, keine zusätzlichen versicherungsrechtlichen oder sonstigen rechtlichen Kenntnisse besitzt und keine Erfahrung mit dem Kauf eines Versicherungsproduktes hat.

II. Befähigung des Versicherungsnehmers?

Es wurde herausgearbeitet, warum der Laie den Juristen zumindest im Detail nicht versteht. Der nächste Schritt besteht darin, Möglichkeiten zu finden, wie man dieses Unverständnis beseitigen kann. Zwar wird der Versicherungsnehmer bei Vertragsschluss nicht alle Regelungen genau lesen. Häufig wird er sich für einige der AVB-Regelungen erst interessieren, wenn der Versicherungsfall eingetreten ist; wie etwa für Risikoausschlüsse oder seine Obliegenheiten. Entscheidend ist, dass der Versicherungsnehmer die AVB dann verstehen kann, wenn er sich um deren Verständnis bemüht.

Die Versicherungsnehmer sind momentan nicht in der Lage, die AVB der Versicherungspolicen zu verstehen. In der Praxis lässt sich feststellen, das Versicherungsinteressenten bzw. Versicherungsnehmer kaum nachfragen und sich eine Klausel erklären lassen, wenn sie deren Inhalt, Bedeutung oder Tragweite nicht verstehen oder sich diesbezüglich nicht ganz sicher sind. Wie bereits mehrfach

---

263 BGH, NJW 1993, 2052, 2054.

betont, besitzt der Durchschnittskunde kein fundiertes *Vorwissen*. Ohne Zweifel sollte es erstrebenswert sein, bereits in der Schulausbildung grundlegende Fachbereiche oberflächlich zu durchleuchten, damit der einzelne einen einfacheren Zugang zu diesen Bereichen gewinnt. *Scherhorn*[264] stellt eine Liste mit den Anforderungen an das Verhalten des Verbrauchers auf. Danach soll der einzelne eine

- kritische Reflexion des eigenen Bedarfs,
- haushälterische Geld- und Zeitverwendung,
- bewegliche und kritische Reaktion auf dem Markt und
- rationale Bewältigung von Interessenskonflikten vornehmen.

Dieses idealisierte Verbraucherleitbild wird nicht einmal annähernd von ihnen erfüllt.[265] Daraus könnte man folgern, dass die Anstrengungen, den „mündigen Verbraucher" zu erziehen, deutlich erhöht werden müssen, um ihn in die Lage zu versetzen, eine selbstbestimmte Konsumentscheidung zu treffen. Letztlich ist dies in der Form nicht möglich, da man auf die schlechtesten Wirkungsbedingungen stößt. Grundmuster des Verbraucherverhaltens werden bereits in früher Kindheit geprägt und besitzen erhebliche Stabilität.[266] Eine Verbrauchererziehung wird auch dadurch erschwert, dass entgegenwirkenden Sozialisatoren bedeutend mehr Ressourcen zur Verfügung stehen.[267] Außerdem dürfte eine umfassende Erziehung der Verbraucher angesichts der beschränkten Handlungskapazität schnell an Grenzen stoßen.[268]

Die Forderung, den Versicherungsnehmer – im eigenen Interesse – zu einem verständigeren, kritischeren und rationaleren Verbraucherverhalten zu erziehen, ist grundsätzlich kein abwegiger Gedanke, führt jedoch für sich allein genommen nicht zur Lösung des Problems der Intransparenz.

III. Verbesserung des Produktes durch Umwandlung juristischer Fachsprache in allgemeinverständliche Sprache?

Das Recht bleibt an die Sprache, insbesondere an Normtexte, gebunden.[269] Die Sprache muss u.a. verständlich sein, weil die Norm, um effektiv zu werden, befolgt werden muss. Eine Norm kann nur befolgt werden, wenn sie zuerst erkannt wird. In diesem Zusammenhang wird die Auffassung vertreten, erkennen setze aber Verständlichkeit voraus - Verständlichkeit nicht nur für den geschulten Juristen, sondern gerade auch für den Bürger. Er könne nämlich Ansprüche und Pflichten nur dann wahrnehmen, wenn er dieses Recht im Wortlaut auch versteht.[270]

---

264 *Scherhorn*, Verbraucherinteressen und Verbraucherpolitik, S. 34.
265 *Dick*, Verbraucherleitbild, S. 29.
266 *Kuhlmann*, Verbraucherpolitik, S. 276.
267 *Kuhlmann*, a.a.O., S. 303.
268 *Dick*, Verbraucherleitbild, S. 29 mit Verweis auf S. 19 f.
269 *Müller*, Einheit der Verfassung, Elemente einer Verfassungstheorie, S. 228 ff.
270 *Duve*, DNotZ-Sonderheft 1981, 27, 32.

Ziel sollte es sein, dass Recht bzw. das Juristendeutsch sprachlich und fachlich verständlicher zu gestalten.

Die Skepsis vieler Juristen, dass sich die Gesetzessprache kaum vereinfachen oder volkstümlicher gestalten lässt, kann nicht geteilt werden. Vor allem eine drastische Vereinfachung ist in vielen Fällen möglich, man muss sich nur mehr als bisher bemühen.[271] Die Verteidiger des Juristendeutsch halten nämlich zwei Dinge zu wenig auseinander: Einerseits die Verwendung juristischer Fachausdrücke und andererseits die Art, in der sich die Juristen äußern, vor allem wie sie Rechts- und andere Sätze bilden. Fachausdrücke sind auf jedem Gebiet üblich und oft notwendig. Sie haben auch eine beachtliche Rationalisierungswirkung, weil der „Fachgenosse" sofort weiß, was gemeint ist. Dem Laien müssen sie allerdings gegebenenfalls erklärt werden. Die umständliche Sprache mit überflüssigen Wiederholungen und die unübersichtlichen Bandwurmsätze sind größtenteils nicht zu rechtfertigen.

Welche konkreten Möglichkeiten bestehen aber nun, AVB sprachlich und fachlich verständlicher zu formulieren?

Eine Umwandlung der juristischen Sprache in allgemeinverständliche Sprache kann durch folgerichtiges Denken in Verbindung mit rein sprachlichen Möglichkeiten geschehen. Die Regeln der Logik und der Sprache müssen die Grundlage für die sprachliche Gestaltung aller AVB sein und bleiben.[272] Es muss noch einmal hervorgehoben werden, dass der Grund für die Unverständlichkeit eines Textes in den wenigsten Fällen an seinem Inhalt liegt. Der Inhalt ist meistens gar nicht so kompliziert. Er wird erst kompliziert gemacht - durch eine schwer verständliche Ausdrucksweise. Mangelnde Verständlichkeit beruht weniger auf dem Was, sondern auf dem Wie, nicht auf dem Inhalt, sondern auf der Form eines Textes.

Mit den Worten *Reiners*[273]:

„Der Schlüssel zur Klarheit ist die sprachliche Ordnung; ihre Regeln sind einfach und einleuchtend."

Auch wenn die Regeln einfach und einleuchtend erscheinen - die Schwierigkeit der Umsetzung liegt möglicherweise gerade in der „Einfachheit".

Verständlichkeit kann auch mit Hilfe der *Textlinguistik* gefördert werden. Textlinguistik ist eine neue sprachliche Forschungsrichtung, welche sich mit der systematischen Textgestaltung beschäftigt. Gerade juristische Texte werden transparenter, wenn man das Ordnungssystem deutlich macht und Wegweiser für den Leser hinstellt. Über Ordnung und Gliederung führt dann die Gestaltungswirkung zur Verständlichkeitswirkung. Mit Hilfe eines *sog. Hamburger Verständlichkeitskonzepts*[274] wird in diesem Zusammenhang ein sichtbarer Erfolg erzielt. Die Grundsätze der Linguistik und Hermeneutik spielen bei der Gestaltung von besseren und verständlicheren AVB eine wichtige Rolle.

---

271 *Schönherr*, Sprache und Recht, S. 50.
272 Vgl. *Duve*, DNotZ-Sonderheft 1981, 35.
273 *Reiners*, Stilkunst, S. 325.
274 Vgl. ausführlich unter § 4 A.II.1.d.aa.(2).

So wurden Versuche unternommen, AVB transparenter und damit verständlicher darzustellen. *Langer*[275] brachte einen neuen Text zur Hausratversicherung heraus. Die neuen und verbesserten Bedingungen waren nachweislich leichter zu verstehen. Die *Allgemeinen Geschäftsbedingungen der Banken* (AGB-Banken) wurden mehrmals geändert, da sie u.a. nicht den Anforderungen an das Transparenzgebot entsprachen.

Bei einem Blick auf die bisherigen AGB-Banken findet man eine Vielzahl unterschiedlichster Regelungen, bei denen sich oft der innere Zusammenhang nicht erschließt und die zum Teil seit 1937 die Zeiten unverändert überdauert haben. Vorherige Änderungen waren lediglich als punktuelle Eingriffe und Anpassungen zu qualifizieren. Gefördert durch die Anforderungen der Rechtsprechung an das Transparenzgebot und die verstärkte Bemühung um mehr Verbraucherschutz auf nationaler und europäischer Ebene wurde es nunmehr Zeit, die Beziehung Bank/ Kunde auf eine moderne, den tatsächlichen Gegebenheiten und rechtlichen Erfordernissen des Bankgeschäfts entsprechende vertragliche Grundlage zu stellen.[276]

Ziel war es in diesem Zusammenhang auch eine verbraucherfreundlichere Produktgestaltung und Produktinformation anzustreben, mehr Preisklarheit und bessere Produktinformation sowie eine bessere Behandlung von Kundenbeschwerden bzw. Streitfällen. Bei den Veränderungen und Umformulierungen wurde auf den Sachverstand von Sprachwissenschaftlern zurückgegriffen.[277]

In der Bundesrepublik Deutschland gilt seit dem 1. Januar 1993 eine neue Fassung[278] für die Allgemeinen Geschäftsbedingungen der privaten Banken, die in vielen Aspekten geändert worden sind, um die Bedingungen gegenüber den Kunden zu verbessern. Die AGB-Banken haben statt 47 Nummern nur noch 20 Nummern, dadurch wurde zunächst die Regelungsdichte deutlich reduziert. Die neue Fassung ist inhaltlich besser strukturiert und aufgebaut als alle ihre Vorgänger, wie sich schon aus der äußeren Gliederung und Textgestaltung mit den stark vermehrten Zwischenüberschriften ergibt.[279] Es wurde versucht die AGB klarer und verständlicher für den Durchschnittskunden zu formulieren. Eine ordentliche Gliederung, die Verwendung von Zwischenüberschriften, eine möglichst verständliche Sprache mit Beispielen und auch nur erklärenden Halbsätzen oder Sätzen versuchen dem Durchschnittskunden im Sinne der Rechtsprechung des BGH die AGB-Banken verständlich und eingängig zu machen. Kundenfreundlich wurden sie in Broschürenform zusammengefasst.

Natürlich ist bei so schwierigen und vielschichtigen Klauselwerken auch Kritik nicht ausgeblieben.[280]

Die Erfahrungen aus der Reform der AGB-Banken sollten jedoch Vorbildfunktion für die Versicherungswirtschaft entfalten. Verbraucherinformationen

---

275 *Langer*, Verständliche Gestaltung von Fachtexten, S. 244.
276 *Sonnenhol*, WM 1993, 677.
277 *Schwintowski*, Kundenfreundliche Versicherungsbedingungen, S. 6.
278 Der Text wurde in ZBB 1992, 336-340 abgedruckt.
279 *Horn*, AGB-Banken als Grundlage des Bankprivatrechts, S. 65, 71.
280 Vgl. *Klauninger*, DzWir 1998, 86, 87.

und AVB müssen nicht nur transparenter im Sinne der Anforderungen des BGH werden, sondern darüber hinaus auch kundenfreundlicher. Dies ergibt sich aus dem Gesichtspunkt der Markttransparenz, d.h. funktionsfähiger Wettbewerb soll auch auf den Versicherungsmärkten ermöglicht werden.

Das Bemühen um verständlichere AVB muss als permanenter Prozess begriffen werden. Nur so kann verhindert werden, dass die Experten der typischen Versuchung erliegen, eine eigene, nur noch für sie selbst verständliche Fachsprache zu entwickeln.

„Juristisch eindeutig und trotzdem allgemeinverständlich - ein unlösbares Problem?". Diese Frage kann, belegt durch die nachfolgenden Ausführungen, eindeutig verneint werden.

§ 4 Produkttransparenz

Im folgenden geht es um die Frage, wie man das Produkt und damit die AVB transparent darstellen kann. Es werden justitiable Kriterien in logischer Reihenfolge benannt, welchen die AVB entsprechen müssen, um dem Gebot der Transparenz zu genügen.

AVB müssen in diesem Zusammenhang *formellen und materiellen* Transparenzanforderungen entsprechen. Im folgenden wird zunächst ein Überblick zu diesen Transparenzanforderungen gegeben (A.), bevor dieses Transparenzmodell am Beispiel der Überschussbeteiligungsklausel in der kapitalbildenden Lebensversicherung in Deutschland und Großbritannien angewendet wird (B.)

A. Transparenzanforderungen im Überblick

I. Formelle Transparenzanforderungen

Formelle Transparenz bezieht sich auf das gesamte Klauselwerk, unabhängig von der inhaltlichen Verständlichkeit und Durchschaubarkeit einzelner Geschäftsbedingungen. An der formellen Transparenz fehlt es dort, wo der Kunde nicht in der Lage ist, das Gesamtklauselwerk so zu durchschauen, dass er die für ihn interessanten und relevanten Geschäftsbedingungen in zumutbarer Weise ausfindig machen kann.[281]

Es müssen folgende Kriterien erfüllt sein: Lesbarkeit (1.), übersichtliche Gliederung (2.), überschaubarer Textumfang (3.).

1. Lesbarkeit

Erstes Kriterium ist die Lesbarkeit. AVB müssen optisch einen angemessenen Mindeststandard aufweisen, um für einen Vertrag Wirksamkeit zu entfalten. Dies ergibt sich u.a. aus *§ 2 Abs. 1 Nr. 2 AGBG*, in dem von der Möglichkeit der Kenntnisnahme der AGB in zumutbarer Weise die Rede ist. Dieser Teil der ge-

---

281 So auch *Lindacher,* in Wolf/Horn/Lindacher, § 5 Rdn. 20; ders. in BB 1983, 154, 159.

setzlichen Vorschrift betrifft nach ganz allgemeiner Auffassung nicht nur die Kenntnisverschaffung, sondern auch deren *Lesbarkeit*.[282] § 2 AGBG findet jedoch nach § 24 S. 1 AGBG keine Anwendung auf AGB, die verwendet werden gegenüber einem Kaufmann, wenn der Vertrag zum Betriebe des Handelsgewerbes gehört oder einer juristischen Person des öffentlichen Rechts oder einem öffentlich-rechtlichen Sondervermögen. Das bedeutet jedoch nicht, dass in diesen Bereichen die AGB nicht auch optisch und formell zumutbar sein müssen. Die Rechtsprechung wendet insofern den Rechtsgrundsatz von Treu und Glauben gemäß § 242 BGB an.[283] Trotz der an sich unterschiedlichen gesetzlichen Ausgangsbasis ist also das Zumutbarkeitskriterium bei Verwendung der AVB gegenüber Nichtkaufleuten und Kaufleuten im Prinzip letztlich identisch.

Das Kriterium der Lesbarkeit lässt sich unterteilen in *Schriftlichkeit, Sprache, Vollständigkeit* und *drucktechnische Anforderungen*.

a) Schriftlichkeit

Die Verbraucherinformationen, die das Versicherungsunternehmen gegenüber natürlichen Personen nach Anlageteil D zum VAG vor und während der Laufzeit des Vertrages zu geben hat, müssen nach § 10 a Abs. 2 VAG *schriftlich* erfolgen. Die Information soll es dem an einem Vertragsschluss Interessierten ermöglichen, seine Entscheidung zu treffen.[284] Weiterhin ist der Antragsteller schriftlich und unter besonderer Hervorhebung auf die rechtliche Selbstständigkeit der beantragten Verträge einschließlich der für sie vorgesehenen Versicherungsbedingungen und über die jeweils geltenden Antragsbindungsfristen und Vertragslaufzeiten hinzuweisen, § 10 a Abs. 3 VAG.

Diese Anforderungen gelten auch für die AVB als dem zentralen Teil der Verbraucherinformation.[285] Das Schriftformerfordernis ist bereits in § 1 Abs. 1 AGBG für Allgemeine Geschäftsbedingungen angelegt. Schriftform ist geboten, weil dem Kunden die Informationen jederzeit verfügbar sein müssen.

b) Vollständigkeit

Ein weiterer Unterpunkt der Lesbarkeit ist die Forderung nach *Vollständigkeit*. Es handelt sich um Fälle, bei denen Klauselwerke nur teilweise übermittelt werden. Diese sog. Verweisungen können sich auf weitere AGB des Verwenders, auf Gesetze oder Abkommen beziehen. Auf diese Art versucht der Verwender den Anschein der Vollständigkeit zu erwecken. Die Verweisung verhindert aber,

---

282 *Wolf*, in Wolf/Horn/Lindacher, § 2 Rdn. 27; *Palandt/Heinrichs*, AGBG, § 2 Anm. 3 c; *Ulmer*, in Ulmer/Brandner/Hensen, § 2 Rdn. 50; Nicht ganz zutreffend bezeichnet *Schmidt-Salzer*, Produkthaftung, Band II, S. 49 f. die angemessene optische Gestaltung von AGB als „Obliegenheit zum klaren Hinweis auf die AGB".
283 BGH, VersR 1986, 678, 679; OLG Hamburg, BB 1987, 1703.
284 So heißt es in den Grundsätzen des BAV abgedruckt in *Wolf/Horn/Lindacher*, AGBG-Kommentar, 3. Auflage, S. 1869.
285 *Schimikowski*, r+s 1998, 353, 355.

dass alle Regelungen in ihrem Wortlaut abgedruckt werden. Der Kunde kann durch bloßes Lesen der AGB deren Inhalt nicht wahrnehmen. Damit kann eine Verweisung mit dem Fehlen einzelner Klauseln auf eine Stufe gestellt werden. Der einzige Unterschied besteht darin, dass dem Kunden die Kenntnis vom Vorhandensein weiterer Regelungen vermittelt wird.

c) Sprache

Im Rahmen des Transparenzprinzips gibt es einen weiteren Aspekt, und zwar das Sprachenproblem. Denn Transparenz fordert einen klaren und verständlichen Vertragsinhalt, was voraussetzt, dass die Sprache, die benutzt wird, vom Vertragspartner auch verstanden wird. Der Verbraucher kann daher materiell beeinträchtigt werden, wenn er einen Vertrag schließt, der in einer fremden Sprache abgefasst ist und dessen Inhalt er deshalb überhaupt nicht oder nur oberflächlich zur Kenntnis genommen hat.

Im deutschen AGB-Gesetz wird das Sprachenproblem *nicht* geregelt. Dagegen wird die bisher geltende, ungeschriebene Regel, dass AVB in deutscher Sprache abzufassen sind, für die Verbraucherinformationen in § 10 a Abs. 2 VAG festgelegt.

Bei der Verwendung von AVB gegenüber Ausländern ist grundsätzlich keine Übersetzung in die Muttersprache des Versicherungsnehmers erforderlich; lediglich dann, wenn die Vertragsverhandlungen in ausländischer Sprache geführt wurden, ist dies anders.[286]

d) Drucktechnische Gestaltung

Die Allgemeinen Geschäftsbedingungen und damit auch die AVB werden oft als das *Kleingedruckte* bezeichnet, womit oft eine kritische oder sogar abwertende Charakterisierung verbunden ist. Die zum Teil winzige Schrift, der Kleinstdruck[287] von umfangreichen Bedingungsexemplaren war neben der inhaltlichen Unverständlichkeit und der nicht selten übertriebenen Einseitigkeit in der Vergangenheit ein maßgebender Grund für große Aversionen gegen AGB.

Es gibt weder in Deutschland noch in Großbritannien einen allgemein gültigen Maßstab, wie groß AVB gedruckt sein müssen. In Deutschland stellt die Rechtsprechung in der Regel auf die mühelose Lesbarkeit ab.[288] Es ist aber nicht so, dass Voraussetzung immer die absolut mühelose Lesbarkeit oder die leichte Lesbarkeit sein muss. Der BGH hat durchaus auch die Zumutbarkeit der - wenn auch mit einiger Mühe - noch lesbaren Allgemeinen Geschäftsbedingungen aner-

---

286 Dazu BGH, NJW 1995, 190; *Jauernig*, BGB, § 2 Anm. 3; *Brox*, Allgemeiner Teil des BGB, Rdn. 104 f.
287 *Trappe*, Iprax 1985, 8, prägt in seinem Aufsatz den Begriff „Liliputanerschrift".
288 BGH, VersR 1986, 678, 679; BGH, BB 1983, 2074; OLG Hamburg, BB 1987, 1703.

kannt.[289] Der Druck des AVB-Textes muss so beschaffen sein, dass er von einem Durchschnittsvertragspartner zumindest ohne Lupe lesbar ist.[290]
Es sind deshalb gewisse Mindestanforderungen an *Schriftgröße, Schriftbild und Kontrast* zu erfüllen. Diese Faktoren stehen wiederum wechselseitig in Abhängigkeit. So kann man aus den Angaben in einzelnen Urteilen Anforderungen an die Druckgröße herausfiltern. Die Rechtsprechung hat zum Beispiel folgende Ausgestaltungen von AGB verworfen:
- 71 Zeilen auf nur 12,6 cm Höhe, Buchstabengröße kaum 1 mm (Anzeigeauftragsbedingungen)[291]
- Zeilenhöhe von allenfalls 1 mm und noch kleinerer Zeilenabstand (Versicherungsbedingungen)[292]

Interessant in diesem Zusammenhang ist eine Vorschrift im Gesetz über die Werbung auf dem Gebiet des Heilwesens (HWG). Nach § 4 Abs. 4 S. 1 dieses Gesetzes in neuer Fassung[293] müssen Pflichtangaben „gut lesbar" sein. Zu dieser Voraussetzung gibt es mehrere Entscheidungen des BGH, die besagen:

„Die Pflichtangaben (...) sind erkennbar i.S. des § 4 IV HWG, wenn sie für einen normalsichtigen Betrachter unter normalen Sichtverhältnissen ohne besondere Konzentration und Anstrengung lesbar sind. Diese Voraussetzung wird im Regelfall nur bei Verwendung einer Schrift erfüllt, deren Größe 6 Punkt nicht unterschreitet".[294]

Die Druckgröße von Exemplaren, mit denen bisweilen in der Tagespresse gearbeitet wird, beträgt zum Teil knapp fünf Zeilen pro cm. Solche Gestaltung findet man zum Beispiel auch im Telefonbuch und im Rechtschreibungs-Duden. Auch die Fußnoten und das Stichwortverzeichnis in der Gesetzessammlung von Schönfelder, der Herausgebervermerk des Bundesjustizministeriums im Bundesgesetzblatt und die Widerrufsbelehrungen in Bestellscheinen juristischer Verlage enthalten diese Druckgröße.

Bei den angeführten Beispielen der Druckgestaltung in anderen Schriftwerken handelt es sich aber um Texte, die nur aus einer geringen Zeilenzahl bestehen oder die nur gezielt in wenigen Zeilen gelesen werden müssen. Je länger ein Text ist, um so unzumutbarer ist ein besonderer Kleindruck. Es wird deshalb zu differenzieren sein. Längere AGB, insbesondere Geschäftsbedingungen von mehreren Seiten und somit auch die AVB, werden die Grenze der Zumutbarkeit eventuell schon bei knapp fünf Zeilen pro cm erreichen. Dieser Richtwert läuft auf ca. 120 Zeilen pro Spalte einer DIN A 4 Seite hinaus. Denn die Bezeichnung der AGB wird man relativ groß drucken müssen; weiterer Platz wird für die Überschriften der einzelnen Abschnitte sowie für Zwischenräume zwischen den Abschnitten und den Absätzen der Abschnitte benötigt. Das entspricht einer maximalen Buchstabengröße von *2 mm*. Eine derart kleine Schriftgröße sollte aber nur dann

---

289 BGH, ZIP 1986, 866, 867; vgl. *Ulmer,* in Ulmer/Brandner/Hensen, § 2 Rdn. 54.
290 BGH, NJW 1983, 2773.
291 OLG Hamm, NJW-RR 1988, 944.
292 OLG Zweibrücken, NJW-RR 1988, 858 = VersR 1988, 1283 nur Leitsatz.
293 BGBl. 1986 I S. 1296, gültig seit 1.2.1987.
294 BGH, NJW 1987, 766.

gewählt werden, wenn dafür ein sachliches Bedürfnis besteht, etwa um sicherzustellen, dass der gesamte AGB-Text noch auf der Rückseite der Vertragsurkunde Platz findet.

Reg. 70 und scheds. 10 und 11 ICR 1981 regeln u.a. die Größe der Buchstaben besonders relevanter Textteile. Die Vorschriften betreffen jedoch nicht den gesamten long-term business Bereich, sondern nur die allgemeinen Lebensversicherungen.[295]

„ (...) no capital letter or figures (...) shall be less than 2 millimetres high with lower case letters in proportion. The warning: 'IMPORTANT - YOU SHOULD READ THIS CAREFULLY' must be set in larger type than all other lettering and in bolder type than all other lettering except that of main headings and sub-headings"

Die Druckgröße ist jedoch nicht das einzige Kriterium zur Beurteilung der Zumutbarkeit drucktechnischer Gestaltung von AGB. Der BGH hat zutreffend ausgeführt, dass es für die Frage der Lesbarkeit auch auf die besonderen Umstände des Einzelfalles ankommt, wobei auch die Farbe oder Helligkeit des Untergrundes und die drucktechnische Sauberkeit eine wesentliche Rolle spielen können.[296] Richtig ist, dass Schriftgröße, Druckfarbe, Papierqualität, Sauberkeit des Schriftbildes und weitere Faktoren eine Gesamtheit bilden, aus der sich die angemessene Lesbarkeit oder auch Unzumutbarkeit ergibt. Es dürfen keine verschnörkelten Buchstabentypen oder gar handschriftliche Fixierungen (womöglich noch über Kopierer verkleinert) verwendet werden. Eine gut lesbare Schriftart stellt *Times New Roman* oder *Arial* dar. Außerdem ist für einen einwandfreien Druck zu sorgen, d.h. es muss das volle Typenbild und nur dieses ohne Grate etc. abgedruckt sein. Ein 9-Nadeldruck ist folglich eher als ungeeignet anzusehen. Schließlich ist für ausreichenden Kontrast zu sorgen. Hier empfiehlt sich *schwarzer Druck auf weißem Papier*. Es darf auch kein zu dünnes Papier verwendet werden, weil andernfalls die Lesbarkeit darunter leidet, dass der umseitig abgedruckte Text zu stark durchscheint.

So wird auch durch reg. 70 und scheds. 10 und 11 ICR 1981 festgelegt:

„Thus there is the requirement that the notice be 'easily legible and of a color which is readily distinguishable from the colour of the paper', (...).“

Bei wichtigen Teilbereichen, deren komplexe Behandlung beim Kunden häufig Unbehagen verursacht, kann man sich für eine graphische Aufarbeitung entscheiden. Dies trifft etwa für die Zahlung der Erstprämie zu, aber auch die Kündigungsmöglichkeiten im Schadenfall oder die versicherten Personen. Als zusätzliches graphisches Element zum besseren Verständnis kann man besonders wichtige Teile auch farbig unterlegen. In Analogie zur Zeichensprache des Straßenverkehrs helfen *Piktogramme* zur Visualisierung der Versicherungsbedingungen.[297] Es empfiehlt sich die Verwendung von nahezu gleichartigen Piktogram-

---

[295] *Neuhaus*, Die aufsichtsrechtlichen Rahmenbedingungen der Versicherungswirtschaft in Großbritannien, S. 197.; vgl. auch *Hodgin*, Protection of the insured, S. 12 f.
[296] BGH, VersR 1986, 678 Leitsatz 2 Satz 3.
[297] *Büchner*, ZfV 1998, 503 f.

men in den verschiedenen Bedingungswerken, denn dadurch wird ein besseres Risikoverständnis durch den hohen Wiedererkennungswert der jeweils verwendeten Abbildungen erreicht. Piktogramme erzeugen eine höhere Erinnerbarkeit gegenüber verbalen Formulierungen. Weiterhin stellen sie ein kommunikationsförderndes Überraschungsmoment in der doch sehr nüchternen Versicherungsmaterie dar.[298]

2. Übersichtliche Gliederung

Umfangreiche AVB müssen übersichtlich gestaltet sein. Es geht um die *innere Ordnung* und die *äußere Gliederung*. Dieser Grundsatz wird auch in § 10 a Abs. 2 VAG festgelegt, wonach Verbraucherinformationen übersichtlich zu gliedern sind.

Werden die Rechte und Pflichten nicht klar und überschaubar dargestellt, besteht die Gefahr, dass der Verwender die ihm eingeräumte Gestaltungsmacht faktisch unangemessen einsetzen kann.[299] AVB wären in diesem Falle unwirksam. Die AVB müssen zutreffend, vollständig, gedanklich geordnet und auch von der Gestaltung her geeignet sein, einem unbefangenen nicht mit der Materie vertrauten Leser einen realistischen Eindruck von der Eigenart und dem Risiko des Geschäfts zu vermitteln.[300] Wie bereits an anderer Stelle angesprochen, ging es bei der Erneuerung der AGB-Banken u.a. auch um eine bessere, vernünftigere Gliederung.

a) Gliederung nach Themenkomplexen

Zunächst müssen die AVB eine klare und übersichtliche Gliederung nach *Themenkomplexen* aufweisen, andernfalls müsste der Kunde die gesamten Vertragsbedingungen lesen, um sicher zu gehen alles hinsichtlich möglicher Risikoausschlüsse zur Kenntnis genommen zu haben. Er könnte sich nicht darauf verlassen, dass er, wenn er bereits eine Geschäftsbedingung mit einem Ausschluss gefunden und gelesen hat, auch alle Regelungen hinsichtlich der Risikoausschlüsse in diesem Klauselwerk zur Kenntnis genommen hat. „Bedingungssalat", der den Kunden zwingt, den gesamten Bedingungstext zu studieren, um eine bestimmte Regelung zu erfassen, entspricht nicht dem Lesbarkeitsgebot und ist bereits deshalb für den Kunden unzumutbar.[301]

Unter Einhaltung der oben angesprochenen drucktechnischen Formalien würde die Verwendung eines *Inhaltsverzeichnisses* die Übersichtlichkeit und damit die Transparenz von AVB verbessern. Der Versicherungskunde erhält dadurch einen ersten Gesamtüberblick über die AVB und ist in der Lage sich zeitsparend über bestimmte Klauseln zu informieren.

---

298 *Büchner*, a.a.O., 504.
299 *Koller*, FS Steindorff, S. 667 ff.
300 Vgl. dazu Warentermindirektgeschäfte, ZIP 1992, 612.
301 So auch *Schimikowski*, r+s 1998, 353, 358.

Die GENERALI Versicherungs-AG stellt im Komposit-Privatkundengeschäft ein innovatives Versicherungsunternehmen dar. Den „gordischen Knoten" juristisch unanfechtbar jedoch gleichzeitig verständlicher und nachvollziehbarer Versicherungsbedingungen zu durchschneiden, war das Ziel eines verbraucherorientierten Projektes der Versicherungs-AG.[302] Bei dem neuen Inhaltsverzeichnis wurde gänzlich auf die Anwendung von Paragraphen verzichtet. Es wurden klare Versicherungsinhalte im Rahmen der Kundenkommunikation geschaffen; die Förderung der Risikokommunikation über eine gemeinsame, dem Laien zugängliche Sprachebene. Dadurch kam es zur Vermeidung einer Kundenverärgerung bei Leistungsablehnung. Weiterhin kann ein Verzicht auf Miniaturisierungen der Bedingungsniederschriften festgestellt werden.

Das Verständnis zusammenhängender Regelungen in AVB darf also nicht durch eine schwer nachvollziehbare Aufteilung auf verschiedene Textstellen erschwert werden.

Ein negatives Beispiel ist die Aufteilung der Regelung zur Gefahrerhöhung in § 1 Nr. 2 b und § 8 Abs. 2, S. 1 AHB.[303] Risikoerhöhung und Risikoerweiterung sind Erscheinungsformen der in den §§ 23 ff. VVG geregelten Erhöhung der versicherten Gefahr.[304] Nach dem in § 23 Abs. 1 VVG festgelegten Grundsatz sind dem Versicherungsnehmer nach Abschluss des Versicherungsvertrages Gefahrerhöhungen ohne Einwilligung des Versicherers verboten. Die §§ 23-32 VVG gelten zwar auch in der Allgemeinen Haftpflichtversicherung, jedoch ist die Anwendung der gesetzlichen Vorschriften über die Gefahrerhöhung durch die den Versicherungsnehmer begünstigendere Regelung des § 1 Ziff. 2b AHB ausgeschlossen.[305] Hierdurch wird die in § 23 VVG vorgesehene Einwilligung des Versicherers in eine Gefahrerhöhung ein für allemal erteilt.[306] Der Versicherungsnehmer hat bei Erhöhung und Erweiterung des versicherten Risikos einen unbedingten Versicherungsanspruch, mit dem ein unbedingter Beitragsanspruch des Versicherers korrespondiert.[307] Es besteht also ohne weiteres Versicherungsschutz ab dem Zeitpunkt der Risikoveränderung auch für diese, jedoch muss der Versicherungsbeitrag risikoentsprechend ab diesem Zeitpunkt richtig gestellt werden. Hierzu bestimmt § 8 Abs. 2, S. 1 AHB, dass der Versicherungsnehmer verpflichtet ist, nach Erhalt einer Aufforderung des Versicherers Mitteilung über die Risikoveränderung zu machen.

Gerade für die Frage der Verständlichkeit und Nachvollziehbarkeit sollten Bestimmungen zur Gefahrerhöhung in diesem Falle nicht an verschiedenen Stellen der AVB geregelt sein. Für den Versicherungsnehmer müsste quasi „auf einen Blick" die Rechtsfolge erkennbar sein. Es kann nicht erwartet werden, dass dem durchschnittlichen Versicherungsnehmer der Zusammenhang des § 1 Nr. 2b

---

302 *Büchner*, ZfV 1998, 503.
303 Vgl. AHB der Allianz und der Gothaer Versicherung.
304 *Späte*, AHB, § 1 Rdn. 231.
305 BGH, VersR 1959, 14.
306 *Wussow*, AHB, § 1 Anm. 93; § 1 Ziff. 2b AHB geht als Sonderregelung den § 23 ff. VVG vor.
307 *Späte*, AHB, § 1 Rdn. 238.

und § 8 Abs. 2, S. 1 AHB deutlich wird. Dies ist aber eine notwendige Voraussetzung, da er sonst seine Rechte und Pflichten nicht klar erkennen kann.

Ein positives Beispiel für die Darstellung der Regelung zur Gefahrerhöhung stellen die AHB der *GENERALI Gruppe* dar. Unter der Frage: „*Was ist zu beachten, wenn neue Haftpflichtrisiken hinzukommen (Vorsorgeversicherung)?*" wird auf einer DIN A4 Seite für den Versicherungsnehmer alles übersichtlich und klar dargestellt.

b) Gliederung in logischer Reihenfolge

Es muss eine logische Reihenfolge bei dem Aufbau der AVB eingehalten werden. Das nachfolgend dargestellte Gliederungsschema kann als Vorschlag angesehen werden, in welcher Reihenfolge eine Police aufgebaut werden könnte:

Teil 1: Allgemeine Bedingungen
          Widerrufsrecht, Rechtswirksamkeit der Police,
          Beginn des Versicherungsschutzes, Beschwerdestelle etc.

Teil 2: Umfang des Versicherungsschutzes
          1. Was ist versichert? (Versicherte Sachen)
          Entschädigungsgrenzen
          Ausschlüsse
          2. Wer ist versichert? (Versicherte Personen)
          3. Wogegen wird versichert? (Versicherte Gefahren und Kosten)
          Einschränkungen

Teil 3: Der Schadenfall
          Was ist zu tun? Obliegenheiten, deren Verletzung, Schadenermittlung, Abschlagszahlung, Fristen, Rechtsweg und Beschwerdestelle etc.

Teil 4: Kündigung

c) Aussagekräftige Abschnitts- und Klauselüberschriften

AVB müssen zudem durch *aussagekräftige Abschnitts- und Klauselüberschriften* gegliedert werden. Die Überschriftengestaltung darf jedoch auf den Kunden nicht irreführend wirken, ohne dass die Überschriften als falsch oder zu eng angesehen werden können. Hiermit sind solche Fälle angesprochen, bei denen sich eine Bestimmung im Klauselwerk nicht an der von der Überschrift indizierten Stelle befindet. So wird bei der privaten Krankenversicherung in den AVB für die Krankheitskosten- und Krankenhaustagegeldversicherung[308] in § 4 Abs. 2 u. 4 unter dem Stichwort Umfang der Leistungspflicht der Grundsatz der freien Arzt- und Klinikwahl herausgestellt. An anderer Stelle wird jedoch die Auszahlung hinsichtlich gewisser stationärer Heilbehandlungen in Krankenanstalten von der vorherigen Zustimmung des Versicherers abhängig gemacht. Die-

---

308 Vgl. Musterbedingungen MB/KK 94; DKV.

se *sog. versteckten Klauseln* entsprechen nicht dem Kriterium der übersichtlichen Gliederung, weil sie an dieser Stelle vom Kunden nicht erwartet werden.

Für solche Fälle können AVB aus Großbritannien Vorbildwirkung entfalten. Es bietet sich, die dort übliche synoptische, spaltenweise Anordnung der AVB unter den Überschriften „*What is insured? / What is not insured?*" zu übernehmen.[309] Dadurch können möglich Ausschlüsse bzw. Einschränkungen und Hinweise an gleicher Stelle sichtbar gemacht werden.

Ein gutes *Stichwortregister*, wie es beispielsweise die „Royal Insurance" verwendet, trägt auch zur Verbesserung der Übersichtlichkeit von AVB bei.

3. Überschaubarer Textumfang

Die letzte Fallgruppe beschäftigt sich mit dem Problem des *Umfangs von AGB*. Es bestehen keine Beschränkungen hinsichtlich der Zahl und des Umfangs der in den AGB zu treffenden Regelungen. Der einzelne Kunde ist zwar in der Lage auch lange Klauselwerke zu lesen, jedoch kann die Verständlichkeit, Klarheit und Durchschaubarkeit der Bedingungen mit zunehmendem Umfang abnehmen. Je ausdifferenzierter die Regelungen werden, desto schwerer wird es sein herauszufinden, welche Regelungen im konkreten Fall gelten. Gleichzeitig wird durch das Nebeneinander von wichtigen und unwichtigen Regelungen dem Kunden das Auffinden der wesentlichen Klauseln erschwert. Bei der Verwendung umfangreicher AGB wird der Vertragspartner indirekt von vornherein von der Kenntnisnahme abgehalten.

a) Maximalumfang

Die AVB müssen umfangmäßig der Bedeutung des Geschäfts angepasst sein, sie dürfen den Kunden nicht „erschlagen".[310] Dieses Erfordernis zu erfüllen ist angesichts des Vollständigkeitsgebots des § 10 VAG keine einfache Aufgabe. Beim Umfang der AVB ist der *Grundsatz der Verhältnismäßigkeit* zu wahren. Es bestehen keine Vorgaben für den Umfang von AVB. So wurde eine These aufgestellt, dass bei einem Auftragswert von ungefähr bis zu 10.000 DM maximal zwei Seiten AGB (reichlich 200 Zeilen) zumutbar seien; bei Aufträgen bis zu 100.000 DM maximal reichlich 1.000 Zeilen.[311] Bei der Abfassung von AVB ist es durchaus denkbar auch einen Maximalumfang vorzuschreiben. Es kommen jedoch noch weitere Möglichkeiten der Verringerung des Textumfangs in Betracht.

---

309 Diese tabellarische Form wird auch von der GENERALI (z.B. AHB) verwendet. Unter den Überschriften: Versicherte Eigenschaft, Leistungsumfang, Einschränkungen/Ausschlüsse/ Besonderheiten/Erläuterungen.
310 *Jauernig*, BGB, § 2 Anm. 3.
311 Vgl. *Thamm/Detzer*, BB 1989, 1133, 1136.

b) Verwendung von Definitionslisten

Ein sinnvoller Vorschlag zur Minimierung des Textumfangs, ist in der Verwendung einer Definitionsliste zu sehen.

„In many legal documents, particularly those of some length and complexity, a list of definitions of words and terms used in the document may be found either at the beginning or the end of the document. However, a word or term should be defined if it is used frequently and is intended to have specific meaning in the document which would not ordinarily be ascribed to it".[312]

Der Vorteil einer solchen Definitionsliste besteht darin, dass intransparente Regelungen klar und verständlich formuliert werden können und man das Problem eventuell auftretender Komplexität umgehen kann. Es gibt verschiedene Möglichkeiten wie man Definitionen verwenden kann. Allen ist jedoch eines gemeinsam: Unklarheit und Unverständlichkeit soll vermieden werden.

Definitionslisten können sich am Anfang oder am Ende der AVB befinden. Die Definitionen sind in alphabetischer Reihenfolge zu ordnen. Die Wörter oder Wortgruppen, welche definiert werden sollen, müssen sich von den anderen im AGB-Text in irgendeiner Form unterscheiden. In englischen Versicherungspolicen werden im Gegensatz zur normalen Schreibweise große Buchstaben verwendet. Im Deutschen gibt es jedoch Groß- und Kleinschreibung. Daher kann man daran denken, die betreffenden Wörter kursiv oder fett zu drucken oder im Text zu unterstreichen. Sie müssen sich in irgendeiner Form von den anderen abheben.

4. Möglichkeit der Heilung

Die Kriterien der Lesbarkeit, der übersichtlichen Gliederung und des Textumfangs sowie die jeweiligen Unterpunkte müssen alle erfüllt sein, um behaupten zu können, dass eine Klausel formell transparent abgefasst wurde. Das bedeutet, dass kein Kriterium durch die Erfüllung eines anderen kompensiert werden kann. Fraglich ist, ob es andere *„Heilungsmöglichkeiten"* gibt, sofern eine Klausel eines dieser Kriterien nicht erfüllt. Im Ergebnis muss dies verneint werden. Es wurden in den einzelnen Abschnitten Möglichkeiten aufgezeigt, wie man formell intransparenten Klauseln begegnen kann.

II. Materielle Transparenzanforderungen

Bei der materiellen Transparenz geht es um die *sprachlich-inhaltliche* Gestaltung der AVB. Dem Kriterium der materiellen Transparenz genügen die AVB nicht, die den Kunden auch nach Lektüre des Klauseltextes über ihren Inhalt und ihre Tragweite im Unklaren lassen. Insofern lassen sich verschiedene Merkmale auflisten:

---

312 *Doonau/Editor/MacFarlau*, Drafting, S. 77.

1. Verständlichkeit

Das *Verständlichkeitsgebot* folgt öffentlich-rechtlich aus § 10 a Abs. 2 VAG und zivilrechtlich aus §§ 2 Abs. 1, Nr. 2; 9 Abs. 1 AGBG. Die AVB müssen für den Versicherungsnehmer ohne Anstrengung verständlich sein.

a) keine Verwendung von Fremdwörtern, Fachausdrücken und Abkürzungen

AVB sind für den Versicherungskunden unverständlich, wenn sie Fremdwörter, Fachausdrücke und Abkürzungen verwenden, die dem Kunden unbekannt sind. Im Versicherungsbereich verbietet das Verständlichkeitsgebot Begriffe wie Rückwärtsversicherung, Folgeprämienverzug, Unteilbarkeit der Versicherungsprämie, Sachinbegriff, Interessenmangel, Versicherung für fremde Rechnung - mögen sie auch im VVG Verwendung finden.[313] Sofern solche Fachausdrücke unvermeidbar sind, bietet es sich an, diese Begriffe in einer Definitionsliste verständlich darzustellen.[314]

aa) Private Arbeitslosenversicherung

Ein weiteres Beispiel kommt aus dem Bereich der privaten Arbeitslosenversicherung, welche von der Volksfürsorge seit 1996 angeboten wird. Diese Versicherung ist nicht etwa als Ersatz für den Fall gedacht, dass der Arbeitslose keinen Anspruch auf Leistungen aus der gesetzlichen Arbeitslosenversicherung hat, sondern als Ergänzung dieser Leistungen. Die private Arbeitslosenversicherung soll den „kargen" Anspruch der gesetzlichen Versicherung aufstocken.

In den AVB heißt es u.a.:

„§ 1 Gegenstand der Versicherung
Die V-AG bietet dem Versicherungsnehmer während der Wirksamkeit des Vertrages Versicherungsschutz bei Verdienstausfall als Folge von unfreiwilliger Arbeitslosigkeit. (...)
§ 3 Begriff der unfreiwilligen Arbeitslosigkeit
(1) Unfreiwillige Arbeitslosigkeit i.S. dieser Bedingungen liegt vor, wenn der Arbeitgeber das bestehende Arbeitsverhältnis aus Gründen, die nicht in der Person des Versicherungsnehmers liegen, wirksam gekündigt hat (...)."

Der BGH erklärte mit Urteil vom 24.03.1999 § 3 Abs. 1 PVA 96 für unwirksam.[315]

---

313 *Schimikowski*, r+s 1998, 353, 359.
314 Vgl. § 4 A. I.3.b.
315 BGH 24.03.1999 (IV ZR 90/98) = NVersZ 1999, 360 ff.; VersR 1999, 710 ff.

§ 3 Abs. 1 PVA 96 führe dem Versicherungsnehmer nicht klar und verständlich vor Augen, was dieser erwarten könne. Daraus folge, so der BGH, dass diese Klausel den Versicherungsnehmer wegen Verstoßes gegen das sich aus § 9 AGBG ergebende Transparenzgebot unangemessen benachteilige. Die Bestimmung ist deshalb unwirksam.[316]

Der Begriff der „unfreiwilligen Arbeitslosigkeit" in § 1 S. 1 PVA 96 ist bereits aus sich heraus verständlich, ohne dass es insoweit noch der Definition in § 3 Abs. 1 PVA 96 bedürfte. Unter Zugrundelegung des allgemein Sprachgebrauchs ist die Formulierung „unfreiwillige Arbeitslosigkeit" dahingehend aufzufassen, dass der betroffene Arbeitnehmer infolge einer ohne oder gegen seinen Willen erfolgten Beendigung des Arbeitsverhältnisses arbeitslos geworden ist. Demgegenüber stellt die in § 3 Abs. 1 PVA 96 vorgenommene Definition eine Einschränkung des in § 1 S. 1 PVA 96 festgelegten Leistungsversprechens dar. Durch die Klauseldefinition werden nämlich gerade solche Fälle von Arbeitslosigkeit aus dem Versicherungsschutz herausgenommen, die nach dem allgemeinen Sprachverständnis eigentlich unter den Begriff der „unfreiwilligen Arbeitslosigkeit" fallen müssten. Es wird auf eine Kündigung abgestellt, deren Gründe nicht in der Person des Versicherungsnehmers liegen. Unfreiwillig arbeitslos kann aber auch werden, wem aus Gründen gekündigt wird, die in seiner Person liegen, so insbesondere bei krankheitsbedingten Kündigungen.

Der Klauselverwender greift auf § 1 Abs. 2 KSchG zurück, der zwischen der *personenbedingten*, der *verhaltensbedingten* und der *betriebsbedingten Kündigung* unterscheidet.[317] Selbstverständlich ist es einem Versicherer unbenommen, eine Arbeitslosenversicherung nur für bestimmte Arten von Kündigungen anzubieten. Dies kommt in der Formulierung des § 3 Abs. 1 PVA 96 aber nicht zum Ausdruck. Einem in arbeits- bzw. kündigungsschutzrechtlichen Fragen versierten Leser ist die aus § 1 Abs. 2 Satz 1 KSchG herrührende Unterscheidung zwischen personenbedingter Kündigung einerseits und verhaltensbedingter Kündigung andererseits bekannt und als solcher Leser wird er wohl auch die fragliche Formulierung in diesem Sinne verstehen.

Fraglich ist jedoch, ob auch ein durchschnittlicher Arbeitnehmer - als Versicherungsnehmer - die in Rede stehende Wendung in diesem Sinne auffasst.

Der BGH kommt richtigerweise zu dem Ergebnis, dass ein durchschnittlicher Versicherungsnehmer eine solche Differenzierung nicht erkennen kann. Ihm bleibt unklar, was der Versicherer mit einer personenbedingten Kündigung i.S. einer unfreiwilligen Arbeitslosigkeit sagen will.[318] Beispiele, die dies erläutern könnten, wurden nicht gegeben. Vielmehr ist der Versicherungsnehmer gezwungen, einige logische Gedankenoperationen anzustellen, bevor ihm durch Umdefinieren des Begriffs „unfreiwillige Arbeitslosigkeit" möglicherweise klar wird, dass die in seiner Person liegenden Kündigungsgründe jedenfalls dann vom Versicherungsschutz nicht erfasst sind, wenn sie zur arbeitsrechtlichen Kategorie der

---

316 BGH, NVersZ 1999, 360, 361.
317 BGH, NVersZ 1999, 360.
318 BGH, NVersZ 1999, 360, 361.

personenbedingten Kündigungsgründe zählen.[319] Der Umfang des vereinbarten Versicherungsschutzes ist deshalb für den durchschnittlichen Versicherungsnehmer, der sich um ein Verständnis der Regelungen in ihrem Zusammenhang bemüht, undurchschaubar. Der Versicherer muss den Leistungsumfang entsprechend klar bestimmen und beschreiben, also nicht an den Begriff unfreiwillige Arbeitslosigkeit, sondern an bestimmte Formen der Kündigung anknüpfen.

Folglich ist die Formulierung - „(...) das bestehende Arbeitsverhältnis aus Gründen, die nicht in der Person des Versicherungsnehmers liegen, wirksam gekündigt hat." - mangels hinreichender Transparenz geeignet, den Versicherungsnehmer - im Falle der verhaltensbedingten Kündigung - von der Geltendmachung der ihm zustehenden Ansprüche abzuhalten, weil er glaubt, die auch bei dieser Kündigungsform in seiner Person liegenden Kündigungsgründe seien vom Versicherungsschutz nicht erfasst.[320]

bb) Formulierungsvorschlag

Eine Möglichkeit, die Klausel transparent zu formulieren, wäre folgende:

Was ist versichert?	*Was ist nicht versichert?*
Unfreiwillige Arbeitslosigkeit, wenn der Arbeitgeber das Arbeitsverhältnis kündigt.	*Es darf **keine personenbedingte Kündigung** vorliegen, z.B. wegen* *- mangelnder Arbeitsfähigkeit* *- mangelnder persönlicher Eignung* *- Mängel in der fachlichen Eignung*

b) Keine Angaben gesetzlicher Regelungen ohne Erläuterung

aa) Sicherheitsvorschriften in der Sachversicherung

In der Sachversicherung werden Formulierungen verwendet, denen zufolge die Versicherungsnehmer alle „gesetzlichen und behördlichen Sicherheitsvorschriften" zu beachten haben (z.B. §§ 7 Nr. 1a AFB 87; 14 Nr. 1a VHB 84; 11 Nr. 1a VGB 88).

Dies ist nicht selbst eine Sicherheitsvorschrift, sondern lediglich eine *Verweisung* auf andere Rechtsquellen von Sicherheitsvorschriften oder auf andere Teile des Vertrages einschließlich der AVB.[321] Das VVG enthält keine gesetzlichen Sicherheitsvorschriften. Es lassen sich jedoch in anderen Gesetzen, gemeint sind Gesetze im materiellen Sinn, Sicherheitsvorschriften finden.[322] Angaben gesetzlicher Regelungen ohne Erläuterung sind dem Versicherungsnehmer unverständlich. Damit wird der Versicherungsnehmer nicht ausreichend über seine Oblie-

---

319 *Schwintowski*, VuR 1997, 167, 176.
320 LG Hamburg, VuR 1997, 167, 169.
321 *Martin*, Sachversicherungsrecht, M I Rdn. 18.
322 *Martin*, a.a.O., Rdn. 19.

genheiten informiert. In bezug auf die behördlichen Sicherheitsvorschriften ist von einem allgemeinen und einem weiten Begriff der Behörde auszugehen.[323] Der Versicherungsnehmer kann in diesem Zusammenhang nicht erkennen, dass den sachversicherungsrechtlichen Bestimmungen insoweit ein „weiterer, allgemeiner ordnungsrechtlicher Polizei- und Behördenbegriff" zugrunde liegt und somit die „Unfallverhütungsvorschriften der Berufsgenossenschaften" (UVV) zu den Sicherheitsregelungen zählen sollen.[324]

So wurde beispielsweise der Versicherungsschutz unter Bezug auf den Versicherungsvertrag für folgenden Fall abgelehnt: In einer Fabrikhalle entstand ein Brand, welcher sich durch Benzindämpfe entzündete, als ein Arbeiter aus einem Fass Benzin in eine Rohrentfettungsanlage schüttete und zu gleicher Zeit ein anderer Arbeiter mit einem Schweißgerät hantierte. In den AVB befand sich nachfolgend genannte Klausel:

„Schäden, welche durch Explosion oder Brand solcher Stoffe entstehen, mit denen der Versicherungsnehmer oder seine Beauftragten bewusst nicht *gemäß behördlicher Vorschrift* (von Verfasserin hervorgehoben) umgegangen sind, sind nicht mitversichert."[325]

Wie oben festgestellt, kommen die UVV zur Anwendung. Vorliegend wurde den UVV der Berufsgenossenschaften zuwidergehandelt.

§ 39 Abs. 1 UVV lautet:

„Bei Arbeiten mit leicht entzündlichen Flüssigkeiten und Stoffen, z.B. Benzin, Benzol, Äther sowie beim Abfüllen und bei sonstigen Arbeiten an ihnen ist offenes Feuer, offenes Licht und Rauchen verboten; Werkzeuge, die zu Funkenbildung Anlass geben, dürfen nicht verwendet werden."

Vorliegend war dem Versicherungsnehmer die Vorschrift der UVV allein aus dem Versicherungsvertrag nicht bekannt, da diese dort nicht explizit genannt wurde.

Insoweit verstoßen die Klauseln gegen das Transparenzgebot, da der Versicherungsnehmer nicht in der Lage ist seine Pflichten bzw. Obliegenheiten zu erkennen.

Sofern der Versicherungsnehmer sich an gesetzliche bzw. behördliche Sicherheitsvorschriften halten muss, damit er seinen Obliegenheiten nachkommt und nicht seinen Versicherungsschutz gefährdet, müssen diese Vorschriften aus den AVB genau hervorgehen.

bb) Formulierungsvorschlag

Bleiben wir bei diesem Beispiel: Fraglich ist, wie die Klausel zu gestalten ist, damit die Anforderungen an das Transparenzgebot erfüllt sind. Die zu beachtenden Sicherheitsvorschriften am Ende der AVB beizufügen würde das Problem

---

323 LG Duisburg, RuS 79, 129.
324 BGH, VersR 1970, 1121.
325 Vgl. BGH, VersR 1970, 1121.

der Intransparenz nicht lösen. Sicherheitsvorschriften sollten dem Versicherungsschein nicht mehr im Wortlaut beigefügt werden, weil ein Übermaß an Informationen den Informationswert wieder vermindert, insbesondere den Versicherungsnehmer verleitet sämtliche Texte ungelesen zu lassen.

Für größere Zurückhaltung bei Anzahl und Umfang vereinbarter Sicherheitsvorschriften spricht auch, dass ohnehin meist nur mit anderen Worten wiederholt wird, was sich schon aus dem Ausschluss von Schäden durch grobe Fahrlässigkeit des Versicherungsnehmers ergibt.[326] Es geht vielmehr darum, den Versicherungsnehmer auf weitere hier einschlägige Vorschriften aufmerksam zu machen. Man könnte daran denken, die Begriffe „gesetzliche und behördliche Sicherheitsvorschriften" in einer *Definitionsliste* zu erläutern. Es wäre ausreichend darauf hinzuweisen, dass die Unfallverhütungsvorschriften der Berufsgenossenschaften zu den Sicherheitsvorschriften zählen.

Zur Veranschaulichung:

Definitionen

GESETZLICHE UND BEHÖRDLICHE SICHERHEITSVORSCHRIFTEN
Die Unfallverhütungsvorschriften der Berufsgenossenschaften (UVV) gehören zu den behördlichen Sicherheitsvorschriften.

c) Keine Verweisung auf zusätzliche AVB

Die Verständlichkeit fehlt auch dann, wenn auf die Geltung weiterer AVB nur global hingewiesen wird.[327] Problematisch ist dies besonders bei der Gestaltung von Haftpflichtversicherungsverträgen. Der überwiegenden Anzahl dieser Verträge liegen „Besondere Bedingungen und Risikobeschreibungen" (BBR) zugrunde, die in einem einleitenden Satz darauf verweisen, Versicherungsschutz werde auf Basis der Allgemeinen Bestimmungen für die Haftpflichtversicherung (AHB) „und der nachfolgenden Bestimmungen" (gemeint sind die BBR) gewährt. Der Versicherungsnehmer muss also ständig zwischen (mindestens) zwei Bedingungswerken „hin- und herwandern", um den Deckungsumfang erfassen zu können. Hierbei erscheint es fraglich, ob vom Versicherungsnehmer erwartet werden kann, dass er beim Versuch, eine bestimmte Klausel der BBR zu verstehen, stets auch noch die AHB mitbedenken muss.

Dazu folgendes Beispiel: Nach Ziff. 5.1. der Besonderen Bedingungen und Risikobeschreibungen für die Umwelt-Haftpflichtversicherung (UmwHB) ersetzt der Versicherer Aufwendungen des Versicherungsnehmers für Maßnahmen zur Abwendung oder Minderung eines sonst unvermeidbar eintretenden Schadens, auch ohne dass ein Versicherungsfall eingetreten ist. Der Versicherungsschutz soll auch dann greifen, wenn die Behörde im Wege der sog. Ersatzvornahme

---

326 *Martin*, Sachversicherungsrecht, M I Rdn. 97.
327 *Wolf*, in Wolf/Horn/Lindacher, § 2 Rdn. 27.

(selbst) Maßnahmen ergriffen hat und nun die Kosten vom Versicherungsnehmer verlangt (vgl. Ziff. 5.2 UmwHB).

Die Aufwendungen sollen demnach bei behördlicher Anordnung unabhängig davon gewährt werden, ob der Versicherungsnehmer selbst die Maßnahme ausführt oder ob die Behörde im Wege der Ersatzvornahme tätig wird. Für einen Versicherungskunden ist eine Auslegung dahingehend möglich, dass er in jedem Fall Deckungsschutz habe, wenn er eine behördliche Anordnung zur Durchführung von Sanierungs- oder Sicherungsmaßnahmen erhalte.

Welcher Versicherungsnehmer denkt daran, dass neben den UmwHB die AHB dem Vertrag zugrunde liegen und es dort in § 1 Nr. 1 AHB heißt, dass sich der Versicherungsschutz nur auf die gesetzliche Haftpflicht *privatrechtlichen Inhalts*, nicht aber auf (lediglich) öffentlich-rechtliche Inanspruchnahme erstreckt?[328] *Schimikowski*[329] führt in diesem Zusammenhang aus, dass der Regelung Nr. 1 des Modells deckungserweiternde Funktion zukäme, indem - abweichend von § 1 AHB - öffentlich-rechtliche Ansprüche versichert wären. Es könnte sich hierbei aber auch schlicht um ein zusätzliches Erfordernis handeln, das die Versichererleistung bei Rettungsmaßnahmen im Anschluss an Normalbetriebsemissionen begrenzt. Hier kann eine Unklarheit i.S.d. § 5 AGBG angenommen werden, so dass der kundenfreundlicheren Auslegung der Vorzug gebührte.[330]

Die Unterteilung von Versicherungsbedingungen in Allgemeine und Besondere Bedingungen ist grundsätzlich unproblematisch. Es ergeben sich jedoch Verständnisschwierigkeiten für den durchschnittlichen Versicherungsnehmer, wenn Einschränkungen des Versicherungsschutzes sowohl in den Allgemeinen wie auch in den Besonderen Bedingungen anzutreffen sind. Für die Frage der Übersichtlichkeit und Verständlichkeit empfiehlt es sich, beispielsweise Einschränkungen des Versicherungsschutzes entweder in den Allgemeinen Bedingungen oder in den Besonderen Bedingungen abschließend zu regeln. Die bei den englischen Versicherern übliche synoptische, spaltenweise Anordnung der Versicherungsbedingungen unter den Überschriften „What is insured?" / „What is not insured?" würde auch in diesen Fällen die Unverständlichkeit beseitigen.

d) Keine Satzverschachtelungen

Für die sprachlich-inhaltliche Verständlichkeit ist auch die Länge der Sätze maßgeblich, der *Grad ihrer Verschachtelung*, der Einklang zwischen Gliederung und logischem Verhältnis der einzelnen Sätze zueinander, ein verbaler oder substantivierter Stil und die Präzision oder Unbestimmtheit der Aussagen.

Allgemein gültige Definitionen dieser Elemente gibt es bislang nicht. Der Gesamtverband der deutschen Versicherungswirtschaft hat 1998 mit der Herausgabe von AVB-Bausteinen den Versuch unternommen, versicherungsvertragliche Regelungen in einer für den Versicherungsnehmer verständlicheren Sprache darzu-

---

328 Zur Problematik *Schimikowski,* Umwelthaftungsrecht und Umwelthaftpflichtversicherung, Rdn. 379.
329 Anders die h.M., vgl. etwa *Klinkhammer*, VP 1993, 186, 189.
330 Dagegen *Schmidt-Salzer/Schramm*, Umwelthaftpflichtversicherung, Rdn. 5.46, Fn. 61.

stellen.[331] Doch sind diese Bausteine nach ihrem sprachlichen Duktus noch eng an den Aufbau von Rechtsnormen mit ihren Wenn-dann-Sequenzen angelehnt. In einigen Fällen wird dadurch die Verständlichkeit von vornherein ausgeschlossen. Wenn etwa für die Kündigung nach Beitragsanpassung eine Klausel mit 45 Wörtern und einer dreistufigen Periodenhierarchie empfohlen wird[332], so ist dies wie bisher „Futter für die Juristen und sonst nichts".[333]

aa) Sprachwissenschaftliche Messmethoden

Die Rechtswissenschaft sollte daher stärker als bisher die Erkenntnisse von Linguisten und Sprachpsychologen rezipieren.[334] Nach Grewendorf[335] „beruht die Geringschätzung linguistischer Theorie bisweilen (...) auf der Selbstüberschätzung natürlicher Sprecher, die von ihrer Fähigkeit, die Sprache zu können, nicht selten zu dem falschen Schluss verleitet werden, sie würden sie auch kennen."

In der Sprachwissenschaft versucht man seit langem, Methoden zur Messung sprachlicher Verständlichkeit zu entwickeln. Die Auffassung, was als verständlich gilt, bestimmt den methodischen Zugriff zum Text: Einerseits präformiert der zugrundegelegte Begriff der Verständlichkeit die Neugestaltung der Texte, zum anderen bestimmt er die Methoden der empirischen Überprüfung der Textverständlichkeit.

Es hat sich eine *Verständlichkeitsforschung* entwickelt, deren Ziel darin besteht, allgemeine Eigenschaften von Texten zu benennen, die deren Verständlichkeit fördern oder aber behindern. Die Hauptschwierigkeit der ganzen Verständlichkeitsforschung besteht aber natürlich darin, allgemeine Aussagen über die Verständlichkeit von Texten machen zu wollen und zu müssen.

Es hat sich in den 90er Jahren eine Leseforschung herausgebildet, in der Lesen bzw. Textverarbeitung innerhalb einer kommunikationstheoretischen Textwissenschaft behandelt wird.[336] Es haben sich auf diese Weise zwei verschiedene Wege herausgebildet, die versuchen, dass Problem der Verständlichkeit zu beantworten. Zum einen handelt es sich um den *empirisch-induktiven Weg*. Bei diesem Weg wird Verständlichkeit als textimmanente Größe aufgefasst und die Verständnismöglichkeiten des konkreten Lesers werden praktisch nicht berücksichtigt. Der empirisch-induktive Weg ist anwenderorientiert und er entspricht im wesentlichen den juristischen Anforderungen an das Transparenzgebot. Es wird demnach auf den Durchschnittskunden abgestellt und nicht danach gefragt, ob der einzelne Kunde wirklich die Fähigkeit hat, die ihm vorgelegten AVB zu verstehen.

---

331 Gesamtverband der Deutschen Versicherungswirtschaft e.V. (GDV), AVB-Bausteine.
332 GDV, a.a.O., Baustein 13.
333 *Basedow*, VersR 1999, 1045, 1052.
334 Sprachwissenschaftlichen Arbeiten wurden von *Schwintowski* entdeckt.
335 *Grewendorf*, Rechtskultur als Sprachkultur, S. 12.
336 Vgl. hierzu *Schwintowski*, Kundenfreundliche Versicherungsbedingungen, S. 26; vertiefend *Mandl/Balstaedt*, Lesepsychologie, S. 68 ff.

Zum anderen handelt es sich um den *theoretisch-deduktiven Weg*, welcher ein Interaktionskonzept entwickelt hat. Dabei werden Text- und Lesemerkmale miteinander in Beziehung gesetzt und die Verständlichkeit ist nicht mehr nur als textimmanente Größe aufzufassen.[337] Interessant an diesem Weg ist, dass die Verständnismöglichkeiten des jeweiligen Lesers nicht nur durch seine Intelligenz, seine sprachlichen Fähigkeiten, sein Vorwissen, seine Motivation, sein Interesse und seine Einstellungen, sondern auch durch soziokulturelle Faktoren beeinflusst werden. Dazu gehört beispielsweise die Zugehörigkeit zu einer Kultur, zu einer bestimmten Nation, zu einem bestimmten Geschlecht oder zu einer sozialen Gruppe.[338]

Die einzelnen Verständlichkeitskonzeptionen wurden nur grob dargestellt. Der moderne Text-leser-bezogene Verständlichkeitsansatz[339] hat den Vorteil, dass er differenzierte Möglichkeiten zur Messung und Erklärung von Verständnisleistungen anbietet. Das Problem liegt jedoch in der Schwierigkeit der Anwendung bei längeren Texten und größerer Leseranzahl. Er eignet sich weniger für den AVB-gesteuerten Massenvertrag, als vielmehr für individuell ausgehandelte Einzelverträge.[340] Denn dort, auf der Ebene der Individualvereinbarungen, spielt die Verständnisfähigkeit der beteiligten Partner, vor allem bei der Auslegung des hypothetischen Parteiwillens eine ganz entscheidende Rolle. In bezug auf AGB-gesteuerte Verträge wird vorausgesetzt, dass die Gruppe der betroffenen Kunden über ein gewisses Durchschnittsmaß an Verständnismöglichkeiten verfügen. Auf dieser Grundlage werden dann die AGB erstellt. Daher ist die Konzeption der Verständlichkeit, die auf das Erkennen des Textes und die Prognose von Verständnisleistungen auf der Grundlage von Textmerkmalen abstellt, für die Ausformung der Anforderungen an das Transparenzgebot von größtem Interesse. Von entscheidender Bedeutung sind in diesem Zusammenhang die entwickelten Formeln der *Lesbarkeits-(Readability)-Forschung* sowie das im deutschsprachigen Raum am stärksten verbreitete *Hamburger Verständlichkeitskonzept.*[341]

(1) Lesbarkeits- (Readability-)Forschung

Diese Forschungsrichtung, die seit Beginn der 30er Jahre versucht Formeln zur Messung der Verständlichkeit von Texten zu entwickeln, hat eine jahrzehntelange Tradition in den USA.

Die *Readability-Forschungsrichtung* geht davon aus, dass Verständlichkeit vor allem von den Textmerkmalen *Wort- und Satzlänge* sowie vom *Bekanntheitsgrad* des Wortschatzes[342] abhängt. Nach den jeweiligen subjektiven Ge-

---

337 *Schwintowski*, a.a.O., S. 27; vertiefend *Geisler*, Faktoren der Verständlichkeit von Texten für Kinder, S. 74 ff.
338 *Geisler*, Faktoren der Verständlichkeit von Texten für Kinder, S. 121 ff.
339 Gleichzusetzen mit „theoretisch-deduktiven Weg".
340 *Schwintowski*, Kundenfreundliche Versicherungsbedingungen, S. 27.
341 *Langer/Schulz v. Thun/Tausch*, Sich verständlich ausdrücken.
342 Dies ist messbar durch statistische Rangwörterbücher.

wohnheiten, Fähigkeiten, Kenntnissen und Interessen lässt sich die Vertrautheit des Vokabulars für verschiedene Personengruppen spezifizieren. Diesen Weg geht die Readability-Forschung. Sie benutzt keine „zentralen" oder auch „mentalen" Begriffe zur Erklärung von Reiz-Reaktions-Verbindungen, sondern bleibt beim peripheren S-R-Schema (Stimulus-Response)[343]: Organismusvariablen sind für sie nur Störgrößen, die zwischen Reiz und Reaktion intervenieren. Ihre Wirkung wird nicht systematisch untersucht, sondern durch methodische Vorkehrungen möglichst neutralisiert. Zur Auswahl der relevanten Organismusvariablen kann die Readability-Forschung auf Befunde zurückgreifen, die aus anderen Wissenschaftsbereichen vorliegen. Subjektvariablen, die mit Differenzen des Wortschatzes korrelieren, lassen sich nach geographischen, soziologischen und psychologischen Gesichtspunkten einteilen. Auf dieser theoretischen Basis versucht seit *Thorndyke* eine ganze Reihe von Forschern, die Lesbarkeit bzw. Verständlichkeit von Texten zu messen. Die Methode beruht im wesentlichen darauf, leicht quantifizierbare sprachliche Parameter in Formeln zusammenzufassen, mit dem Ziel, die Schwierigkeiten eines Textes in *sog. Lesbarkeitswerten* zahlenmäßig zu bestimmen. Sie entwickeln demnach *Formeln*, mit deren Hilfe die Textverständlichkeit errechnet werden kann, wenn man die Werte einiger zuvor gemessener Textmerkmale einsetzt. Welche Merkmale benutzt werden, ist unterschiedlich.

Im Grunde gehen die nachfolgend dargestellten Formeln auf den Wahrscheinlichkeitsansatz von *Thorndyke* zurück. Daher werden seine Überlegungen zuvor kurz aufgezeigt. Zwei der von ihm formulierten Prinzipien sind hier wichtig: Das *„Gesetz des Effektes"* besagt, dass jede Reaktion, die in einer bestimmten Situation erfolgreich war oder Befriedigung verschaffte, mit ihr assoziiert wird.[344] Wird man später mit einer ähnlichen Situation konfrontiert, dann erhöht sich die Wahrscheinlichkeit, dass man in gleicher Weise reagieren wird. Je häufiger nun erfolgreiche Satz-Wort-Verknüpfungen vollzogen werden, desto mehr steigt der Grad der Wahrscheinlichkeit. Dieses *„Gesetz der Übung"* dürfte auf opiatgesteuerte Belohnungsmechanismen in menschlichen Gehirnen zurückgehen.[345]

Hieraus ergibt sich, dass Texte um so leichter lesbar sind, je mehr vertraute, geläufige Wörter sie enthalten. Als Maßstab für die durchschnittliche Vertrautheit gilt die relative Häufigkeit, mit der ein Wort innerhalb einer Sprachgemeinschaft verwendet wird. Die wichtigsten linguistischen Merkmale im Zusammenhang mit den Verständlichkeitsformeln sind[346]:

---

343 S-R-Theorien versuchen menschliches Verhalten auf „objektiv" erkennbare, „periphere" Reiz-Reaktions-Einheiten zu reduzieren. „Peripher" meint, dass zumindest prinzipiell beobachtbare Vermittlungsprozesse zwischen einem Stimulus und einer Response auftreten. Vgl. ausführlich *Früh*, Lesen, Verstehen, Urteilen, S. 25 f.
344 *Thorndyke*, The psychology of learning Educational psychology, hierzu *Früh*, Lesen Verstehen, Urteilen, S. 32.
345 *Hoebel*, Neurogene und chemische Grundlagen des Glücksgefühls, S. 87, 101 ff.
346 Nach *Teigeler*, Verständlichkeit und Wirksamkeit von Sprache und Text, S. 62.

- Auftretenshäufigkeit der Wörter (in 19 Formeln[347])
- Satzlänge (in 13 Formeln)
- Anzahl der verschiedenen Wörter (in 10 Formeln)
- Silbenzahl (in 7 Formeln)
- Anzahl der einfachen Sätze (in 4 Formeln)
- Anzahl der präpositionalen Wendungen (in 3 Formeln)

Lively und *Pressey* stützen sich noch ganz auf das Vokabular und ermitteln seinen Schwierigkeitsgrad mit *Thorndykes* Rangwörterbuch.[348] Hier wurden systematisch Stichproben von tausend Wörtern aus den zu untersuchenden Büchern entnommen und die Anzahl der verschiedenen Wörter gezählt. Dabei erhielt jedes Wort einen Schwierigkeitsindex, der auf dem Häufigkeitsmaß beruhte, das in *Thorndykes* Rangwörterbuch angegeben war. Zusätzlich bestimmten sie auch die Anzahl der Wörter, die in *Thorndykes* Liste nicht vorkamen. Daraus konnte auf die Schwierigkeit des Textes geschlossen werden. Der Nachteil dieses Verfahrens liegt in seiner Langwierigkeit.

Flesch[349] findet dagegen heraus, dass *Wortlänge* (die mit der Auftretenshäufigkeit eng korreliert) und *Satzlänge* die besten prognostischen Leistungen erbringen. Dabei werden allein zwei Parameter erfasst, nämlich die Anzahl von Wörtern pro Satz und die Anzahl von Silben pro Wort. Die nach ihm benannte *Flesch-Formel* besagt folgendes:

- Bei Policen mit bis zu 10.000 Wörtern ist die gesamte Police auszuwerten, bei längeren Policen sind zwei Stichproben pro Seite von jeweils 200 Wörtern auszuwählen;
- in dem zugrunde liegenden Text ist danach die Anzahl der Wörter in dem maßgeblichen Text zu dividieren; das Ergebnis ist mit dem Faktor 1,015 zu multiplizieren;
- ferner ist die Anzahl der Silben durch die Anzahl der Wörter in dem maßgeblichen Text zu dividieren und das Ergebnis mit dem Faktor 84,6 zu multiplizieren;
- subtrahiert man die Summe der beiden vorstehenden Rechnungen von der Zahl 206,835, so erhält man den Lesbarkeits-Wert auf der Flesch-Skala.

Die erreichbaren Werte liegen zwischen 0 (sehr schwer lesbar) und 100 (absolut leicht lesbar).[350] Der US-Bundesstaat Massachusetts hat die Verwendung von Versicherungspolicen davon abhängig gemacht, dass sie auf der Flesch-Skala einen Wert von mindestens 50 erreichen.

Woher die merkwürdigen Bruchzahlen stammen, braucht hier nicht näher zu interessieren. Zum Verständnis der Formel genügt es, sich den Zusammenhang von Lesbarkeitsindex und Länge der Wörter und Sätze zu vergegenwärtigen. Je

---

347 Zum Begriff der Formel: vgl. *Teigeler*, a.a.O.
348 *Lively*, A method for measuring the „vocabulary burden" of textbooks, S. 389-498.
349 *Flesch*, Journal of applied Psychology 32 (1948), 221ff.
350 Vertiefend *Teigeler*, Verständlichkeit und Wirksamkeit von Sprache und Text, S. 56; unter Hinweis auf Fortentwicklung der Flesch-Formel z.B. durch Amstadt (1978).

mehr Silben ein Wort hat und je mehr Wörter ein Satz umfasst, desto weiter sinkt der Index. Hier soll auch erwähnt werden, dass der Gesetzgeber von Massachusetts den begrenzten Aussagewert des Flesch-Index durchaus erkannt und deshalb die Versicherungsaufsichtsbehörde ermächtigt hat, andere Lesbarkeitstests an die Stelle der Flesch-Formel zu setzen.[351]

Für den deutschsprachigen Bereich hat *Kuntzsch* den Readability-Ansatz übernommen und ermittelt folgende Textfaktoren als wirksame Determinanten der Verständlichkeit: 1) einsilbige Wörter; 2) Satzzeichen; 3) Fremdwörter. Er benutzt, im Gegensatz zu den meisten anderen Readability-Forschern, den von *Taylor*[352] entwickelten *sog. Lückenschließungs-Test* (close procedure). Im Text sind systematisch Wörter ausgelassen (meist jedes fünfte Wort) und für jedes n-te Wort wird eine gleichlange Leerstelle ersetzt. Die Versuchsperson soll innerhalb einer bestimmten Zeit möglichst viele Lücken richtig füllen. Von der durchschnittlichen Trefferrate einer Testgruppe wird dann auf die Textverständlichkeit geschlossen. Nun kann man durch Regressionsanalyse ermitteln, welche Textmerkmale am stärksten mit der Trefferzahl kovariieren und somit die besten prognostischen Leistungen erbringen. Es zeigte sich, dass dieses Verfahren relativ zuverlässig und valide ist und zudem rasch und objektiv ausgewertet und konstruiert werden kann. Zwischen Close-Test-Ergebnissen und anderen Verständlichkeitsindikatoren werden häufig Korrelationen von ca. 0,75 oder mehr gefunden.[353] Es darf jedoch nicht vergessen werden, dass der Lückentest eine Leistungssituation schafft, die die Versuchsperson veranlasst, mit höchster Konzentration alle über den ganzen Text gleichmäßig verteilten Lücken auszufüllen. Unter normalen Rezeptionsbedingungen würde die Versuchsperson sicherlich nur eine, ihrem themenspezifischen Interesse angemessene Rezeptionsenergie aufbringen. Zudem unterdrückt der Lückentest Selektionsvorgänge. Damit wurde nochmals klargestellt, dass diese Art der Forschungsrichtung die „mentalistischen motivationalen Subjektvariablen" weitgehend unberücksichtigt lässt.

Zudem wurde festgestellt: *Einfachheit* erleichtert das Verstehen von Texten. Andererseits kann genauso die *Attraktivität* von Texten herabgemindert werden. Für ein besseres Verständnis so wird vorgetragen, darf die Verständlichkeit nicht zu tief angesetzt werden, weil ein Text sonst schnell den Eindruck der Banalität und Irrelevanz hervorruft und folglich das Interesse des Lesers mindert.[354] Wo allerdings der optimale Grenzpunkt zwischen „ästhetischer Originalität" und „verständlicher Einfachheit" liegt, ist bisher noch nicht klar und vermutlich individuell verschieden.

---

[351] *Basedow*, VersR 1999, 1045, 1053.
[352] *Taylor*, Journalism Quarterly 30 (1953), 415 ff.
[353] *Teigeler*, a.a.O.
[354] *Nussbaumer*, Was Texte sind und wie sie sein sollten, S. 176.

(2) Hamburger Verständlichkeitskonzept

Von einer Hamburger Forschergruppe[355] wird der Ansatz der Lesbarkeitsforschung als unzureichend kritisiert. Es sei nicht ausreichend, die Verständlichkeit von Texten nur aufgrund einzelner objektiv messbarer Textoberflächenmerkmale zu bestimmen. Ihr Vorschlag geht u.a. dahin, Textverständlichkeit durch Expertenurteile mittels Ratings zu ermitteln. Dagegen können jedoch folgende Einwände vorgebracht werden: Auf den einen Beurteiler wirkt ein Text einfach und geordnet, auf einen anderen kompliziert und diffus. Somit ist eine solche Messmethode ungenau und subjektiv. Man erfährt möglicherweise über den Beurteiler mehr, als über die Textverständlichkeit. Die Hamburger Autorengruppe rechtfertigt sich jedoch mit dem Hinweis darauf, dass auch die bisher geläufigen „objektiven" Messverfahren keine befriedigenden Ergebnisse gebracht hätten. Es ging letztlich immer um die Frage: Wie lässt sich Verständlichkeit messen? Das Hamburger Verständlichkeitskonzept stellt nicht auf die Methode des Zählens irgendwelcher Eigenschaften von Wörtern und Sätzen ab, sondern auf die *Schätzmethode*. Verständlichkeit ist etwas sehr Komplexes, d.h. viele Gesichtspunkte spielen eine Rolle und müssen in der richtigen Weise zusammenwirken. Ob und in welchem Ausmaß sie dies in einem konkreten Fall tatsächlich tun, kann am besten ein geschulter Beobachter feststellen. Daher wird für die Erhebung von Schätzurteilen plädiert.[356] Für das Rating-Verfahren werden nur durch ein speziell entworfenes Wahrnehmungstraining geschulte Beurteiler herangezogen und jeder Text wird nicht nur von einem, sondern von fünf Beurteilern bewertet. Danach wird der Mittelwert der abgegebenen Urteile berechnet. Verschiedene Texte, die zu einem bestimmten Informationsgehalt konstruiert worden waren, wurden von unabhängigen Beurteilern eingeschätzt. Es wurden Listen benutzt mit den Eigenschaftspaaren: folgerichtig - zusammenhanglos, zu kurz - zu lang, übersichtlich - unübersichtlich. Mittels dieser Faktorenanalyse wurden diese Eigenschaften zu vier übergeordneten Merkmalen zusammengefasst. Daran anschließend wurde das Verstehen und Behalten des Textes an Testlesern geprüft. Der Zusammenhang zwischen der Ausprägung der einzelnen Verständlichkeitsmerkmale und dem Verstehen des Lesers brachte das Ergebnis, welche Dimensionen in Texten günstige oder ungünstige Verständniswerte ergeben. Zu betonen ist, dass es sich bei den Faktoren um solche handelt, die auch für Juristen im Rahmen des Transparenzgebotes bisher leitend sind: Einfachheit, Gliederung - Ordnung, Kürze - Prägnanz und zusätzliche Stimulanzen.

Die vier angesprochenen Faktoren haben laut empirischer Untersuchung eine unterschiedliche Rangordnung.[357]

Einfachheit ist das wichtigste Merkmal. Ein komplizierter Text ist immer schlecht verständlich. *Gliederung* ist von erheblicher Bedeutung, wenn nicht schon vom Inhalt her ein klarer Aufbau vorgezeichnet ist. *Kürze und Prägnanz*

---

355 *Langer/Schulz v. Thun/Tausch.*
356 *Langer/Schulz v. Thun/Tausch,* Sich verständlich ausdrücken, S. 136 f.
357 *Langer/Schulz v. Thun/Tausch,* a.a.O., S. 24.

sind nicht von so entscheidender Bedeutung, da knappe und gedrängte Texte ebenso ungünstig sein können, wie allzu weitschweifige. Zum Teil wird in Extremfällen die Verständlichkeit vermindert. Die optimale Lösung liegt wohl in der Mitte. Bei den *anregenden Zusätzen* muss differenziert werden. Sofern ein Text gut gegliedert ist, wirken zusätzliche Stimulanzen motivations- und verständlichkeitsfördernd. Bei ungegliederten Texten sind anregende Zusätze eher schädlich, da sie die Verwirrung noch erhöhen.

Ein Text kann jedes dieser Verständlichkeitsmerkmale in geringerer oder stärkerer Ausprägung aufweisen. Die Beispiele und Erläuterungen der Autoren belegen, dass rechtlich relevante Texte im allgemeinen über eine hochgradige Prägnanz verfügen, während anregende Zusätze, die die Anschaulichkeit eines Textes erhöhen, eher verpönt sind. Im Hinblick auf das Transparenzgebot wird man Abstriche in der Prägnanz auch kaum akzeptieren können, würden sie doch zwangsläufig die Mehrdeutigkeit der Aussagen erhöhen. Unterschiede weisen rechtlich relevante Texte - und dazu zählen naturgemäß auch AVB - vor allem bei den Merkmalen der Einfachheit und der Textgliederung bzw. -ordnung auf.

Die Verfasser belegen anhand einiger Beispiele, dass es möglich ist, die Einfachheit und Ordnung juristisch relevanter Texte deutlich zu verbessern, ohne dass die Prägnanz darunter nachhaltig leiden müsste.[358] Allerdings wird auf die dem Juristen geläufige Wenn-Dann-Sequenz von Tatbestandsvoraussetzung und Rechtsfolge verzichtet. Die in Rechtstexten üblichen Periodenungetüme werden aufgelöst in kürzere Sätze, die als eigenständige Sinneinheiten Bestand haben können.

Im Rahmen dieses Forschungsprojektes wurden umfangreiche Forschungsarbeiten durchgeführt. Es wurden über 200 Texte zu mehr als 30 Themen an ca. 4.500 Lesern geprüft.[359] Im deutschsprachigen Raum stellt dieses Konzept das empirisch am besten abgesicherte Verfahren dar. Darauf aufbauend wurde ein Selbsttrainingsprogramm entwickelt, das Fertigkeiten zur Verständlichkeitsbeurteilung und Verbesserung der Verständlichkeit vorliegender Texte in den vier genannten Dimensionen vermittelt. Bei den vier Textdimensionen geht es um folgendes:

Nach dem hier vorgestellten Konzept wird für die Beurteilung der Verständlichkeit ein *Fenster* zur Hilfe genommen. Darin werden dann die einzelnen „Urteile" für einen zu untersuchenden Text eingetragen.

---

358 *Langer/Schulz v. Thun/Tausch*, a.a.O., S. 138.
359 *Geisler*, Faktoren der Verständlichkeit von Texten für Kinder, S. 66.

Einfachheit	Gliederung-Ordnung
Kürze – Prägnanz	Anregende Zusätze

Abb. 3   Beurteilungsfenster

Es geht also um die Frage, wie stark die vier Merkmale der Verständlichkeit bei einem Text ausgeprägt sind. Das Ergebnis der Untersuchung wird mit Hilfe *von Plus- und Minus-Zeichen*, die man in den Merkmalsbildern gesehen hat, festgehalten.

+ +   heißt: Alle oder fast alle Eigenschaften, die zu einem Merkmal gehören, sind deutlich vorhanden.
+   heißt: Die Eigenschaften sind nicht ganz so deutlich oder nur teilweise vorhanden.
0   heißt: Neutrale Mitte. Die Eigenschaften auf der linken und rechten Seite des Merkmalbildes sind gleich stark vorhanden.
−   heißt: Die Eigenschaften auf der rechten Seite überwiegen.
− −   heißt: Alle oder fast alle Eigenschaften der rechten Seite sind deutlich ausgeprägt.

Ein optimal verständlicher Text ist also durch folgendes Beurteilungsfenster gekennzeichnet:

Einfachheit + +	Gliederung-Ordnung + +
0 oder + Kürze - Prägnanz	0 oder + Anregende Zusätze

Abb. 4   Beurteilungsfenster mit dazugehörigen Zeichen

- **Einfachheit**

Einfachheit bezieht sich auf die Wortwahl und den Satzbau. Es geht um die sprachliche Formulierung: geläufige, anschauliche Wörter sind zu kurzen, einfachen Sätzen zusammengefügt.[360] Schwierige Wörter, z.B. Fremdwörter, Fachausdrücke, werden erklärt. Dabei kann der dargestellte Sachverhalt selbst einfach oder schwierig sein. Es geht lediglich um die Art der Darstellung.

---

360   Es muss jedoch noch einmal hervorgehoben werden, dass es natürlich eine zu starke Vereinfachung wäre nur auf die Wort- und Satzlänge abzustellen. Dieser Aspekt berücksichtigt höchstens einen Teil des Merkmals Einfachheit.

Die Einfachheit umfasst folgende Eigenschaften:

	Einfachheit			
Einfachheit	+ +	+ O	- --	*Kompliziertheit*
einfache Darstellung				komplizierte Darstellung
kurze, einfache Sätze				lange, verschachtelte Sätze
geläufige Wörter				ungeläufige Wörter
Fachwörter erklärt				Fachwörter nicht erklärt
konkret				abstrakt
anschaulich				unanschaulich

<u>Abb. 5</u>   Einfachheit

- **Gliederung - Ordnung**

Bei diesem Merkmal geht es um die innere Ordnung und die äußere Gliederung eines Textes. Die innere Ordnung verlangt, dass die Sätze nicht beziehungslos nebeneinander, sondern folgerichtig aufeinander bezogen sind. Weiterhin sollen die Informationen in einer sinnvollen Reihenfolge dargeboten werden. Bei der äußeren Gliederung wird der Aufbau eines Textes sichtbar gemacht. Zusammengehörige Teile werden übersichtlich gruppiert. Dabei helfen u.a. die Gliederung in Unterabschnitte, Zwischenüberschriften, Randbemerkungen, Nummerierung wichtiger Punkte, Verweise auf ähnliche Gedanken, Hervorhebung wichtiger Aussagen durch Fettdruck oder Unterstreichungen und Zusammenfassungen.

Auch hierfür empfiehlt sich folgendes Schema:

Gliederung – Ordnung	Gliederung			Ungegliedertheit Zusammenhanglosigkeit
	+ +	+ O	- - -	
Gegliedert				ungegliedert
folgerichtig				zusammenhanglos, wirr
übersichtlich				unübersichtlich
gute Unterscheidung von Wesentlichem und Unwesentlichem				schlechte Unterscheidung von Wesentlichem und Unwesentlichem
der rote Faden bleibt sichtbar				man verliert oft den roten Faden
alles kommt schön der Reihe nach				alles geht durcheinander

Abb. 6 Gliederung

- **Kürze - Prägnanz**

Hier stellt sich die Frage, ob die Länge des Textes in einem angemessenen Verhältnis zum Informationsziel steht. Eine knappe, gedrängte Ausdrucksweise bildet das eine Extrem, eine ausführliche und weitschweifige das andere. Weitschweifigkeit beruht oft auf der Darstellung unnötiger Einzelheiten, überflüssiger Erläuterungen, breitem Ausholen, Abschweifen vom Thema, umständliche Ausdrucksweise, Wiederholungen, Füllwörtern und leeren Phrasen.

	Prägnanz	
Kürze – Prägnanz	+ + + O - - -	Weitschweifigkeit

zu kurz	zu lang
auf das Wesentliche beschränkt	viel Unwesentliches
gedrängt	breit
auf das Lehrziel konzentriert	abschweifend
knapp	ausführlich
jedes Wort ist notwendig	vieles hätte man weglassen können

Abb. 7   Prägnanz

- **Anregende Zusätze**

Bei diesem Merkmal geht es darum, ob ein Text anregende, also stimulierende Zusätze enthält, mit denen beim Leser Interesse, Anteilnahme, Lust am Lesen oder Zuhören hervorgerufen wird. Dies sind beispielsweise Ausrufe, wörtliche Rede, rhetorische Fragen, lebensnahe Beispiele, direktes Ansprechen des Lesers, Auftretenlassen von Personen, Reizwörter, witzige Formulierungen, Einbettung der Information in eine Geschichte, Vergleiche oder Abbildungen.

	Anregende Zusätze	
anregende Zusätze	+ + + O - - -	keine anregenden Zusätze

anregend	nüchtern
interessant	farblos
abwechslungsreich	gleichbleibend neutral
persönlich	unpersönlich

Abb. 8   Anregende Zusätze

Bei einem Blick auf die vier Merkmale ergibt sich, dass sie ziemlich unabhängig voneinander sind. Ist ein Text z.B. einfach, so sagt das noch nichts über die anderen Merkmale aus. Nicht völlig unabhängig voneinander sind die Merkmale Kürze - Prägnanz und Anregende Zusätze. Denn Anregende Zusätze verlängern den Text. Bei der Gestaltung eines „optimal" verständlichen Textes ergibt sich das Problem, wie die vier Merkmale zu gewichten sind. Sind alle vier Werte gleich wichtig? Und wo liegt für jedes Merkmal das Optimum, also das günstigste Urteil für die Verständlichkeit?
- Einfachheit ist am wichtigsten, da ein komplizierter Text immer schlecht verständlich ist. Optimum: ++.
- Gliederung - Ordnung ist ebenfalls sehr wichtig, insbesondere bei Texten, denen nicht schon aufgrund ihres Inhalts ein klarer Aufbau vorgezeichnet ist. Optimum: ++.
- Kürze - Prägnanz: Extrem knappe und gedrängte Texte erschweren das Verständnis ebenso weitschweifige Texte. Das Optimum liegt daher in der Mitte: Im Bereich zwischen + und 0.
- Anregende Zusätze sind von den anderen Merkmalen abhängig, vor allem von Gliederung - Ordnung. Bei gut gegliederten Texten tragen Anregende Zusätze zum Verständnis und zum Interesse am Lesen bei. Bei einem ungegliederten Text sind sie jedoch schädlich, da sie zur Verwirrung führen.

Das Optimum liegt bei: - oder - - bei geringer Gliederung - Ordnung, 0 oder +, gelegentlich auch ++ bei gleichzeitig ausgeprägter Einfachheit, Gliederung - Ordnung und gewisser Kürze - Prägnanz.

Zur besseren Veranschaulichung des Hamburger Verständlichkeitskonzepts folgendes Beispiel:

Langer[361] beschäftigte sich mit den AVB einer Hausratversicherung. § 17 Abs. 1 und Abs. 2 der Versicherungsbedingungen der „Berlinischen Feuer-Versicherungsanstalt" lag folgender Text zugrunde:

„1. Die Entschädigung für den Zeitwertschaden ist zwei Wochen nach ihrer vollständigen Feststellung fällig: jedoch kann einen Monat nach Anzeige des Schadens als Abschlagzahlung der Betrag verlangt werden, der nach Lage der Sache mindestens zu zahlen ist. Die Entschädigung für den Zeitwertschaden ist nach Ablauf eines Monats seit der Anzeige des Schadens mit 1 vom Hundert unter dem Diskontsatz der Deutschen Bundesbank, aber mit nicht mehr als 6 vom Hundert und mit nicht weniger als 4 vom Hundert für das Jahr zu verzinsen. Der Lauf der Fristen ist gehemmt, solange infolge des Verschuldens des Versicherungsnehmers die Entschädigungssumme nicht ermittelt oder nicht gezahlt werden kann. Soweit die Zahlung der Entschädigung von der Sicherstellung der Wiederbeschaffung oder Wiederherstellung abhängt, wird sie nach Eintritt dieser Voraussetzungen fällig. Die Verzinsung erfolgt nach Bestimmungen des Satzes 2. Zinsen sind erst fällig, wenn die Entschädigungssumme selbst fällig ist.
2. Der Versicherer ist berechtigt, die Zahlung aufzuschieben

---

361 *Langer/Schulz v. Thun/Tausch*, Sich verständlich ausdrücken.

a) wenn Zweifel an der Berechtigung des Versicherungsnehmers zum Zahlungsempfang bestehen, bis zur Beibringung des erforderlichen Nachweises;
b) wenn eine polizeiliche oder strafgerichtliche Untersuchung aus Anlass des Schadens gegen den Versicherungsnehmer eingeleitet ist, bis zum Abschluss dieser Untersuchung.
3. Wenn der Entschädigungsanspruch nicht innerhalb einer Frist von sechs Monaten geltend gemacht wird, nachdem der Versicherer ihn unter Angabe der mit dem Ablauf der Frist verbundenen Rechtsfolge schriftlich abgelehnt hat, ist der Versicherer von der Entschädigungspflicht frei."

Das dazugehörige Beurteilungsfenster sieht wie folgt aus:

Einfachheit	Gliederung-Ordnung
−	+
+	− −
Kürze - Prägnanz	Anregende Zusätze

Abb. 9   Beurteilungsfenster mit dazugehörigen Zeichen

Die Klausel wurde umgewandelt:

„In diesem Abschnitt wird geregelt, wann und unter welchen Bedingungen die Versicherung eine Entschädigung zahlen muss.

I. *Wann muss die Versicherung den Zeitwertschaden ersetzen?*
   Bei jedem Schaden muss erst einmal vollständig festgestellt werden, wie groß er ist. 2 Wochen danach muss die Versicherung erst zahlen.
II. *Was passiert, wenn nach einem Monat der Schaden nicht vollständig festgestellt wurde?*
   Auszahlung eines Teilbetrages: Einen Monat nach der Anzeige des Schadens kann der Versicherte verlangen, dass ihm ein Teilbetrag gezahlt wird. Dieser Teilbetrag ist so hoch, wie der Gesamtbetrag nach der Lage der Dinge *mindestens* ist.
III. *Wann und wie wird die Entschädigungssumme verzinst?*
   Einen Monat nach der Anzeige wird der Betrag, der noch zu zahlen ist, verzinst. Die Zinsen werden zusammen mit der Entschädigungssumme ausgezahlt. *Höhe der Zinsen*: 1 % unter dem Diskontsatz der Deutschen Bundesbank, jedoch höchstens 6 % und mindestens 4 % im Jahr.
IV. *In welchen Fällen gelten diese Fristen nicht?*
   1. Wenn der Versicherte daran schuld ist, dass ...
   2. Wenn die Zahlung davon abhängig ist, ob ...
   3. Wenn Zweifel bestehen, ob...
   4. Wenn Polizei oder Staatsanwaltschaft gegen den Versicherten ... eine Untersuchung eingeleitet haben.

V. *Wann braucht die Versicherung überhaupt nicht mehr zu zahlen?*
1. Wenn die Versicherung einen Entschädigungsanspruch schriftlich abgelehnt hat;
2. wenn sie gleichzeitig darauf hingewiesen hat, dass der Versicherte innerhalb von sechs Monaten Einspruch erheben muss."

Die Erfüllung der vier Merkmale des Hamburger Verständlichkeitskonzepts können im Vergleich zur vorherigen Klauselfassung als optimal bewertet werden.

Einfachheit	Gliederung-Ordnung
+	+ +
+	– –
Kürze - Prägnanz	Anregende Zusätze

Abb. 10 Beurteilungsfenster mit dazugehörigen Zeichen

Es wurden die sprachwissenschaftlichen Methoden des Flesch-Tests und des Hamburger Verständlichkeitskonzepts vorgestellt. Für diejenigen, die neue AVB aufstellen sollen und sich als „Voraburteiler" ein Urteil über deren Transparenz bilden sollen, besteht eine besondere Schwierigkeit. Dies hängt nicht zuletzt damit zusammen, dass Transparenz im Sinne von Verständlichkeit das Produkt einer Mehrzahl von Faktoren ist. Die Sprachwissenschaft ist bemüht herauszufinden, wie diese Faktoren zusammenhängen. Die Rechtswissenschaft sollte stärker als bisher die Erkenntnisse von Linguisten und Sprachpsychologen zur Hilfe nehmen. Sicherlich sind diese Erkenntnisse nicht im Hinblick auf die AGB-Kontrolle gesammelt worden, sondern um ganz andere Prozesse des Verstehens zu erklären, so etwa das kindliche Verständnis von Texten. In diesem Bereich bedarf es daher interdisziplinärer Arbeit und der Anpassung jener Erkenntnisse an die Bedürfnisse der Jurisprudenz.

Das Hamburger Verständlichkeitskonzept entspricht dem Konzept der Lesbarkeitsforschung insofern, als hier wie dort Textverständlichkeit ausschließlich unter Zugrundelegung von Textmerkmalen erfasst wird.

Der Flesch-Test vermittelt den Unternehmen einen starken Anreiz zur Verwendung kurzer Wörter und kurzer Sätze. Dies ist in einer Zeit, in der die Lesebereitschaft und Lesefähigkeit auch in Deutschland in breiten Kreisen der Bevölkerung abnimmt, nicht gering zu schätzen. Zum anderen liefert die Flesch-Formel quantitative und damit objektive Kriterien, die von den Unternehmen selbst bei der Aufstellung ihrer Versicherungsbedingungen, aber auch bei der späteren Kontrolle durch Aufsichtsbehörden oder Gerichte präzise und kalkulierbar angewendet werden können.

Die Flesch-Formel ist jedoch auf den ersten Blick relativ kompliziert[362] und es ist fraglich, ob dieser Test uneingeschränkt auf die deutsche Sprache übertra-

---

362 *Basedow*, VersR 1999, 1045, 1053: Der Gesetzestext von Massachusetts, in dem sie niedergelegt ist, bringt nur einen Flesch-Wert von 48,6 und besteht damit den dort aufgestellten

gen werden kann. Er betrachtet die zunehmende Vermehrung der Silbenzahl pro Wort als Indiz für schwerere Verständlichkeit. Damit wird jedoch einer Eigenart der deutschen Sprache nicht Rechnung getragen. In der deutschen Sprache ist es möglich aus mehreren Hauptwörtern durch schlichte Aneinanderreihung neue, längere Substantive zu bilden, ohne dass darunter die Verständlichkeit immer leiden muss. Dem ließe sich aber durch eine Anpassung des Tests Rechnung tragen. Der Haupteinwand gegen den Test geht jedoch dahin, dass er allein die quantitativ erfassten Ursachen und keine anderen Ursachen der schweren Verständlichkeit berücksichtigt. Beispielsweise bleibt die gehäufte Verwendung von Fremdwörtern oder von komplizierten Präpositionalzusätzen außer Betracht.

Diese Einwände sind nicht unbedingt überzeugend. Der Flesch-Test stellt lediglich einen Anreiz und kein abschließendes Kriterium für die Verständlichkeit von AVB dar. Ein Unternehmen könnte jedoch, sofern es ihn beachtet, seine eigenen Bemühungen um die Transparenz von AVB dokumentieren und im Gerichtsverfahren zumindest eine gewisse Vermutung der Transparenz seiner Bedingungen in Anspruch nehmen. Dem Gericht bliebe es demgegenüber unbenommen, die Intransparenz von AVB unter Hinweis auf die Verschachtelung der Sätze oder die häufige Verwendung von Fachwörtern bzw. juristischen Fachtermini etc. zu begründen. Der Flesch-Test eignet sich ebenso wie andere quantitative Methoden nur dazu, die Verständlichkeit von AVB insgesamt zu ermitteln. Ist die zu untersuchende Texteinheit allzu klein, ergeben sich häufig Zufallsergebnisse; dies ist insbesondere bei der Untersuchung einzelner Klauseln zu befürchten.

Das Hamburger Verständlichkeitskonzept wendet sich wie die Allgemeinen Geschäftsbedingungen entweder an die Allgemeinheit oder an bestimmte Gruppen. Es kann mit Blick auf die Ausfüllung des Transparenzgebots in AVB „idealtypisch" herangezogen werden.[363] Man muss unterscheiden zwischen Allgemeinen Bekanntmachungen, Gebrauchsanweisungen, Flugblättern, Antragsformularen, welche für alle Bevölkerungsgruppen bestimmt sind und daher leicht verständlich sein sollen, und Bedienungsanleitungen für Industriemaschinen oder Informationen für Ärzte über ein neues Medikament, welche an eine bestimmte Lesergruppe gerichtet ist, die über Vorkenntnisse verfügt. Verständlichkeit wird hier für die Gruppe verlangt, für die sie geschrieben sind.

Eine Zusammenarbeit verschiedener Fachleute wäre daher wünschenswert, z.B. Linguisten mit Fachleuten des Versicherungswesens.

(3) Ergänzende Regeln

Die folgenden Regeln sind zu den oben genannten Konzepten ergänzend heranzuziehen. Diese Hinweise sind keine starren Vorschriften, sondern nur Anregungen ohne Anspruch auf Vollständigkeit.

Test nicht. Dies ist allerdings auch nicht erforderlich, da dieser Text in erster Linie für die Versiche-rungsaufsichtsbehörde und die Unternehmen bestimmt ist.
363 *Schwintowski*, Kundenfreundliche Versicherungsbedingungen, S. 37.

- **Wortebene**

Die Verwendung schwieriger Mehrfachkomposita (zusammengesetzte Hauptwörter) sollte auf ein sinnvolles Maß beschränkt werden.
Ein zentraler Faktor für die Verständlichkeit ist die sprachliche Explizitheit der Direktive, d.h. der jeweiligen im Satz oder Teilsatz enthaltenen Handlungsanweisung, die im Deutschen mit „dürfen", „müssen", „können", „ist, sind, hat zu" realisiert wird. Hier sollte sich eine deutliche Hervorhebung von „müssen" zu Lasten des modalen Infinitivs („ist, sind, hat zu") entwickeln.
„Nominale juristische Phrasen" („Verwendung finden", „Geltung besitzen") sollen durch ein Verbum („verwenden", „gelten") ersetzt werden.[364]
Vom allgemeinen Sprachgebrauch sollte man nur dann abweichen, wenn ein Fachausdruck notwendig ist. Dieser ist, falls erforderlich, zu erklären.
Beispiel: statt *Baulichkeiten*, besser *Gebäude*.
Im Zweifel ist stets der einfachere Ausdruck zu wählen, aber nicht auf Kosten der Verständlichkeit. Beispiel: statt *auf welche Art und Weise* einfacher *wie*.
Derselbe Begriff sollte überall in ein und derselben Bedeutung verwendet werden.
Das Verständnis und das Behalten eines Textzusammenhangs kann sich verdoppeln, wenn nur 20 % der Wörter gegen gebräuchlichere ausgetauscht werden.[365]

- **Satzebene**

Sätze sollten die sog. „große mittlere Satzlänge" nicht überschreiten (etwa 22 Wörter), damit das Kurzzeitgedächtnis des Lesers nicht überfordert wird.[366]
Noch wesentlicher als die reine Satzlänge[367] ist die Betrachtung der Satzkomplexität. Verwendet man mehr Hauptsätze wird der Inhalt z.T. direkter vermittelt.
Die Satzfelder werden im Falle eines Textes als Teilabschnitte eines Kernsatzes betrachtet, um den sie zentriert sind. Man unterscheidet dabei zwischen dem Vorfeld eines Satzes (Satzanfang bis Modalverb oder Hilfszeitwort), dem Hauptfeld (Modalverb oder Hilfszeitwort bis zum Verbum) und dem Nachfeld (Hauptverb bis Satzende). Der Kernsatz bildet dabei die Direktive. Das Vorfeld (Satzanfang bis Modalverb) und das Hauptfeld (Modalverb bis Hauptverb) sollten möglichst kurz sein. Aufzählungen und vor allem eingebettete Nebensätze gehören ins Nachfeld (Hauptverb bis Satzende) eines Satzes.[368]
Lange Nachfelder (etwa bei Aufzählungen oder Beispielen) sollen durch drucktechnische Mittel (Einrückungen etc.) systematisiert werden.
Wer geneigt ist ein Wort durch Unterstreichen hervorzuheben, sollte es erst

---

364 *Pfeiffer/Strouhal/Wodak*, Recht auf Sprache, S. 58.
365 *Geisler*, Faktoren der Verständlichkeit von Texten für Kinder, S. 133; vgl. *Schwintowski*, Kundenfreundliche Versicherungsbedingungen, S. 38.
366 *Pfeiffer/Strouhal/Wodak*, a.a.O., S. 171.
367 Auch kurze Sätze können unverständlich sein.
368 *Pfeiffer/Strouhal/Wodak*, Recht auf Sprache, S. 58.

mit einer anderen Wortstellung versuchen. Wird an Bekanntes angeknüpft, so ist es an den Beginn des Satzes zu stellen, das Neue oder gar Überraschende hingegen ans Ende.

statt	besser
*Die deutsche Sprache ist ... **die** Muttersprache des Versicherungsnehmers.*	*Muttersprache des Versicherungsnehmers ist ... die deutsche Sprache.*

Gegenstand der Regelung (Subjekt, Satzgegenstand) ist die Aussage, welche Sprache die Muttersprache ist.

In Hauptsätzen sollte man in der Regel das Subjekt vor das Objekt stellen, vor allem, wenn sich dieses im Dativ oder Akkusativ nicht vom Nominativ unterscheidet; sonst kommt es zu Missverständnissen.

statt	besser
Das Urteil fällte das Oberlandesgericht für Versicherungssachen nach dreitägiger Verhandlung.	*Das Oberlandesgericht für Versicherungssachen fällte das Urteil nach dreitätiger Verhandlung.*

An einen Nebensatz, der mit „dass" eingeleitet wird sollte möglichst kein weiterer anschließen, der ebenfalls mit „dass" beginnt.

Kausalsätze, die mit „da" eingeleitet werden, immer vor den Hauptsatz stellen: „Da" gibt den bereits bekannten Grund für das an, was im Hauptsatz mitgeteilt wird. Nachgestellte Kausalsätze mit „weil" oder - als Hauptsätze und nach einem Strichpunkt - mit „denn" beginnen.

	aber
Da die Frist abgelaufen ist, war die Klage abzuweisen.	*Die Klage war abzuweisen, weil die Frist abgelaufen ist.*

Das Aktiv ist im allgemeinen dem Passiv vorzuziehen. Die Verwendung des Passivs bedarf stets eines besonderen Grundes.

statt	besser
Wie vom Versicherer festgestellt worden ist,	*Wie **der** Versicherer festgestellt **hat**,*

Weiterhin haben semantische Redundanzen, z.B. bei inhaltlicher oder wörtlicher Wiederholung wichtiger Satzglieder, verständnisfördernde Wirkung.

Wie schon ansatzweise erwähnt, können zusätzliche Stimulanselemente die Aufmerksamkeit und damit die Verständlichkeit fördern. Das Einfügen von Fragen und das Aufzeigen von Problemen mit alternativen Lösungsmöglichkeiten hat Anregungscharakter in bezug auf die Frage der Verständlichkeit.

Semantische Deduktion, d.h. dass bei der Informationsvermittlung mit den allgemeinsten Aussagen begonnen und allmählich zu konkreteren Aussagen übergegangen wird, erhöht die Verständlichkeit.[369] Für den Juristen behandelt man diese Art der Informationsvermittlung unter dem Stichwort Urteilsstil. Nach der Subsumtionstheorie ist der Leser erst dann in der Lage spezifische Einzelinformationen in die hierarchisch strukturierten Konzepte einzuordnen, wenn er ein Gesamtkonzept besitzt.

- **Textebene**

Wesentlich ist die Qualität der Konjunktion, die grammatische und die semantische Kohärenz. Die Satzkohärenz beinhaltet u.a. die grammatischen (rein quantitativ im Gebrauch exakterer Konjunktionen und Pronomina) und die semantischen Verknüpfungen (z.B. Wiederholung der Schlüsselbegriffe).
Doppelte oder gar mehrfache Negationen in einem Satz sollten vermieden werden.
Der Abstand zwischen Modalverb (z.B. „dürfen") und Negation (nicht) soll möglichst gering gehalten werden.
Es fördert die Verständlichkeit, wenn nach Möglichkeit jeder Absatz mit einer die Situation umreißenden Frage eingeleitet wird, in der das Schlüsselwort unterstrichen ist.
Der Transparenz dient ebenfalls die Gliederung zu Beginn, welche z.B. nach dem System der W-Fragen (Wer ist Versicherungsnehmer? Was ist versichert? etc.) entworfen werden kann.[370]

bb)   Beratung

Im Hinblick auf die Frage der Verständlichkeit von AVB könnte man an einen *Beratungsservice* für AVB denken.
So existieren beispielsweise in Großbritannien sog. Bürgerberatungsstellen (Citizens Advice Bureaux, CAB).[371] Es handelt sich dabei um unabhängige Organisationen, die seit den 70er Jahren von den Kommunen eingerichtet werden können. Der Service bietet Bürgern eine kostenlose, vertrauliche und unparteiliche Beratung und Unterstützung in allen Fragen, die Verträge betreffen. Diese Einrichtung soll die Bürger in einer zunehmend komplexen Vertragswelt unterstützen. Die Bürgerberatungsstellen (CAB) stehen generell auch Versicherungsnehmern zur Verfügung.
Die Organisation und Koordination der Einrichtung liegt in den Händen der „National Association of Citizens Advice Bureaux". Das Personal rekrutiert sich aus ehren- und hauptamtlichen Mitarbeitern. Für weitergehenden Rechtsbeistand

---

369 *Teigeler*, Verständlichkeit und Wirksamkeit von Sprache und Text, S. 41.
370 Vgl. ZfV 1995, 214 Versicherungsbedingungen für Jedermann; Bedingungswerk für die Euro-Privathaftpflichtversicherung (PHV) Generali.
371 Zu ausführlichem Zahlenmaterial und weiteren Angaben, vgl. The National Association of Citizens Advice Bureaux (1992), S. 1 ff.

bestehen Verbindungen zu ansässigen Anwälten, die sich für geringe festgelegte Sätze als Rechtsberater zur Verfügung stellen.

Für Deutschland würde es sich auch anbieten - neben den schon existierenden Servicestationen - einen *Beratungsservice im Schadenfall* einzurichten. Der Kunde kann dann anrufen, wenn er die Klauseln des Vertrages nicht richtig versteht. Wichtig ist jedoch, das die Auskünfte schriftlich erteilt werden, damit der Kunde sich später darauf berufen kann. Ein weiterer Vorteil dieser Art des Services besteht darin, das man noch vorhandene intransparente Klauseln aufdecken kann. Der Versicherer könnte dann über eine kundenfreundlichere Gestaltung nachdenken.

2. Bestimmtheit

Der Verwender von AVB ist gehalten, die Rechte und Pflichten des Vertragspartners möglichst klar und durchschaubar darzustellen. Die tatbestandlichen Voraussetzungen und die Rechtsfolgen einer Klausel müssen so genau beschrieben werden, dass für den Verwender keine ungerechtfertigten Beurteilungsspielräume entstehen. In diesem Zusammenhang geht es um Klauseln, bei denen sich der Verwender einseitige Gestaltungsmöglichkeiten vorbehält. Hier seien die Preiserhöhungsklauseln[372], die Gebietsänderungsvorbehalte bei Vertragshändlern[373] und andere Bestimmungsrechte[374] genannt. Der Verwender unterliegt in all diesen Fällen der Ausübungskontrolle nach *§ 315 Abs. 3 BGB*. Seine Leistungsbestimmung ist nur verbindlich, wenn sie der Billigkeit entspricht. Hierbei ist zu beachten, dass dieser Ausübungskontrolle auf der Grundlage von § 9 AGBG eine Gültigkeitskontrolle vorgeschaltet ist. Stellt die vereinbarte Klausel die beiderseitigen Rechte und Pflichten nicht klar und durchschaubar dar, ist sie unwirksam, weil die Gefahr besteht, dass der Verwender die ihm eingeräumte Gestaltungsmacht faktisch unangemessen einsetzt.[375]

a) Vorvertragliche Anzeigepflicht in der Kapitallebensversicherung

In einer Kapitallebensversicherung wird unter Einschluss der Arbeitsunfähigkeit zur Absicherung eines Kredits folgende Klausel verwendet:
„Ich bin damit einverstanden, dass sich der Versicherungsschutz nicht auf vorvertragliche Gesundheitsstörungen der jeweils versicherten Personen erstreckt, die dieser bekannt sind und die sie auch in den letzten 12 Monaten vor Beginn des Versicherungsschutzes hatte, wenn der Versicherungsfall in den nächsten 24 Monaten seit Beginn des Versicherungsschutzes eingetreten ist und mit diesen Gesundheitsstörungen in ursächlichem Zusammenhang steht."

---

372 BGH, NJW 1980, 2518; NJW 1983, 1603; 1985, 855.
373 BGHZ 89, 206, 211; BGHZ 93, 29, 53.
374 *Palandt/Heinrichs*, § 9 AGBG, Rdn. 106.
375 Vgl. hierzu *Schwintowski*, Kundenfreundliche Versicherungsbedingungen, S. 21.

Das LG Düsseldorf[376] untersagte dem Versicherer am 25.3.1998 die weitere Verwendung dieser Klausel. Es wurde sowohl ein Verstoß gegen § 34 a VVG als auch gegen das Transparenzgebot angenommen.

Der Versicherer darf von den Vorschriften über die vorvertragliche Anzeigepflicht (§§ 16 ff. VVG) nicht zum Nachteil des Versicherungsnehmers abweichen, § 34 a VVG. Über die vorvertragliche Anzeigepflicht (§§ 16 ff. VVG) soll „mit dem Abschluss des Versicherungsvertrags ein für den korrekt handelnden Versicherungsnehmer voraussehbarer Versicherungsschutz begründet werden".[377] Die streitige Klausel hingegen sieht erst bei Eintritt des Versicherungsfalles eine Risikoprüfung vor. Daher wird der oben genannte Bestandsschutz nicht gewährleistet. Der Versicherungsnehmer kann zu diesem Zeitpunkt keine anderweitige Vorsorge mehr treffen, weil er auf den Versicherungsschutz des Versicherers vertraut hat. Die Regelung führt also zu einem weitergehenden Ausschluss gegenüber der gesetzlichen Regelung der §§ 16 ff. VVG, weil auch solche, dem Versicherungsnehmer bei Vertragsschluss bekannte Gesundheitsstörungen, die den Versicherer bei geeigneter Nachfrage gar nicht zu einer Ablehnung des Antrags veranlasst hätten, zu einer Leistungsfreiheit des Versicherers führen können.

Auch diese Klausel verstößt gegen das Transparenzgebot, weil die Gefahr besteht, dass der Versicherungsnehmer unter Hinweis auf die Klausel davon abgehalten wird, seinen Anspruch auf die Versicherungsleistung durchzusetzen.[378] Das Transparenzgebot ordnet aber an, dass die Gefahr der Nichtgeltendmachung von Rechten seitens des Versicherungsnehmers beseitigt werden muss.

Hier besteht nämlich die Möglichkeit, dass der Versicherungsnehmer unter die Klausel alle Gesundheitsstörungen einordnet, die ihm in den letzten 12 Monaten zur Kenntnis gekommen sind, obwohl nur solche gemeint sind, die ihm auch bei Antragstellung bereits bekannt waren. Der Versicherungsnehmer könnte in einem solchen Fall aber Gefahr laufen, von der Geltendmachung seiner Rechte Abstand zu nehmen, wenn es um die Folgen von Gesundheitsstörungen geht, die ihm in den letzten 12 Monaten vor Vertragsschluss zur Kenntnis gekommen sind, ihm aber bei Antragstellung nicht bewusst waren.

§ 18 Abs. 2 VVG darf nicht in Vergessenheit geraten. Wenn der Versicherungsnehmer die Gefahrumstände aufgrund schriftlicher, von dem Versicherer gestellter Fragen, anzuzeigen hat, so kann der Versicherer wegen unterbliebener Anzeige des Umstandes, nach welchem nicht ausdrücklich gefragt worden ist, überhaupt nur im Falle arglistigen Verschweigens zurücktreten.

Intransparenz der Klausel ist auch deshalb anzunehmen, weil sie gegen den *Bestimmtheitsgrundsatz* verstößt. Der Umfang des Versicherungsschutzes ist nämlich nicht klar. Gleichzeitig kann man sich fragen, worauf sich eigentlich die Prämie im einzelnen bezieht. Aus der Sicht der Hinterbliebenen ist die Klausel aber ganz besonders problematisch.[379] Da es sich um eine Kapitallebensversiche-

---

376 LG Düsseldorf, VuR 1998, 415 ff.
377 BGH, NJW 1996, 1409, 1410.
378 BGH, NJW 1996, 1409, 1410.
379 Vgl. *Schwintowski*, Kundenfreundliche Versicherungsbedingungen, S. 69.

rung handelt, müssen sie bei Ableben der versicherten Person klären, welche Gesundheitsstörungen dieser Person bei Beginn des Versicherungsschutzes bekannt waren.

Zudem bleibt unklar, was mit „die sie (die versicherte Person) auch in den letzten 12 Monaten vor Beginn des Versicherungsschutzes hatte", gemeint sein könnte. Muss sie sich wegen der Gesundheitsstörung in ärztlicher Behandlung befunden haben oder diese Störung von der Person nur empfunden worden sein? Muss die Gesundheitsbeeinträchtigung zur Bettlägerigkeit geführt haben oder vielleicht zu einigen Tagen Arbeitsunfähigkeit?[380] Diese Fragen belegen, dass die Klausel intransparent ist, weil sie nicht eindeutig beantwortet werden können. Die Intransparenz bezieht sich auch auf die Frage der Prämientransparenz. Eine Unklarheit dahingehend, welche Gefahren Gegenstand der Versicherung sind, birgt folglich auch eine Unklarheit, worauf sich die Prämie bezieht. Das bedeutet aber einen Verstoß gegen Art. 4 Abs. 2 der EG-Richtlinie.[381]

b) Unfallbegriff

Ein weiteres Beispiel stellt eine Klausel aus der Unfallversicherung dar.

„Die Invalidität muss innerhalb eines Jahres nach dem Unfall eintreten sowie spätestens vor Ablauf einer Frist von weiteren drei Monaten ärztlich festgestellt und geltend gemacht sein."

Auf den ersten Blick wirkt die Klausel klar und präzise. Im folgenden wird aber dargestellt, dass dem nicht so ist.[382]

Die Regelung bezweckt, dass der Versicherer nicht für Spätschäden, die in der Regel schwer aufklärbar und unübersichtlich sind, eintreten muss.[383] Soweit der Versicherer damit von vornherein für bestimmte Schäden keinen Deckungsschutz verspricht, geht dies zu Lasten des Versicherungsnehmers. Es wird zwar eingeräumt, dass die Begrenzung auf ein Jahr im Einzelfall schwere Nachteile für den Versicherten bewirken kann. Der Abschluss des Versicherungsvertrages sei jedoch nicht zwecklos, denn bei Abschluss des Vertrages kann der Versicherungsnehmer mit Recht davon ausgehen, dass er mit einer hohen Wahrscheinlichkeit Deckungsschutz erhalten wird, weil die Fälle der nicht versicherten Spätschäden relativ selten sind.[384]

Das folgende Beispiel soll zeigen, welche Risikofälle durch oben genannte Klausel eintreten können und ob diese gerechtfertigt sind: Ein Tierarzt wird beispielsweise von einem Pferd getreten. Sein Sehnerv wird getroffen, er erleidet erhebliche Sehstörungen. Nach umfangreichen Untersuchungen gehen die Ärzte davon aus, dass diese Sehstörungen mit der Zeit verschwinden. Erst nach Ablauf von 18 Monaten stellt sich heraus, dass der Sehnerv dauerhaft geschädigt bleibt.

---

380 Vgl. *Schwintowski*, a.a.O., S. 69.
381 Dazu ausführlich unter § 5.
382 Vgl. *Schwintowski*, a.a.O., S. 52.
383 BGH, NJW 1998, 1069; vgl. BGH, LM § 8 AUB f. Unfallversicherung. Nr. 3 = VersR 1978, 1036 unter 1 a zu dem inhaltlich gleichen § 8 II (1) Satz 1 AUB 61.
384 BGH, NJW 1998, 1069

Die Ursache für die Invalidität wurde innerhalb eines Jahres, nämlich im Zeitpunkt der Verletzung gesetzt. Der erste Teil der Klausel ist demnach erfüllt. Es wird aber weiterhin vorausgesetzt, dass sie auch spätestens vor Ablauf einer Frist von weiteren drei Monaten ärztlich festgestellt und geltend gemacht worden ist. Das ist im vorliegenden Fall nicht passiert, da die Ärzte erst nach Ablauf von weiteren sechs Monaten die entscheidende Feststellung getroffen haben. Der Eintritt oder Nichteintritt des Risikoausschlusses hängt demnach von einem unwägbaren Ereignis ab. Dieses kann der Versicherungsnehmer nicht beeinflussen. Hätte der Tritt des Pferdes sofort oder innerhalb der ersten Monate zur Invalidität geführt, hätte der Versicherungsnehmer Deckungsschutz erhalten. Einige Monate später ist er nicht mehr berechtigt, trotz gleicher Ursache.[385]

Hier kommt unmissverständlich zum Ausdruck, dass Zufallswirkungen dieser Art eine klare Risikozuordnung verhindern und damit gegen das Transparenzgebot des AGB-Gesetzes verstoßen. Genauer gesagt wird hier gegen den Bestimmtheitsgrundsatz verstoßen.[386]

In seinem Urteil weist der BGH noch auf folgenden „Schleichweg" hin. Die ärztliche Feststellung der Invalidität braucht nicht richtig und dem Versicherer auch nicht innerhalb der 15 Monatsfrist zugegangen zu sein.[387] Es genügt, wenn der Arzt innerhalb der Jahresfrist den unveränderlichen Gesundheitszustand feststellt. In dem Falle, wo der Arzt dies aufgrund des Krankheitsverlaufs nicht kann, fordert der BGH ihn auf, die Invalidität einfach ins Blaue hinein zu behaupten.[388] Hier wird die Frage des ärztliches Eides angesprochen, wenn Ärzte aufgefordert werden Angaben ins Blaue hinein zu erstellen. Dies ist nicht hinnehmbar und auch nicht zu rechtfertigen.[389]

Der folgende Lösungsvorschlag von *Schwintowski* ist klarer[390]:

„Die Invalidität muss innerhalb eines Jahres nach dem Unfall eingetreten sein."

In diesem Zusammenhang könnte man auch darüber nachdenken, einen solchen Risikoausschluss ganz wegzulassen. Der Versicherer erleidet dadurch auf keinen Fall Nachteile, da ohnehin der Versicherte die Tatsachen darlegen und beweisen muss, die die Invalidität begründen.[391]

c) Bedingungsanpassungsklauseln

Das nächste Beispiel beschäftigt sich mit der Verwendung von *Bedingungsanpassungsklauseln*. Zunächst muss geklärt werden, warum solche Anpassungsklauseln notwendig sind.

---

385 *Schwintowski*, Kundenfreundliche Versicherungsbedingungen, S. 52.
386 A.A. BGH vom 19.11.1997, in NJW 1998, 1069; VuR 1998, 193, m.Anm. *Schwintowski*.
387 BGH, NJW 1988, 2305.
388 Denn die ärztliche Feststellung braucht nicht einmal „richtig" zu sein.
389 *Schwintowski*, VuR 1998, 196.
390 *Schwintowski*, NVersZ 1998, 99.
391 Vgl. dazu unter § 4 A. II.4.a)bb)

Je länger die Vertragsdauer, desto häufiger wird es erforderlich, das Rechtsverhältnis an veränderte Rahmenbedingungen anzupassen. Bei Versicherungsverhältnissen kommt neben der langen Vertragsdauer hinzu, dass sie nicht nur den Änderungen der tatsächlichen Verhältnisse ausgesetzt sind; wegen ihres ausschließlich rechtlich definierten Vertragsgegenstandes sind sie insbesondere auch auf konstante rechtliche Rahmenbedingungen angewiesen.[392] Versicherungsunternehmen, die ihre Ware Versicherungsschutz zu einem kalkulierten Preis verkaufen, laufen dabei Gefahr, dass Gesetzgeber oder Rechtsprechung nachträglich Modifikationen des Vertragsgegenstandes vornehmen, die bei Vertragsschluss noch nicht abzusehen waren. Ein individuelles Neuverhandeln von Vertragsänderungen ist aufgrund des Massencharakters von Versicherungsverträgen häufig nicht möglich. Zudem kann die weitere Durchführung aller von einer Rechtsänderung oder einem Urteil betroffenen Verträge aus wirtschaftlichen Gründen ausscheiden. Deshalb erscheint es legitim, wenn die Versicherungswirtschaft nach Wegen sucht, um die Anpassung von Versicherungsverträgen an geänderte rechtliche Rahmenbedingungen zu ermöglichen. Gerade auch im Hinblick auf die Langfristigkeit dieser Verträge kann eine Veränderung der für die Prämienkalkulation maßgeblichen Umstände erhebliche Auswirkungen auf das Verhältnis zwischen Leistung und Gegenleistung haben, so dass auch hier ein Interesse an einer nachträglichen Korrektur besteht.

Sowohl Rechtsprechung[393], als auch Literatur[394] erkennen das Interesse des Versicherers an einer Anpassung des Prämiensatzes sowie eine einseitige Bedingungsanpassung grundsätzlich an.[395] Es wird u.a. darauf verwiesen, dass der Versicherer nur die Gefahr übernehme, die Gegenstand seines Leistungsversprechens sei.[396] Darüber hinaus trage der Versicherer nicht „auch noch das Risiko einer nicht durch den Eintritt gerade der vertraglich übernommenen spezifischen Gefahren bewirkten, sondern auf sonstige Umstände zurückführenden grundlegenden Äquivalenzstörung".[397] Die Versicherer haben somit ein berechtigtes Interesse an Tarif- und Bedingungsanpassungsklauseln.

aa) Analyse einer Bedingungsanpassungsklausel

Im folgenden Beispiel geht es um eine *Bedingungsanpassungsklausel*, die der BGH in seinem Urteil vom 17.3.1999 für unwirksam erklärt hat.[398] Anpassungsklauseln dieser Art werden seit längerem diskutiert, weil der Gesetzgeber in § 172 VVG nur für einen ganz kleinen Ausschnitt von bestimmten Lebensversicherungsverträgen Anpassungen per Gesetz vorgesehen hat. Die daraus für die rest-

---

392 *Entzian*, NVersZ 1998, 65.
393 BVerwGE 61, 59 = VersR 1981, 221; BGH NJW 1997, 1849, 1850; NJW 1992, 2356, 2357.
394 *Schwintowski*, Der private Versicherungsvertrag zwischen Recht und Markt, S. 212 ff; *Hübner*, FS Concordia-Versicherungen, S. 63.
395 Vgl. *Entzian*, NVersZ 1998, 65 in bezug auf Zulässigkeit von Bedingungsanpassungsklauseln.
396 BVerwGE 61, 59 = VersR 1981, 221.
397 BVerwGE 61, 67.
398 BGH, Urteil vom 17.3.1999 (IV ZR 218/97) = VersR 1999, 697.

lichen Versicherungsverträge resultierende Regelungslücke versuchen die Versicherer seit Juli 1994 durch Vertragsklauseln zu schließen. Im vorliegenden Fall ging es um die Bedingungsanpassungsklausel eines Rechtsschutzversicherers. Die Klausel enthielt folgenden Wortlaut:
„§ 10 A. (1)
- Der Versicherer ist berechtigt, bei Änderung von Gesetzen, auf denen die Bestimmungen des Versicherungsvertrags beruhen,
- bei unmittelbar den Versicherungsvertrag betreffenden Änderungen der höchstrichterlichen Rechtsprechung, der Verwaltungspraxis des Bundesaufsichtsamts für das Versicherungswesen oder der Kartellbehörden,
- im Fall der Unwirksamkeit von Bedingungen sowie
- zur Abwendung einer kartell- oderaufsichtsbehördlichen Beanstandung einzelne Bedingungen mit Wirkung für bestehende Verträge zu ergänzen oder zu ersetzen. Die neuen Bedingungen sollen den ersetzten rechtlich und wirtschaftlich weitestgehend entsprechen. Sie dürfen die Versicherten auch unter Berücksichtigung der bisherigen Auslegung in rechtlicher und wirtschaftlicher Hinsicht nicht unzumutbar benachteiligen.

(2)

Die geänderten Bedingungen werden dem Versicherungsnehmer schriftlich bekannt gegeben und erläutert. Sie gelten als genehmigt, wenn der Versicherungsnehmer nicht innerhalb eines Monats nach Bekanntgabe schriftlich widerspricht. Hierauf wird er bei der Bekanntgabe besonders hingewiesen. Zur Fristwahrung ist die Absendung ausreichend. Bei fristgerechtem Widerspruch laufen die Verträge mit den ursprünglichen Bedingungen weiter.

(3)

Zur Beseitigung von Auslegungszweifeln kann der Versicherer den Wortlaut von Bedingungen ändern, wenn diese Anpassung vom bisherigen Bedingungstext gedeckt ist und den objektiven Willen sowie die Interessen beider Parteien berücksichtigt. Das Verfahren nach Abs. 2 ist zu beachten."

Der BGH hat nicht das Konzept einer Bedingungsanpassungsklausel als solches verworfen, sondern im konkreten Fall einen Verstoß gegen das aus § 9 AGBG abgeleitete *Transparenzgebot* festgestellt.[399] Die Klausel sei unklar, weil die Anpassungsvoraussetzungen die möglichen Anpassungen und vor allem auch der Zusammenhang zwischen diesen beiden Tatbestandsmerkmalen nicht eindeutig genug formuliert seien. Die vier Spiegelstriche bezeichnen zwar hinreichend klar und eindeutig, wann eine Anpassung zulässig sein soll. Alle dort genannten Fälle sind justitiabel. Zu Recht rügt der BGH jedoch, dass die sich bei Vorliegen dieser Voraussetzungen ergebenden Gestaltungsmöglichkeiten des Versicherers hinsichtlich Zeitpunkt, Inhalt und Ausmaß nicht hinreichend konkretisiert sind.

---

399 Vgl. BGH, VersR 1999, 697, 698.

Anders als in anderen Bedingungsanpassungsklauseln[400] werden die Bedingungen, die einer Anpassung unterliegen sollen, in der streitgegenständlichen Klausel nicht genannt. Der Wortlaut der Klausel kann und muss so ausgelegt werden, dass eine Rechtsänderung von dem Versicherungsunternehmen zum Anlass genommen werden kann, jede beliebige Klausel anzupassen, selbst wenn diese von der Änderung gar nicht betroffen sei.[401]

Die Voraussetzungen, unter denen das „Änderungsrecht" entstehen soll, werden demnach nicht festgelegt. Die mangelnde Konkretisierung hat zur Folge, dass dem Verwender hinsichtlich der Ausübung des Änderungsrechts Ermessensspielräume eröffnet werden. Ermessensspielräume haben aber zur Folge, dass der Kunde vor Bestimmung der Leistung in einen Zustand der Unsicherheit versetzt wird, den dieser auch nicht durch Einholung fachmännischen Rats beheben kann.[402] Nach der Ausübung des Änderungsrechts kann der Vertragspartner von der Durchführung seiner Rechte abgehalten werden, denn aufgrund der Ermessensspielräume ist eine Überprüfung der Rechtmäßigkeit der Leistungsbestimmung nicht möglich.[403]

bb) Anforderungen an die Formulierung von Klauseln

Es geht nun um die Frage, welche Anforderungen an die Formulierung der Klausel gestellt werden müssen.

Der Versicherungsnehmer muss vorhersehen können, in welchen Bereichen er mit Änderungen zu rechnen hat.[404] Der BGH verlangt insoweit *Konkretisierung*.[405] Zunächst muss der Änderungsvorbehalt diejenigen Passagen des Klauselwerkes genau bezeichnen, die später geändert werden können. Eine Einwilligung in einen Generalvorbehalt ist jedenfalls über AGB nicht möglich.[406] Der Vertragspartner des Klauselverwenders muss bei Vertragsschluss wissen können, welche Vertragsbestandteile auf jeden Fall feststehen und inwieweit er mit Änderungen rechnen muss, denn von der Sicherheit des Fortbestandes bestimmter Vertragsbedingungen will er möglicherweise seinen Entschluss zur Eingehung der vertraglichen Bindung überhaupt abhängig machen. Ein schrankenloser Vorbehalt würde dagegen den Vertragsinhalt zum Gegenstand unvorhersehbarer Änderungen machen, die Vertragsbindung des Versicherers faktisch weitgehend aufheben.[407]

---

400 Vgl. § 18 der Musterbedingungen für die Krankenkostenversicherung (MBKK 94) oder § 32 Abs. 3 der Allgemeinen Bausparbedingungen (ABB).
401 *Entzian*, NVersZ 1998, 65; auch wenn eine solche Vorgehensweise unrealistisch erscheint, weil die Versicherungsnehmer über die neue Klausel und - zumindest aus marketingpolitischen Erwägungen - auch über den Anlass ihrer Einführung zu informieren wären: Der Wortlaut der Klausel kann und muss aus den bekannten systematischen Gründen in der Tat so weit ausgelegt werden, wie das OLG es getan hat.
402 *Kötz*, in Mü-Ko, AGBG, § 9 Rdn. 11b.
403 *Brandner*, in Ulmer/Brandner/Hensen, § 9 Rdn. 97.
404 BGH, VersR 1999, 697, 698.
405 BGH, a.a.O.; ferner OLG Celle, VersR 2000, 47, 48.
406 Sinngemäß BGH, VersR 1997, 1517, 1519.
407 BGH, VersR 1971, 1116, 1118.

Die Frage, wie man die zu ändernden Passagen eines Bedingungswerkes konkretisiert, dürfte eher nachrangig sein. Wesentlich ist vor allem, dass der Versicherungsnehmer die gemeinten Passagen selbst und ohne Zuhilfenahme eines Juristen bestimmen kann. Führt man die änderungsfähigen Passagen daher genau nach Paragraph, Absatz und Satz auf, dürfte man das Maximum an möglicher Konkretisierung erreichen. Es könnte jedoch zu einer eventuell unverhältnismäßig langen und schwer lesbaren Aufzählung kommen. Ob eine verbale Beschreibung zu ändernder Bedingungsbestandteile, wie sie etwa in der Vergangenheit zum Teil üblich war[408], ausreichend ist, wird vor allem von der Gestaltung im Einzelfall abhängen, nämlich davon, wie präzise die verwendeten Begriffe die Ermittlung bestimmter Passagen eines Klauselwerkes erlauben.

Eine Kombination beider Methoden wäre für den Versicherungsnehmer am verständlichsten und gleichzeitig auch am präzisesten. An dieser Stelle muss jedoch davor gewarnt werden, es sich mit der Konkretisierungsanforderung zu leicht zu machen und sie nur dem Anschein nach zu erfüllen, indem etwa das gesamte oder der überwiegende Teil eines AVB-Werkes, wenn auch mit Aufzählung aller Paragraphen, als Abänderungsgegenstand aufgeführt wird. Eine solche undifferenzierte Präventivaufzählung würde von der Rechtsprechung vorhersehbarerweise wie eine Nichterfüllung des Konkretisierungsgebotes behandelt werden, wenn auch zugegebenermaßen eine überzeugende Abgrenzung im Streitfalle sehr schwierig werden kann. Sicherer wird es auf jeden Fall sein, die Menge der abänderbaren Bedingungsteile auch umfangmäßig so erkennbar zu begrenzen, dass dem Betrachter daraus die Ernsthaftigkeit des Bemühens um Konkretisierung unmittelbar einleuchtet.

So findet die Verpflichtung zur Konkretisierung der änderbaren Vertragsbestandteile ihre Grenze naturgemäß in der Möglichkeit der Erfüllung einer solchen Angabe, denn auch das Transparenzgebot verlangt keine unmögliche Konkretisierung.[409] Soll beispielsweise die Anpassung für den Fall ermöglicht werden, dass die Rechtsprechung einzelne Klauseln eines Bedingungswerkes künftig für unwirksam erklärt oder etwa die Aufsichtsbehörde solche nach § 81 Abs. 2 VAG untersagt, kann natürlich nicht im voraus deren Benennung verlangt werden, da grundsätzlich nicht vorhersehbar ist, welche Klauseln betroffen sein werden.

Nachdem festgestellt wurde, dass eine Konkretisierung der abänderbaren Vertragsbestandteile erfolgen muss, ist es weiterhin notwendig den *Anlass der Ausübung des Bedingungsänderungsrechts* so weit wie möglich in der Klausel zu präzisieren.[410] Der Grund liegt darin begründet, dass der Vertragsverlauf für den

---

408 Häufig wurden dafür Zusammenfassungen gebraucht wie „Bestimmungen über Willenserklärungen, Versicherungsschutz, Anzeigen und Pflichten des Versicherungsnehmers". Das wird in der Regel dann ausreichen, wenn einzelne Klauseln eines Bedingungswerkes auch genauso überschrieben sind und der Versicherungsnehmer sie dadurch auch als abzuändernde identifizieren kann. Zweifelhaft wird das Ganze allerdings schon bei der weit verbreiteten Län-ge einzelner Klauseln. Hier können leicht Zweifel aufkommen, ob denn wirklich die ganze Klausel gemeint ist - dann aber würde es an der notwendigen Konkretisierung fehlen.
409 *Brandner,* in Ulmer/Brandner/Hensen, § 23 Rdn. 98.
410 *Basedow,* in Mü-Ko, AGBG, § 10 Nr. 4, Rdn. 48; *Präve,*Versicherungsbedingungen und AGB-Gesetz, Rdn. 451; OLG Hamm VersR 1987, 145, 146.

Partner des Klauselverwenders dadurch vorhersehbarer wird. Des weiteren könnte er im Anwendungsfalle die Berechtigung der Änderung nachprüfen. Der Änderungsvorbehalt soll Ausgleich dafür schaffen, dass die Parteien den Eintritt bestimmter Ereignisse bei Vertragsschluss nicht vorhersagen können. Keineswegs soll er den Verwender berechtigen den Vertragsinhalt willkürlich zu ändern sowie das Produkt der Willenseinigung bei Vertragsschluss grundsätzlich zu revidieren.[411] An dieser Stelle erscheint es erforderlich Grundgedanken der schon länger etablierten Rechtsprechung und Lehre zu *Preisanpassungsklauseln* ergänzend heranzuziehen.[412] Dort wird gefordert, dass der Klauselverwender den Anlass eines Preisanpassungsrechts so genau wie möglich in der Klausel umschreibt; es müsse „im Zeitpunkt des Vertragsschlusses, auf den es für die Wirksamkeit einer Formularklausel ankommt, eine Beurteilung der möglichen Änderungsfälle" möglich sein.[413]

Der BGH hat den in der verworfenen Klausel enthaltenen Abänderungsanlass der Änderung von Gesetzen, auf denen die Bestimmungen des Vertrages beruhen, nicht kritisiert.[414] Demnach könnte dieser Änderungsanlass unter dem Gesichtspunkt der Konkretisierung für eine Neuformulierung übernommen werden. Bestimmungen von Versicherungsverträgen beruhen jedoch zum Teil nicht allein auf Gesetzen im formellen Sinne, sondern auch auf solchen im nur materiellen Sinne (z.B. Verordnungen). So könnte der Änderungsanlass noch entsprechend erweitert werden, so dass von „der Änderung von Gesetzen und Verordnungen" die Rede wäre, auf denen Bestimmungen des Versicherungsvertrages beruhen.[415]

Die von der verworfenen Klausel bemühten Änderungsanlässe „zur Abwendung einer kartell- oder aufsichtsbehördlichen Beanstandung" und „zur Beseitigung von Auslegungszweifeln" sind vom BGH allein bzw. überwiegend wegen ihres inhaltlichen Gehalts kritisiert worden.[416]

Fraglich ist, ob auch im Hinblick auf Umfang und Inhalt der denkbaren Abänderung eine Konkretisierung notwendig ist. So wird nämlich mittlerweile von der als gefestigt anzusehenden Rechtsprechung zu Preisanpassungsklauseln verlangt, dass in der Anpassungsklausel diejenigen Faktoren möglichst genau anzugeben sind, die für die Neuberechnung des Preises maßgeblich sind. Gleiches gilt für die Art und Weise, wie diese Berechnung geschehen soll.[417] Es wird argumentiert, dass dem Vertragspartner des Klauselverwenders anhand der im Vertrag festgelegten Kriterien möglich sein muss nachzuprüfen, ob die Anpassung das rechte Maß nicht überschreitet.[418] Diese Forderung lässt sich nicht einfach

---

411 *Basedow*, a.a.O.
412 *Basedow*, a.a.O., Rdn. 48.
413 BGHZ 89, 206, 214; vgl. auch *Hensen* in Ulmer/Brandner/Hensen, § 11 Rdn. 11 ff.; *Wolf*, in Wolf/Horn/Lindacher, Rdn. 40 ff.; BGH NJW 1980, 2518, 2519.
414 BGH, VersR 1999, 697.
415 So auch *Fricke*, VersR 2000, 257, 261.
416 BGH, VersR 1999, 697, 698f. (hinsichtlich der Konkretisierung bzgl. des letzteren Falles wurden jedoch Zweifel geäußert).
417 BGH, NJW 1980, 2518, 2519; *Basedow*, in Mü-Ko, AGBG, § 23 Rdn. 75.
418 So auch *Römer* in einem Vortrag am 22.11.1999 in der Fachhochschule Köln. Vortrag ist noch nicht veröffentlicht.

auf die Anpassung von Vertragskonditionen übertragen. So muss und kann man sich bei Preisanpassungsklauseln grundsätzlich im voraus Gedanken darüber machen, welche Faktoren für die Preisbildung bestimmend sind und in welcher Weise man auf deren Veränderung reagieren muss. Im Idealfall lässt sich diese Beziehung in Form einer mathematischen Formel abbilden. Das bedeutet, wenn man die Veränderung der einzusetzenden Faktoren kennt, lässt sich das Ergebnis nachrechnen.[419]

Bei Vertragsbedingungen lassen sich zwar *Änderungsgegenstand* und *Änderungsanlass* auch abstrakt umschreiben, doch fehlt es schon dabei an der nötigen Präzisierbarkeit, die im Idealfall bei Preisanpassungen erreichbar ist. Es ist davon auszugehen, dass man den künftigen Änderungsanlass nicht ganz konkret kennt und es darauf auch nicht nur eine einzig sinnvolle Reaktion gibt. Für diesen Fall bräuchte man letztlich auch keine Anpassungsklausel, denn den könnte man schon in Form einer Alternativregelung vorweg berücksichtigen (Bedingung: § 158 BGB). Bei Bedingungsanpassungsklauseln ist daher eine Konkretisierung des Änderungsmaßstabes nicht zu fordern. So hat der BGH ja auch nur verlangt, der Versicherungsnehmer müsse „vorhersehen können, in welchen Bereichen er mit Änderungen zu rechnen hat", nicht aber mit welchen Änderungen er inhaltlich zu rechnen hat.[420]

Das Grundproblem dürfte darin liegen, dass die Gefahr der Intransparenz um so größer wird, je weiter die Anpassungsvoraussetzungen formuliert sind. Die Anpassungsvoraussetzungen müssen nicht nur genau umschrieben werden, sondern vor allem auch die sich aus ihnen ergebenden Gestaltungsmöglichkeiten des Versicherers müssen klar umrissen sein.

Bei der Frage der Formulierung von Anpassungsklauseln sollte der im VVG vorgegebene Standard nicht in Vergessenheit geraten. Die §§ 172 Abs. 2, 178 g Abs. 3 VVG lassen in der Kranken- und Lebensversicherung eine Bedingungsanpassung u.a. dann zu, wenn eine Bestimmung unwirksam und „zur Fortführung des Vertrages dessen Ergänzung notwendig ist". Darüber hinaus kann unter bestimmten Voraussetzungen in der Lebensversicherung die Bestimmung zur Überschussbeteiligung angepasst werden. In der Krankenversicherung können des weiteren alle Bedingungen von unkündbaren Verträgen angepasst werden, wenn dies aufgrund einer Veränderung der Verhältnisse des Gesundheitswesens erforderlich erscheint, um die Belange des Versicherten zu wahren. Der Gesetzgeber räumt in diesen Fällen von vornherein Möglichkeiten ein, die in mancher Hinsicht weniger eingeschränkt und in ihren Voraussetzungen weniger streng erscheinen als die, die man künftig für AGB-mäßig vereinbarte Bedingungsanpassungen berücksichtigen muss. Das gilt bei der gesetzlichen Regelung insbesondere dafür, inwieweit Änderungsanlass und Änderungsgegenstand im voraus konkretisiert sind. Die gesetzliche Regelung unterscheidet sich jedoch in einem wesentlichen Punkt von den oben genannten Klauseln: Nach der gesetzlichen Regelung müssen die neuen Bedingungen, bevor sie Vertragsbestandteil werden kön-

---

419 Im idealisierten Fall sogar vom Versicherungsnehmer.
420 BGH, VersR 1999, 697, 698.

nen, von einem *Treuhänder* überprüft werden. Dieser Treuhänder nimmt damit die Stelle der unabhängigen Instanz ein. Bis 1994 hatte das BAV diese inne. Er bietet damit eine gewisse Gewähr dafür, dass die Versicherungsnehmer durch die neuen Bedingungen nicht unangemessen benachteiligt werden. Nun stellt sich in diesem Zusammenhang die Frage: Was hat ein Treuhänder bzw. eine unabhängige Instanz mit dem Problem der Intransparenz von Anpassungsklauseln zu tun?

cc) Drittkontrolle von Anpassungsklauseln durch Treuhänder oder BAV

Die Einschaltung eines neutralen Kontrollorgans ist durchaus geeignet, etwaige Zweifel über die ausreichende Transparenz einer Anpassungsklausel in einem „günstigeren" Licht erscheinen zu lassen.[421] Dadurch könnten die Anpassungsklauseln - entweder vom Treuhänder oder durch das BAV - wirksam gestaltet werden. Das BAV hat die Kompetenz zur (allerdings nachträglichen) Überprüfung von AVB.[422] Sofern sich das BAV bereit erklärt, spräche auch im übrigen nichts dagegen[423] die neue Klausel vor ihrer Einführung vertraglich einer „freiwilligen" staatlichen Kontrolle zu unterwerfen.

An dieser Stelle könnte man auch daran denken, dass der Gesetzgeber, wenn er sich in absehbarer Zeit auf den Weg zu einer Reform des VVG macht[424], dazu aufgerufen ist, über die Frage nachzudenken, ob man nicht einem reformierten VVG eine allgemeine Vorschrift nach dem Muster der Spezialnormen der §§ 172 Abs. 2, 178 g Abs. 3 VVG beigibt.

d) Verweisung in § 14 VHB

Ein weiteres Beispiel im Rahmen des Kriteriums der Bestimmtheit stellt die bereits angesprochene Klausel in § 14 VHB dar. § 14 VHB macht auf das Problem der *gleitenden Verweisung* aufmerksam.[425] Der Versicherungsnehmer soll naturgemäß die jeweils geltenden Sicherheitsvorschriften beachten und nicht nur diejenigen, die z.Zt. des Vertragsschlusses in Kraft waren, inzwischen aber aufgehoben oder abgeändert wurden. Es stellt sich die Frage, ob eine solche „Verweisung ins Dunkle" dem Kriterium der Bestimmtheit entspricht. Erlaubt das Transparenzgebot, die Pflichten des Versicherungsnehmers ihrem Umfang nach von künftigen Daten abhängig zu machen?

Das Beispiel zeigt, dass Versicherungsverträge nicht immer ohne die Verweisung auf zukünftige Regeln oder zukünftige Daten sinnvoll abgeschlossen werden können. Wollte man mit dem Transparenzgebot solche Verweisungen in die Zukunft unterdrücken, liefe dies auf das Verbot bestimmter Absprachen und so-

---

421 *Entzian*, NVersZ 1998, 65, 66.
422 BVerwGE, NVersZ 1998, 24.
423 Die Dritten Richtlinien zur Schaden- und Lebensversicherung verbieten nur eine obligatorische Genehmigung.
424 *Römer/Langheid*, VVG, § 172 Rdn. 9, § 178 g Rdn. 10 ff.; *Schwintowski*, Berliner Kommentar zum VVG, § 172 Rdn. 23 ff.
425 So auch *Basedow*, VersR 1999, 1045 1051.

gar mancher Vertragstypen hinaus. Dessen ungeachtet dürfen AGB die Unsicherheit des Vertragspartners über die künftige Entwicklung nicht noch über den naturgegebenen Zustand hinaus dadurch vergrößern, dass sie dem Verwender der AGB die uneingeschränkte Befugnis geben die Rechte des anderen Vertragspartners durch sein Verhalten beliebig zu verändern.

Um diesem Postulat Rechnung zu tragen, hat *Römer* vorgeschlagen, dass der AGB-Verwender den Kunden auf die Nachteile einer solchen intransparenten Regelung hinweisen muss.[426] Eine ähnliche Frage stellt sich bei der *Überschussermittlung* und *Überschussbeteiligung* in der Kapitallebensversicherung. Auch hier wird zum einen auf Rechtsvorschriften verwiesen; zum anderen die Überschussbeteiligung aber auch von künftigen Tatsachen abhängig gemacht, nämlich vom Schadenverlauf, vom Umfang der künftigen Verwaltungskosten und den künftigen Erträgen aus den Kapitalanlagen, § 17 KLV.[427] Im sog. „Tagespreisurteil"[428] vertritt der BGH die Auffassung, dass der Verwender die Unangemessenheit eines allgemein formulierten Bestimmungsvorbehalts dadurch beseitigen könne, dass er dem Kunden eine Lösungsmöglichkeit vom Vertrag einräume. Folgt man dieser Ansicht, so könnte beispielsweise das in der Lebensversicherung bestehende jederzeitige Kündigungsrecht der Versicherungsnehmer (§§ 165, 176 VVG) möglicherweise eine *Heilungsfunktion* haben. Gegen eine solche Betrachtungsweise spricht indessen, dass der Vertragspartner nicht zu einer Kündigung gedrängt werden darf. Gerade in langfristigen Verträgen wie der Lebensversicherung muss das Vertrauen der Versicherungsnehmer in den Fortbestand des Vertrages geschützt werden. Der Kunde muss sich darauf verlassen können, dass Leistungsbestimmungen kontrolliert und begründet sind. Nach überwiegender Ansicht kann sich der Verwender daher grundsätzlich nicht dadurch dem Bestimmtheitsgebot entziehen, dass er dem Vertragspartner ein Rücktritts- oder Kündigungsrecht gewährt.[429]

3. Eindeutigkeit

AVB müssen eindeutig formuliert sein; dieses Gebot ist wörtlich in *§ 10 a Abs. 2 S. 2 VAG* zum Ausdruck gebracht; zivilrechtlich folgt es aus *§ 5 AGBG*. Der Versicherer, der AVB formuliert, hat zu prüfen, ob ein verwendeter Terminus nach den zulässigen Auslegungsmethoden[430] mehrere Verständnismöglichkeiten eröffnet. Begriffe dieser Art sind nicht zuletzt wegen des Auslegungsnachteils i.S.d. § 5 AGBG zu vermeiden.

Bei der Frage der *Eindeutigkeit* geht es um Fälle der Transparenz, die den Umfang der Leistung betreffen oder die Pflicht ein Entgelt zahlen zu müssen. Sind die Klauseln nicht eindeutig, läuft der Kunde Gefahr über seine Pflicht ein

---

426 *Römer*, NVersZ 1999, 97, 104; ähnlicher Hinweis bei *Schwintowski*, NVersZ 1998, 97, 100.
427 Abgedruckt bei *Dörner*, Allgemeine Versicherungsbedingungen, S. 15 ff.; vgl. dazu § 4 B.
428 BGHZ 82, 21 = NJW 1982, 331, 332.
429 *Hensen*, in Ulmer/Brandner/Hensen, § 11 Nr. 1 Rdn. 15; *Wolf*, in Wolf/Horn/Lindacher, § 11 Nr. 1 Rdn. 49.
430 Vgl. etwa BGH, r+s 1990, 109; *Römer/Langheid*, VVG, Vor. § 1 Rdn. 1 ff. m.w.N.

Entgelt zahlen zu müssen oder über das Preis/Leistungsverhältnis irregeführt und dadurch gehindert zu werden, Verhandlungsmöglichkeiten oder Marktchancen wahrzunehmen.

Unter dem Gesichtspunkt der Funktionen des Transparenzgebots wurde bereits hervorgehoben, dass für die Herstellung von Markttransparenz eindeutige Klauseln unumgänglich sind.

a) Der Versicherungsfallbegriff - § 1 AHB

Nach § 1 AHB ist Versicherungsfall regelmäßig derjenige Tatbestand, der die allgemeinen vertraglichen oder gesetzlichen Leistungen des Versicherers in eine konkrete Leistungsverpflichtung hinübergleiten lässt.[431] Wie dieser Tatbestand in der Allgemeinen Haftpflichtversicherung beschaffen sein soll, ist gesetzlich nicht eindeutig geregelt. Der Begriff des *Schadenereignisses* ist alles andere als eindeutig formuliert und seit Jahrzehnten umstritten.

aa) Analyse des Schadenereignisbegriffs

In § 1 Nr. 1 AHB heißt es: „Der Versicherer gewährt dem Versicherungsnehmer Versicherungsschutz für den Fall, dass er wegen eines während der Wirksamkeit der Versicherung eingetretenen Schadenereignisses, das den Tod, die Verletzung oder Gesundheitsschädigung von Menschen (Personenschaden) oder die Beschädigung oder Vernichtung von Sachen (Sachschaden) zur Folge hatte, für diese Folge aufgrund gesetzlicher Haftpflichtbestimmungen privatrechtlichen Inhalts von einem Dritten auf Schadenersatz in Anspruch genommen wird."

Dieser „Bandwurmsatz" ist für den Kunden eindeutig intransparent und unverständlich. Statt mehrerer kurzer Sätze wurde ein langer Schachtelsatz verwendet.[432] An diesem Beispiel wird deutlich, dass lediglich abstrakte Begriffe eingesetzt wurden, die in der Alltagssprache keine Entsprechung finden. So kann man sich fragen, was unter „gesetzlicher Haftpflichtbestimmung privatrechtlichen Inhalts" genau zu verstehen ist. Würde man einen Juristen befragen, so könnte auch er sicherlich nicht sofort Antwort darauf geben. Allein die Erläuterung dieser Wortgruppe macht im Kommentar 7 Seiten aus.[433] In diesem Zusammenhang stellen sich Fragen wie beispielsweise: Fällt die Haftung eines Beamten, der nach § 839 BGB (einer eindeutigen privatrechtlichen Norm) haftet, darunter oder nicht?

Ein weiteres Problem ergibt sich aber aus folgendem: § 1 Nr. 1 AHB spricht von einem „während der Wirksamkeit der Versicherung eingetretenen Schadenereignis". Dass dieser Begriff in der Rechtsprechung nicht einheitlich behandelt wird, verschweigt die Klausel. Es fragt sich nun, was nach dem Versicherungs-

---

431 *Wussow*, AHB, § 5 Anm. 3 und W.
432 Vgl. *Schwintowski*, Kundenfreundliche Versicherungsbedingungen, S. 50.
433 *Späte*, Haftpflichtversicherung, § 1 Rdn. 178-186.

vertrag unter dem „während der Wirksamkeit der Versicherung eingetretenen Schadenereignis" zu verstehen ist, das in den Versicherungszeitraum fallen muss, damit der Versicherer für den entstandenen Schaden einzutreten habe. Streitig ist, ob der Versicherer für jede Schadenursache, die während der Versicherungszeit eintritt, Deckungsschutz gewährt oder ob nur solche Fälle erfasst sind, bei denen das Ereignis während der Versicherungszeit sinnfällig und objektiv zutage tritt.

Das Reichsgericht entschied, dass das *Ursachenereignis* als Schadenereignis anzusehen sei.[434] Diesem Urteil waren Entscheidungen im Sinne der Ursachentheorie vorangegangen.[435] Liegt dieses Schadenursachenereignis innerhalb der sachlichen Versicherungsdauer, so ist nicht zu fordern, dass auch der verursachte Erfolg, der Schaden, in die Versicherungszeit falle. Dieser kann dann ebenso wie der Versicherungsfall auch noch nach Ablauf der Versicherungsdauer eintreten.[436]

Diese an die adäquat kausale Verletzungshandlung anknüpfende Interpretation des Ereignisbegriffs gibt der BGH im „Mähbinderfall" auf.[437] Der BGH führte hierzu aus, dass der allgemeine Sprachgebrauch unter einem Ereignis nicht schon „irgendein fehlerhaftes Tun oder Unterlassen versteht, dessen Folgen zunächst verborgen bleiben, sondern einen objektiven Vorgang, der sich vom gewöhnlichen Tagesgeschehen deutlich abhebt und dessen schwerwiegende Bedeutung sofort ins Auge springt".[438] Unter dem Ereignis sei der entscheidende äußere Vorgang zu verstehen, der die Schädigung des Dritten und damit die Haftpflicht des Versicherungsnehmers unmittelbar herbeiführe.[439]

Im Jahre 1980, 23 Jahre später, ging die Rechtssicherheit, die mit der Anerkennung der Schadenereignistheorie durch die höchstrichterliche Rechtsprechung im Bereich der zeitlichen Abgrenzung des Versicherungsschutzes bestand, verloren. Der IVa. Senat räumte ein, dass schon der Wortlaut gegen die Auffassung spricht, die der II. Senat im Jahre 1957 formuliert hatte.[440] Der Eintritt des realen Verletzungszustandes sei nicht etwa ein Ereignis, das eine Körperverletzung oder Sachbeschädigung zur Folge habe, sondern die Körperverletzung und die Sachbeschädigung selbst.[441] Nicht beachtet wurde bisher, was ein durchschnittlicher Versicherungsnehmer billigerweise vom Versicherungsschutz in der Haftpflichtversicherung erwarten könne. Es muss davon ausgegangen werden, dass in allen Fällen, in denen das haftungsbegründende Ereignis in den Haftungszeitraum fällt, der Versicherer vollen Versicherungsschutz gewähren will, und zwar auch dann, wenn die schädigenden Folgen erst nach dem Ende der vereinbarten Versicherungszeit hervortreten.[442] Zudem räumt der BGH ein, dass der

---

434 RGZ 171, 43, 45.
435 KG, JRPV 1935, 28; OLG Düsseldorf, JW 1932, 2553.
436 RGZ, a.a.O., 50.
437 BGHZ 25, 34.
438 BGHZ 25, 34, 36 f.
439 BGHZ a.a.O.; *Schmidt,* VersR 1956, 266.
440 BGHZ 79,76.
441 BGHZ a.a.O., 82.
442 BGHZ 79, 76, 80.

Versicherungsnehmer billigerweise Versicherungsschutz in der Hinsicht erwarten könne.

Die beiden Auslegungsvarianten machen deutlich, dass Vor- und Nachteile immer eng zusammenhängen. Die an die Schadenursache anknüpfende *Verstoßtheorie* schützt den Versicherungsnehmer dahingehend, dass ihm auch im Falle, dass das Schadenereignis erst nach Ablauf des Vertrages eintritt, Versicherungsschutz gewährt wird.[443] Der Versicherer wird aber in diesem Falle gezwungen besondere Schadenreserven für Spätschäden anzulegen und diese Kapitalwerte für lange Zeit gebunden zu halten.[444] Im Gegenzug dazu bietet die *Ereignistheorie*, welche an den Zeitpunkt des sinnfällig zu Tage tretenden äußeren Vorgang anknüpft, die Sofortsicherung für alle nach Versicherungsbeginn eintretenden Schadenereignisse, auch wenn sie auf einem schon vor Versicherungsbeginn liegenden Tun oder Unterlassen beruhen.[445] Hier wird also eine Rückwärtsdeckung für bereits früher begangene Verstöße gewährt. Problematisch und daher von Nachteil sind allerdings die Fälle, in denen sich, wie oft bei Umwelthaftpflichtschäden, ein augenfällig zu Tage tretendes Schadenereignis nicht ermitteln lässt. In solchen Fällen ist inzwischen das sog. Umwelthaftpflichtmodell entwickelt worden, wonach an die nachprüfbare erste Feststellung des Personen- oder Sachschaden angeknüpft wird.[446]

Sprachwissenschaftlich gelangt man auch zu keinem zufriedenstellenden Ergebnis. Der Begriff des Ereignisses leitet sich von „Äugen bzw. Eräugen" ab.[447] Nach unserem heutigen Sprachgebrauch wird darunter das „In-Erscheinung-Treten" eines Zustands oder einer Veränderung verstanden.[448] *Jenssen*[449] hat zu Recht darauf hingewiesen, dass ein Zustand oder eine Veränderung in Erscheinung tritt sowohl im Zeitpunkt der kausalen Verletzungshandlung als auch im Augenblick des sinnfällig zu Tage tretenden objektiven Vorgangs.

Grundsätzlich greift man auf den Begriff des Ereignisses zurück, jedoch gelangen beide Auffassungen mit einer relativ einfachen Hermeneutik zu völlig entgegengesetzten Ergebnissen.[450]

Zweifel bei der Auslegung Allgemeiner Versicherungsbedingungen gehen nach § 5 AGBG zu Lasten des Verwenders. Die vorstehende Analyse hat deutlich gemacht, dass auch mit Hilfe des Gesetzes eine Eindeutigkeit des Begriffs Ereignis oder Schadenereignis nicht erzielt werden kann. Aus sprachwissenschaftlicher Sicht ergibt sich, dass sich der erste und einzige Satz des § 1 Nr. 1 AHB aus insgesamt 117 sprachwissenschaftlichen Einzelkategorien zusammensetzt. Empirische Überlegungen ergeben jedoch, dass der Mensch allenfalls in

---

443 BGHZ 25, 34, 41
444 BGHZ 79, 76, 83.
445 BGHZ 25, 34, 41.
446 *Schwintowski*, VuR 1998, 35, 39 ff.
447 Grimm, Deutsches Wörterbuch, Bd. 1, S. 801, Bd. 3 , S. 96, 699, 784, 785.
448 *Trübners*, Deutsches Wörterbuch, Bd. II, S. 218
449 *Jenssen*, ZVersWiss 1987, 425, 429.
450 *Jenssen*, a.a.O., 428.

der Lage sei, sieben, bestenfalls neun dieser Kategorien gleichzeitig zu verarbeiten.[451]

Es handelt sich bei § 1 Nr. 1 AHB um eine *mehrdeutige Klausel*. Dennoch folgt daraus noch nicht notwendig die Anwendung von § 5 AGBG. Es besteht nämlich Einigkeit dahingehend, dass die Unklarheitenregel zur Aufrechterhaltung einer mehrdeutigen Klausel auch dann beiträgt, wenn die Klausel bei extensiver Auslegung nach den §§ 9-11 AGBG unwirksam gewesen wäre. Daher muss zuvor der Bestand der mehrdeutigen Klausel bei kundenfeindlichster Auslegung nach §§ 9-11 AGBG geprüft werden. Hält die Klausel dieser Prüfung nicht stand, so bleibt es trotz der Mehrdeutigkeit bei der Unwirksamkeit der Klausel. Umgekehrt, d.h. wenn die Klausel auch bei kundenfeindlichster Auslegung nach dem AGB-Gesetz wirksam ist, muss nun die kundenfreundlichste Auslegungsalternative für § 5 AGBG maßgeblich sein.[452]

Hier muss man sich nun fragen, ob der Ereignisbegriff mit Blick auf die kundenfeindlichste Auslegung den Anforderungen an das Transparenzgebot genügt. Wie die oben dargestellte Analyse gezeigt hat, lässt sich der Begriff des (Schaden)Ereignisses in § 1 Nr. 1 AHB sowohl im Sinne der an die Schadenverursachung anknüpfenden Verstoßtheorie als auch im Sinne der an das sinnfällig zu Tage tretende Schadenereignis anknüpfenden Ereignistheorie interpretieren. Für den Versicherungsnehmer ist aufgrund dieser Unklarheit nicht eindeutig erkennbar, ob er Deckungsschutz erhält oder nicht. Möglicherweise muss er für die nicht mitversicherten Fälle selbst Reserven für zukünftige mögliche Schadenfälle bilden. *Schwintowski*[453] weist noch auf eine andere Fallvariante hin: Dabei handelt es sich um Haftpflichtfälle, in denen das sinnfällig nach außen tretende Schadenereignis, etwa bei sich allmählich entwickelnden Umweltschäden, auch durch Sachverständige nicht ermittelt werden kann. Er kann den Deckungsschutz gänzlich verlieren, gedacht den Fall, er wechselt im kritischen Zeitraum seinen Versicherer. Trotz zeitlich lückenlosen Versicherungsschutzes fällt der Schaden weder gegenüber dem alten noch gegenüber dem neuen Versicherer in dessen Deckungszeitraum. Daraus ergibt sich insgesamt, dass der Begriff gleich in mehrfacher Hinsicht intransparent ist und damit die Klausel unwirksam i.S.v. § 9 AGBG.

Nach § 6 Abs. 2 AGBG tritt an die Stelle der unwirksamen Klausel die gesetzliche Regel. Vorliegend handelt es sich dabei um § 149 VVG:

„Der Versicherer ist verpflichtet, dem Versicherungsnehmer die Leistung zu ersetzen, die dieser aufgrund seiner Verantwortlichkeit für eine während der Versicherungszeit eintretende Tatsache an einen Dritten zu bewirken hat."

---

[451] *Scherer*, NVersZ 1998, 112, 113.
[452] Vgl. § 2 B. II. d.
[453] BGHZ 79, 76, 85, *Schwintowski*, VuR 1998, 35, 39 ff.

bb) Formulierungsvorschlag

Der Wortlaut des § 149 VVG ist ohne Zweifel viel klarer. Dies kann damit begründet werden, dass keine Begriffe aus der juristischen Sprache zum Einsatz kommen. Es fällt trotzdem noch auf, dass dieser Satz viel zu lang ist und auch Probleme bereitet ihn richtig zu verstehen.

Schwintowski[454] macht folgenden Formulierungsvorschlag, der den Anforderungen an eine eindeutige Klausel gerecht wird:

„Der Versicherer gewährt Deckung für Haftpflichtansprüche. Diese müssen während der Versicherungszeit entstanden und gegen den Versicherungsnehmer gerichtet sein."

b) **Krankenhaustagegeld - § 7 Abs. 4, S. 1 AUB 94**

Ein weiteres Beispiel für mehrdeutige AVB stellt § 7 Abs. 4, S. 1 AUB 94 dar. Danach wird ein „Krankenhaustagegeld für jeden Kalendertag" gezahlt, „an dem sich der Versicherte (...) in stationärer Krankenhausbehandlung befindet". Dem Patienten ist es aufgrund dieses Wortlauts nicht möglich, eindeutig darüber Klarheit zu gewinnen, ob ihm auch an Tagen, an denen er sich nur *teilweise* im Krankenhaus aufhält, wie häufig am Aufnahme- oder Entlassungstag, das Krankenhaustagegeld zusteht oder nur für die Tage, die er vollständig im Krankenhaus verbringt

c) **Wissenschaftlichkeitsklausel - § 5 Abs. 1 f MBKK**

Nach § 5 Abs. 1 f MBKK besteht für den Krankenversicherer keine Leistungspflicht für wissenschaftlich nicht allgemein anerkannte Untersuchungs- oder Behandlungsmethoden und Arzneimittel.

Der BGH entschied am 23.6.1993, dass die Klausel gegen § 9 AGBG verstößt und deshalb unwirksam sei. Ein verständiger Versicherungsnehmer geht vom Wortlaut der Klausel aus. „Allgemein anerkannt" bedeutet, dass die Methode nicht ausnahmslos, aber doch zumindest überwiegend Anerkennung gefunden hat.[455] Für die Frage, wer die Untersuchungs- oder Behandlungsmethoden und die Arzneimittel anerkannt haben muss, damit die Kosten erstattungsfähig sind, gibt dem versicherungsrechtlich nicht vorgebildeten Versicherungsnehmer der in der Klausel verwendete Begriff „wissenschaftlich" Auskunft. Unter Wissenschaft in der Medizin versteht der Laie als Sammelbegriff alles das, was an den wissenschaftlichen Hochschulen in der Bundesrepublik Deutschland an Forschung und Lehre stattfindet. Wissenschaftlich anerkannt ist danach eine Methode, wenn sie bei den an den Hochschulen und Universitäten Tätigen überwiegend anerkannt, also im wesentlichen außer Streit ist. Das ist nichts anderes als was allgemein

---

454 *Schwintowski*, a.a.O.
455 BGH VersR 1993, 957, 958.

auch unter dem Begriff der „Schulmedizin" verstanden wird.[456] Hierbei ergeben sich jedoch insofern Bedenken, als das auch die Frage, was „Schulmedizin" ist, durchaus umstritten sein kann.[457] Nicht allgemein anerkannt ist eine Methode erst, wenn namhafte Wissenschaftler sie als unwissenschaftlich kritisieren. Da allein auf die Verständnismöglichkeiten eines durchschnittlichen Versicherungsnehmers abzustellen ist, kommt es bei der Auslegung der Klausel auch nicht darauf an, was Dritte unter „allgemein wissenschaftlich anerkannt" verstehen, wie etwa das Bundesgesundheitsamt.[458] Die Auffassung, dass die Klausel über die schulmedizinischen Methoden hinaus anwendbar ist, d.h. wenn sich eine Methode in der Praxis so durchgesetzt hat, dass in der überwiegenden Zahl der Fälle nach statistischer Wahrscheinlichkeit ein beliebig reproduzierbarer therapeutischer Erfolg erzielt werden kann, verfehlt die Verständnismöglichkeiten des Versicherungsnehmers. Dieser wird sich keine Gedanken über die Reproduzierbarkeit des Erfolgs nach einer bestimmten statistischen Wahrscheinlichkeit machen. Abs. 1 f verfolgt jedoch das Ziel Kosten nur für solche Behandlungsmethoden zu erstatten, von deren Wirksamkeit ausgegangen werden kann.

Mit Abschluss eines Krankenversicherungsvertrages verfolgen die Parteien den Zweck, dass der Versicherungsnehmer die Aufwendungen ersetzt erhält, die ihm durch eine notwendige Behandlung einer Krankheit, durch eine Vorsorgeuntersuchung oder im Fall einer Schwangerschaft entstehen, vgl. § 1 MBKK 76.

Mit der Bestimmung des § 5 Abs. 1 f MBKK ist häufig auch die Erstattung solcher Kosten ausgeschlossen, die durch Behandlungen unheilbarer Krankheiten entstehen. Bei diesen Krankheiten hat die Schulmedizin in weiten Bereichen noch keine „allgemein anerkannten Methoden" zur Behandlung gefunden. Aus der Sicht des durchschnittlichen Versicherungsnehmers ist das jedoch aus der bisherigen Klauselfassung nicht ersichtlich. Als Heilbehandlung ist jegliche ärztliche Tätigkeit anzusehen, die durch die betreffende Krankheit verursacht worden ist, sofern die Leistung des Arztes von ihrer Art her in den Rahmen der medizinisch notwendigen Krankenpflege fällt und auf Heilung oder auch auf Linderung der Krankheit abzielt.[459] Die Wissenschaftlichkeitsklausel beschränkt jedoch die Methoden zur Linderung einer Krankheit auf wissenschaftlich allgemein anerkannte. Gerade bei unheilbaren Krankheiten, bei denen sich die Qualität einer Methode nicht am Heilerfolg messen lassen kann, fehlt den in der Praxis angewandten Behandlungsmethoden zur Linderung oder auch zur wissenschaftlichen Erprobung eines Heilerfolgs die allgemeine Anerkennung durch die „Schulmedizin".

---

456 *Bach*, in Bach/Moser, Private Krankenversicherung, § 5 MBKK Rdn. 64.
457 *Bach*, a.a.O., Rdn. 63.; Auch wenn die Schulmedizin nicht ausschließlich Bezugspunkt für die Auslegung von Abs. 1 f ist, ist umgekehrt doch richtig, dass alle schulmedizinischen Methoden naturgemäß und in der Regel als wissenschaftlich allgemein anerkannt gelten, die nicht anerkannten Methoden also fast ausnahmslos dem Bereich der sogenannten Alternativmedizin angehören. Richtig ist auch, dass sich z.B. ein Arzt der Naturheilkunde über gesicherte Erkenntnisse der Schulmedizin nicht hinwegsetzen darf; vgl. Rdn. 64.
458 BGH, VersR 1993, 957, 958.
459 BGH, VersR 1987, 278 unter II 3.

Im Ergebnis kann der durchschnittliche Versicherungsnehmer aus der streitigen Klausel keine Einschränkungen oder Erweiterungen für bestimmte Krankheiten erkennen. Damit verstößt die Klausel gegen das Transparenzgebot, weil der Versicherungsschutz nicht klar erkennbar ist.

Die sog. Wissenschaftlichkeitsklausel wird seit einiger Zeit in bezug auf ihre Intransparenz kritisiert.[460] In diesem Zusammenhang wurden *Alternativlösungen* für die Formulierung vorgeschlagen. Hierbei wurde eingeräumt, dass brauchbare Alternativlösungen zur Fassung des § 5 Abs. 1 f MBKK denkbar sind, aber nicht unbedingt besser.[461] Ein Klauselvorschlag stellte darauf ab, dass die Erstattung von Behandlungsmethoden, deren allgemeine wissenschaftliche Anerkennung fraglich ist, von der *vorherigen Zustimmung des Versicherers* abhängig sei. Hiergegen muss eingewendet werden, dass letztlich das herbeigeführt wird, was im Grunde auch heute schon stattfindet: eine überprüfbare Ermessensentscheidung. Eine andere Idee bestand darin, statt der bisher gewählten allgemeinen Fassung des Ausschlusses eine *sog. Negativliste* zu entwickeln, oder eine solche Negativliste der jetzigen Fassung anzuhängen („ausgeschlossen sind insbesondere ...").[462] Ein nicht hinnehmbarer Nachteil liegt darin, dass sich eine starre und sicher unvollständige Festlegung bezüglich einzelner Methoden ergeben würde und diese Liste mit der Entwicklung des medizinisch-wissenschaftlichen Erkenntnisstand fortlaufend geändert werden müsste. Dies ist nicht praktikabel.[463]

Man könnte auch daran denken anstelle der wissenschaftlich allgemeinen Anerkennung einer Methode auf deren „therapeutischen Erfolg" abzustellen. Dem muss entgegengehalten werden, dass dieser Begriff noch unklarer wäre und der Grundsatz der ex ante-Beurteilung aufgegeben werden müsste.[464] Weiterhin müsste man der ärztlichen Praxis und dem ärztlichen Vertragsrecht einen Erfolgsgrundsatz unterstellen, den es nicht gibt und nicht geben kann.[465]

Die Krankenversicherer haben eine neue Klausel formuliert. Nach ihr leistet der Versicherer im vertraglichen Umfang für Untersuchungs- oder Behandlungsmethoden, die von der Schulmedizin überwiegend anerkannt sind. Er leistet darüber hinaus für Methoden, die sich in der Praxis als ebenso erfolgversprechend bewährt haben oder die angewandt werden, weil keine schulmedizinischen Methoden zur Verfügung stehen; der Versicherer kann jedoch seine Leistung auf den Betrag herabsetzen, der bei der Anwendung vorhandener schulmedizinischer Methoden angefallen wäre, § 4 VI MBKT 94.[466] Diese Klauselfassung kann als transparent und eindeutig angesehen werden.

---

460 *Lanz*, NJW 1989, 1528 ff.; AG Hamburg, VersR 1990, 474 f.
461 *Bach*, in Bach/Moser, Private Krankenversicherung, § 5 MBKK, Rdn. 79 ff.
462 Vgl. *Henrichs*, VersR 1990, 464, 468.
463 So auch *Ostendorf*, MedR 1991, 134, 138.
464 *Henrichs*, VersR 1990, 464, 468.
465 Vgl. *Bach*, in Bach/Moser, Private Krankenversicherung, § 5 MBKK, Rdn. 81.
466 LG München hält auch diese Klausel nach § 9 II Nr. 2 AGBG für unwirksam, Vgl. NVersZ 1999, 74.

d) § 2 VGB

Bei dem nächsten Beispiel ging es um die Frage des Versicherungsschutzes aus einer Sturmversicherung. Hier lagen die Allgemeinen Bedingungen für die Neuwertversicherung von Wohngebäuden gegen Feuer-, Leitungswasser- und Sturmschäden (VGB) zugrunde. Nach § 2 VGB gehören zu den versicherten Sachen, soweit nichts anderes vereinbart ist, die im Versicherungsschein aufgeführten *Gebäude mit ihren Bestandteilen, aber ohne Zubehör.*

Durch die Begriffe „Bestandteile" und „Zubehör" verweist der Versicherer auf die allgemeinen Regeln des BGB, §§ 93 ff. BGB.[467] Für einen nicht über Rechtskenntnisse verfügenden durchschnittlichen Versicherungsnehmer wirft die Bestimmung des Begriffs „Bestandteil" aber die Frage nach dem Umfang des Versicherungsschutzes auf. Diese Frage ist für ihn nicht ohne weiteres aus dem bloßen Alltagssprachgebrauch zu beantworten.

Im vorliegenden Fall wurde durch die Klägerin das Dach saniert, wozu etwa ein Viertel der Dachhaut entfernt wurde. Die betreffende Fläche wurde am Abend mit Abdeckplanen ordnungsgemäß überdeckt. Über Nacht riss ein heftiger Sturm diese Planen weg. Dabei drang anschließend Regen in das Dachinnere. Der Versicherer verweigerte Deckungsschutz, da eine Abdeckplane gem. § 95 Abs. 2 BGB kein Bestandteil des Gebäudes sei, weil sie nur zu einem vorübergehenden Zweck eingefügt worden sei.[468]

Grundsätzlich sind AVB so zu auslegen wie sie ein durchschnittlicher Versicherungsnehmer bei verständiger Würdigung verstehen muss. Dieser Grundsatz erfährt jedoch eine *Ausnahme,* wenn die Rechtssprache mit dem verwendeten Ausdruck einen fest umrissenen Begriff verbindet. In solchen Fällen ist im Zweifel anzunehmen, dass auch die AVB darunter nichts anderes verstehen wollen.[469]

Hier kam der BGH zu dem Ergebnis, dass Bestandteile i.S.d. § 2 VGB auch solche Teile sind, die nur vorübergehend während einer Reparatur fachmännisch in das Gebäude eingefügt sind (Ersatzbestandteile).[470] Dies ist überzeugend und muss aus dem Gedanken, dass bei einer fachmännisch ausgeführten Reparatur keine Deckungslücken entstehen sollen, auch gefordert werden.

Grundsätzlich muss man aber für alle AVB eine Lösung finden. Es wird die Auffassung vertreten, dass die in den AVB verwendeten Rechtsbegriffe immer aber auch nur dann nach dem Verständnis eines durchschnittlichen Versicherungsnehmers auszulegen sind, wenn dieser den Begriff nicht als der Rechtssprache zugehörend erkennen kann, weil der in den AVB verwendete Begriff auch dem allgemeinen Sprachgebrauch zuzurechnen ist. Auch der Sinnzusammenhang kann ergeben, dass bei der Auslegung des Begriffs nicht ohne weiteres auf seinen in der Rechtssprache festgelegten Inhalt zurückzugreifen ist. Dies gilt z.B. für

---

[467] BGH, VersR 1992, 606, 607.
[468] BGH, a.a.O.
[469] BGH, VersR 1995, 951.
[470] BGH, VersR 1992, 606.

den Begriff der „Bestandteile" eines Gebäudes in § 2 VGB, auch wenn der Versicherer damit an die §§ 93 ff. BGB anknüpfen wollte.[471]

Aufgrund dieser Überlegungen sollte man diese Klausel umformulieren. Sie muss klar und verständlich sein i.S.d. Transparenzgebotes. Hier empfiehlt sich zunächst einmal eine Unterteilung nach dem Prinzip *„Was ist versichert?/Was ist nicht versichert?"* Die einzelnen Begriffe könnten auch in einer *Definitionsliste* erklärt werden. Zudem bietet sich die Verwendung von *Piktogrammen* an.

Es lassen sich weitere unzählige Beispiele anführen für Klauseln, die nicht eindeutig formuliert sind, so z.B. „bei unterschiedlichen Auffassungen gelte das dem Bauherrn Günstigere".[472]

4. Vollständigkeit

AVB müssen vollständige Angaben über den Versicherungsfall, Art und Umfang der Leistungspflicht des Versicherers, die Prämie, vertragliche Gestaltungsrechte und Obliegenheiten, den Verlust des Anspruchs, wenn Fristen versäumt werden, inländische Gerichtsstände und die Grundsätze und Maßstäbe der Überschussbeteiligung enthalten. Bei Versicherungsvereinen auf Gegenseitigkeit können diese Bestimmungen in der Satzung enthalten sein. Für die Rückversicherung und für Großrisiken gelten diese Regeln nicht, Art. 10 Abs. 1 EGVVG.

AVB müssen die Rechte und Pflichten der Vertragspartner vollständig enthalten, auch soweit es um Sachverhalte geht, die bereits gesetzlich geregelt sind. Dies ergibt sich aus *§ 10 VAG*.

Das angesprochene Postulat der Vollständigkeit bezweckt die Kontrolle der von den Versicherern privatrechtlich geschuldeten Produktinformationspflicht.[473]. Es geht dabei um die Frage, welche von den zahlreichen vertragsergänzenden gesetzlichen Regelungen in den AVB darzustellen sind und welche weggelassen werden dürfen. Im folgenden werden einige Beispiele genannt:

Klarheit über die Dauer des Versicherungsvertrages kann nur erreicht werden, wenn die *Kündigungsgrundsätze*, wie sie etwa § 8 VVG enthält, Gegenstand der AVB werden. So dürfen *Fälligkeitsregeln* für Leistungen des Versicherers anknüpfend an § 11 Abs. 2 VVG nicht fehlen, weil sie den Leistungsumfang beschreiben. Ebenso darf der subjektive Risikoausschluss bei vorsätzlich oder grob fahrlässig herbeigeführten Versicherungsfällen (§§ 61, 130, 152, 169, 170, 180a, 188 VVG) nicht vergessen werden.

---

471 BGH, VersR 1992, 606 = NJW-RR 1992, 793.
472 BGH, NJW 1986, 924.
473 *Schwintowski*, Der Private Versicherungsvertrag zwischen Recht und Markt, S. 155.

a) Angabe der Rechtsfolge bei Verstoß gegen Pflichten und Obliegenheiten

Um dem Kriterium der Vollständigkeit zu genügen, müssen die AVB auch die Rechtsfolgen für den Versicherungsnehmer benennen, wenn er gegen Pflichten und Obliegenheiten verstößt.

aa) Grundsätze der Rechtsprechung

In diesem Zusammenhang sind auch die Grundsätze der Rechtsprechung zu beachten. Dazu zählen die *Repräsentantendoktrin*[474], die *Relevanzrechtsprechung*[475] zu § 6 Abs. 3 VVG und die *Auge-und-Ohr-Doktrin*[476], mit der die Kenntnis des Vermittlers dem Versicherer zugerechnet wird. Zudem ist an die Belehrungspflichten, die die Rechtsprechung etwa im Zusammenhang mit Aufklärungsobliegenheiten[477] oder im Hinblick auf die Leistungsfreiheit bei Nichtzahlung der ersten Prämie[478] entwickelt hat, zu denken. Diese von der Rechtsprechung auf der Grundlage von AVB entwickelten Rechtssätze haben Einfluss auf den Leistungsumfang oder die Leistungserbringung. Relevant ist die Frage, ob die richterrechtlichen Sätze *ius cogens*, also zwingendes Recht geworden sind. Bei der Relevanzrechtsprechung und den Belehrungspflichten zu § 38 VVG ist diese Frage zu bejahen. Dies kann damit begründet werden, dass ein Abweichen zu Ungunsten der Versicherten nach dem Sinn und Zweck der höchstrichterlichen Rechtsprechung nicht möglich sein soll. Zum Bestand des geltenden Rechts (deutsches Privatversicherungsrecht) gehört auch die Auge-Ohr-Doktrin.[479] Eine Ausnahme bildet die Repräsentantendoktrin. Dem Versicherer steht es frei, mit dem Versicherungsnehmer vertragliche Vereinbarungen darüber zu treffen, wie weit das Repräsentantenrisiko mitversichert sein soll oder nicht. Auch wenn Vertragsfreiheit im Hinblick auf solche Rechtssätze besteht, die in der Vergangenheit von der Rechtsprechung entwickelt und derzeitig unangefochten praktiziert werden, muss das Transparenzgebot eingehalten werden. Das bedeutet, dass die Grundsätze Gegenstand der AVB sind. Dies ist im Kriterium der Vollständigkeit im Rahmen des Transparenzgebots verankert. Sofern ein Grundsatz in den AVB nicht Vertragsbestandteil wird, kann er bei der Interpretation des Gesetzes nicht berücksichtigt werden.

bb) Kundenfreundlichkeit - „leiste und liquidiere"

Kundenfreundlichkeit muss das Leitbild für die zukünftigen AVB sein. Im Versicherungssektor geht es darum, möglichst umfassenden Versicherungsschutz

---

[474] BGHZ 122, 250 = NJW 1993, 1862.
[475] BGHZ 48, 7; BGH VersR 1969, 651; *Römer/Langheid,* VVG, § 6 Rdn. 39 ff.
[476] BGHZ 102, 194 = VersR 1988, 234.
[477] BGHZ 48, 7.
[478] BGH, VersR 1985, 981; OLG Hamm, VersR 1991, 220.
[479] Vgl. *Schwintowski,* Kundenfreundliche Versicherungsbedingungen, S. 48.

zu gewähren. Ohne Zweifel stellt die Gewährung umfassenden Versicherungsschutzes eine Kostenfrage dar. Hier kommt das Prinzip „leiste und liquidiere" zum Tragen.[480] Was steht hinter diesem Gedanken?

Für ein Produkt, das auf die Anforderungen des Kunden eingeht und von einer optimalen Verbraucherinformation geprägt ist („leiste"), sei der Kunde auch bereit, einen höheren Preis am Markt zu bezahlen („liquidiere"). Die Produktqualität sollte anhand der Kundenfreundlichkeit des Produktes bestimmt werden. Bei dem Prinzip *„leiste und liquidiere"* werden die Verträge von Seiten der Versicherer mit Anpassungsklauseln versehen, die eine hohe Flexibilität sowohl beim Leistungsumfang als auch bei den zugrundegelegten AVB und bei den Prämien offerieren.[481] Weiter wird der Versicherer nicht nur „Kombi-Produkte" anbieten, sondern er wird auch Deckungsschutz für Risiken gewähren, die der Versicherungsnehmer gar nicht beantragt hatte, die aber seinem mutmaßlichen Interesse entsprechen. Hier sei nur der Begriff DIC-("difference in cover")-Deckungen genannt: Die Deckung schließt nahtlos an bestehende Versicherungsverträge an und der Versicherte hat sofort Versicherungsschutz, obwohl dies erst später beim jährlichen Deckungs-Check klargestellt wird.[482] Dieses Prinzip soll an einem Beispiel verdeutlicht werden: Ein Versicherungsnehmer bezieht während der laufenden Versicherungsperiode sein neues Eigenheim. Es bestehen keine Risiken bzw. Probleme für den Versicherungsnehmer, weil die Kompaktpolice ihm über die Vorsorgeversicherung automatisch bis zur nächsten Hauptfälligkeit und Zusendung des Risiko-Checks Versicherungsschutz in voller Höhe gewährt. Es steht dem Kunden auch frei, bei einem anderen Versicherer Deckungsschutz zu beantragen. Dies ist jederzeit möglich und zudem werden anderweitig versicherte Risiken, die von der Kompakt-Police umfasst sind, automatisch herausgerechnet.

Die Darstellung zeigt, dass es sich um eine grundlegend andere Art der Policen handelt. Für diese „Leistung" muss der Kunde aber auch „zahlen". Man kann davon ausgehen, dass der Kunde bereit ist, für eine „intelligente Dienstleistung"[483] zu zahlen, weil sie ihm das Leben erleichtert. Dies belegen auch die Erfahrungen, die man im Leasing- oder Factoringgeschäft gemacht hat.

b) **Beispiele**

Zur Veranschaulichung dienen folgende Beispiele:

aa) **Repräsentantendoktrin**

Der Versicherungsnehmer muss grundsätzlich nur für eigenes Handeln einstehen. Verletzt ein Dritter Obliegenheiten, die der Versicherungsnehmer zu beachten hatte, haftet der Versicherungsnehmer grundsätzlich nicht. Die Regeln über den Erfüllungsgehilfen oder den Verrichtungsgehilfen sind im Versiche-

---

480 *Schwintowski*, a.a.O., S. 47 f.
481 *Schwintowski*, a.a.O., S. 47.
482 *Schwintowski* verweist auf das Beispiel der BBV-Kompakt-Police.
483 *Schwintowski*, Kundenfreundliche Versicherungsbedingungen, S. 47.

rungsrecht nicht anwendbar.[484] Eine Ausnahme vom Grundsatz, dass der Versicherungsnehmer nur für eigenes Verschulden haftet, ist erforderlich, wenn ein Dritter an die Stelle des Versicherungsnehmers tritt, d.h. wenn jemand die Stellung eines Versicherungsnehmers nur formal inne hat.

Verletzt ein Dritter, z.B. ein angestellter Lkw-Fahrer des Versicherungsnehmers, Obliegenheiten, die der Versicherungsnehmer zu beachten hätte, so steht er dafür nicht ein. Dies gilt jedoch nicht, wenn der Dritte als Repräsentant zu qualifizieren ist.[485] Die *sog. Repräsentantendoktrin* wird damit begründet, dass der Versicherungsnehmer nicht besser gestellt sein soll, wenn er einen Dritten für sich handeln lässt.[486] Im Versicherungsrecht ist Repräsentant, wer in dem Geschäftsbereich, zu dem das versicherte Risiko gehört, aufgrund eines Vertretungs- oder ähnlichen Verhältnisses an die Stelle des Versicherungsnehmers getreten ist.[487] Die bloße Überlassung der Obhut über die versicherte Sache reicht hierbei nicht aus. Repräsentant kann nur sein, wer befugt ist, selbstständig in einem gewissen, nicht ganz unbedeutenden Umfang für den Versicherungsnehmer zu handeln (Risikoverwaltung). Es braucht nicht noch hinzuzutreten, dass der Dritte auch Rechte und Pflichten aus dem Versicherungsvertrag wahrzunehmen hat.[488]

Man unterscheidet in diesem Zusammenhang zwischen Risiko- und Vertragsverwaltung. Wer die Risikoverwaltung übernommen hat, ist bereits Repräsentant. Wer nur die Vertragsverwaltung übernommen hat, kann es sein.[489] Für die Risikoverwaltung reicht eine kurzfristige, vorübergehende Besitzüberlassung nicht aus. Es wird vielmehr die Überlassung der alleinigen Obhut für längere Zeit verlangt. Bezogen auf den obengenannten Fahrer, der mit dem Fahrzeug unterwegs ist, muss dies verneint werden.[490] Hingegen ist der Angestellte, der dafür sorgt, dass die Fahrzeuge des Unternehmens in einem verkehrssicheren Zustand sind und vorhandene Mängel aufgrund eigener Entscheidung beseitigen lassen muss, als Repräsentant anzusehen.[491]

Vertragsverwaltung heißt, dass der Dritte mit der Wahrnehmung der Rechte und/oder Pflichten aus dem Versicherungsvertrag vom Versicherungsnehmer betraut worden ist. Wenn die Übertragung so umfassend ist, dass der Dritte an die Stelle des Versicherungsnehmers tritt, liegt versicherungsrechtliche Repräsentanz vor.[492]

Ein weiteres Beispiel der Repräsentantendoktrin: Der Vater, der für die Dauer der Wehrpflicht seines Sohnes dessen Gaststätte führt, ist Repräsentant, denn er kann seine Aufgabe nur erfüllen, wenn er für seinen Sohn über eine längere Dau-

---

484 *Römer/Langheid*, VVG, § 6 Rdn. 114 ff. Bei Obliegenheitsverletzungen trifft schon der Wortlaut des § 278 BGB nicht zu.
485 BGH, VersR 1981, 822.
486 *Römer/Langheid*, VVG, § 6 Rdn. 115.
487 BGHZ 122, 250.
488 BGHZ 107, 229, 231 = VersR 1989, 737.
489 *Römer/Langheid*, a.a.O., Rdn. 116.
490 Vgl. BGH, VersR 1965, 149.
491 BGH, VersR 1971, 538.
492 *Römer/Langheid*, a.a.O., § 6 Rdn. 118.

er hinweg in einem nicht ganz unbedeutenden Umfang selbstständig handelt.[493] Sofern ein Dritter als Repräsentant an die Stelle des Versicherungsnehmers tritt, muss sich dieser das Verhalten wie eigenes zurechnen lassen, und der Versicherungsschutz wird in gleicher Weise versagt.

Die AVB geben erstaunlicherweise in dieser Hinsicht keine Auskunft. Mit dem Transparenzgebot ist es nicht vereinbar, wenn der Versicherungsnehmer seine Rechte und Pflichten nicht vollständig erkennen kann. Auf leistungsbegrenzende Klauseln kann verzichtet werden, wenn diese ius cogens, also zwingendes Recht darstellen. Dies trifft jedoch bei der Repräsentantendoktrin nicht zu.[494] Das Repräsentantenrisiko ist versicherbar. So kommt es beispielsweise bei der Versicherung für fremde Rechnung nach § 79 Abs. 1 VVG nicht nur auf die Kenntnis und das Verhalten des Versicherungsnehmers an, sondern auch auf die Kenntnis und das Verhalten des Versicherten. Der Versicherte verliert also nicht automatisch seinen Versicherungsschutz, wenn der Versicherungsnehmer, der für ihn die Risikoverwaltung ausübt, Fehler macht.

Die AVB müssen egal in welcher Richtung Auskunft über die Frage der Repräsentantendoktrin geben. Es geht um die Frage, ob der Versicherungsnehmer für das Verhalten seines Repräsentanten einstehen muss oder nicht. Der Versicherungsnehmer muss davon ausgehen, sofern die AVB keine Regelung enthalten, dass seine Rechtsstellung vollständig beschrieben ist und er nicht für das Verhalten seines Repräsentanten einstehen muss. Im Umkehrschluss ist auch klar, dass der Versicherer dem Versicherungsnehmer das Repräsentantenrisiko durch AVB auferlegen kann.

Schwintowski[495] denkt an folgende Klausel:

„*Überlässt der Versicherungsnehmer die Obhut über die versicherte Sache über eine längere Dauer hinweg einem Dritten, so muss er für das Verhalten dieses Dritten so einstehen, als hätte er für sich selbst gehandelt. Voraussetzung ist dabei, dass der Dritte befugt war, für den Versicherungsnehmer in einem nicht ganz unbedeutendem Umfang selbstständig zu handeln.*"

Es tauchen Begriffe wie „Obhut", „längere Dauer" und „nicht unbedeutender Umfang" auf. Die Frage lautet, ob diese unbestimmten Begriffe mit den Anforderungen an das Transparenzgebot vereinbar sind. Würde der Versicherer nach den Grundsatz „leiste und liquidiere" verfahren und das Repräsentantenrisiko mitversichern, käme man im Ergebnis vielleicht zu einem sinnvolleren Ergebnis.

bb) Relevanzrechtsprechung

Ein weiteres Beispiel: Verletzt der Versicherungsnehmer nach Eintritt eines Versicherungsfalles eine Obliegenheit, z.B. die Pflicht ordnungsgemäß zur Aufklärung des Versicherungsfalls beizutragen (§ 34 VVG), so ist der Versicherer

---

[493] BGH, NJW-RR 1991, 1307, vgl. auch *Schwintowski*, Kundenfreundliche Versicherungsbedingungen, S. 61.
[494] *Schwintowski*, a.a.O. S. 61.
[495] *Schwintowski*, Kundenfreundliche Versicherungsbedingungen, S. 61 f.

bei vorsätzlicher Verletzung der Obliegenheit auch dann von der Verpflichtung zur Leistung frei, wenn die Verletzung keinen Einfluss auf den Eintritt des Versicherungsfalls oder den Umfang der ihm obliegenden Leistung gehabt hat. Hierfür bedarf es demnach keiner Kausalität. § 6 Abs. 3 VVG beinhaltet das *Alles-oder-Nichts-Prinzip*. Nach Eintritt des Versicherungsfalls ist der Versicherer auf die Mithilfe des Versicherungsnehmers angewiesen. Es handelt sich um eine Art Generalprävention, die den Versicherungsnehmer veranlassen soll seine Verhaltensregeln ordnungsgemäß zu erfüllen, weil er andernfalls die Erfüllung seines Anspruchs gefährdet.[496]

Dennoch kann die Sanktion einer Leistungsfreiheit dann als dem Zweck der Obliegenheitsregelung nicht mehr angemessen erscheinen, wenn die Obliegenheitsverletzung keine Folgen hatte.

Der BGH hat deshalb in den Jahren 1960 die *sog. Relevanzrechtsprechung* entwickelt. Nach ihr kann aus einer vorsätzlichen Verletzung der Obliegenheit, die tatsächlich ohne jede „Relevanz" für den Versicherer war, ein Recht zur Leistungsverweigerung nicht hergeleitet werden.[497] Der Versicherer kann sich in den Fällen, in denen eine vorsätzliche Obliegenheitsverletzung folgenlos geblieben war, auf die vereinbarte Leistungsfreiheit nur berufen, wenn der Obliegenheitsverstoß

- objektiv, d.h. generell geeignet war, die Interessen des Versicherers ernsthaft zu gefährden und
- subjektiv von einigem Gewicht war, d.h. den Versicherungsnehmer ein erhebliches Verschulden trifft;
- bei Auskunftsobliegenheiten verlangt die Rechtsprechung, dass der Versicherungsnehmer über den möglichen Verlust seines Anspruchs belehrt worden ist.[498]

Einige Bedingungswerke haben die Relevanzrechtsprechung aufgenommen.[499] Soweit in solchen Bestimmungen die Leistungspflicht davon abhängig gemacht wird, dass der Verstoß ungeeignet war, die Interessen des Versicherers zu beeinträchtigen und „außerdem" den Versicherungsnehmer kein erhebliches Verschulden trifft, bleiben sie ihrem Wortlaut nach hinter der Relevanzrechtsprechung zurück.[500]

Die Klauseln sind entweder so auszulegen, dass sie die Relevanzrechtsprechung ungeschmälert übernehmen, oder nach § 9 AGBG unwirksam sind, so dass die Grundsätze der Relevanzrechtsprechung unmittelbar anwendbar sind.[501] Heute haben die Versicherer in aller Regel entsprechende Hinweise auf ihren Formularen. Die Anforderungen an den belehrenden Hinweis sind aber streng. Eine Belehrung dahin, dass vorsätzlich falsche Angaben zum Verlust des Versicherungsschutzes führen, genügt nicht. Erforderlich ist vielmehr die Aussage, dass der

---

496 BGH, VersR 1977, 277.
497 BGH, VersR 1969, 651 = NJW 1969, 1385.
498 BGHZ 48, 7 = NJW 1967, 1756.
499 So z.B. § 21 Nr. 4 VHB 84, § 20 Nr. 3 VGB 88, § 13 Nr. AFB 87, § 13 Nr. 3 AERB 87
500 *Römer/Langheid*, VVG, § 6 Rdn. 43.
501 *Römer/Langheid*, a.a.O.

Verlust des Versicherungsschutzes auch dann droht, wenn dem Versicherer keine Nachteile durch die Verletzung der Aufklärungspflicht entstehen.[502]

Die Belehrung muss neben ihrer inhaltlichen Richtigkeit weiterhin auf dem Schadenformular „äußerlich auffallen".[503] Der Text muss drucktechnisch vom übrigen Schriftbild abweichen.

Weiterhin verstoßen die Klauseln, die nicht mindestens den Standard der Relevanzrechtsprechung widerspiegeln, gegen das Transparenzgebot. Dies lässt sich damit erklären, dass der Versicherungsschutz nicht vollständig abgebildet wird. Die Relevanzrechtsprechung des BGH beschreibt jedoch einen Mindeststandard. Der Versicherer kann nicht zum Nachteil von der Relevanzrechtsprechung abweichen. Die Frage der Umsetzung der Relevanzrechtsprechung in den AVB entsprechend dem Transparenzgebot, ist nicht einfach zu beantworten. Es werden ausfüllungsbedürftige Begriffe verwendet, wie: die Interessen des Versicherers müssen „ernsthaft" gefährdet sein; den Versicherungsnehmer muss ein „erhebliches" Verschulden treffen. Belehrt werden muss über den möglichen Verlust des Versicherungsschutzes auch dann, wenn dem Versicherer „keine Nachteile" durch die Verletzung der Aufklärungspflicht entstehen. Für den Versicherungsnehmer ist es fast unmöglich zu erkennen, ob die genannten Merkmale vorliegen oder nicht. Der Versicherungsnehmer kann nicht wissen, wann die Interessen des Versicherers ernsthaft gefährdet werden und unter welchen Voraussetzungen dem Versicherer keine Nachteile entstehen. Der Umfang des Versicherungsschutzes ist durch die genannten Kriterien unscharf, so dass die Formulierungen einen Verstoß gegen das *Bestimmtheitsgebot* darstellen. Es handelt sich um eine intransparente Klausel, die nicht ganz einfach umformuliert werden kann.

Dem Versicherer ist es aber möglich Vereinbarungen zugunsten des Versicherungsnehmers zu treffen. So kann man erwägen, die Leistungsfreiheit für Obliegenheitsverletzungen nach § 6 Abs. 3 VVG davon abhängig zu machen, dass die Verletzung Einfluss auf den Eintritt des Versicherungsfalls oder den Umfang der ihm obliegenden Leistung hatte.[504] Er kann weiterhin die Berufung auf die Leistungsfreiheit von einer Kündigung i.S.d. § 6 Abs. 1 VVG abhängig machen. *Schwintowski*[505] macht folgenden weitergehenden Vorschlag: Der Versicherer kann auf die Vereinbarung von Leistungsfreiheit für Obliegenheiten vor und/oder nach dem Versicherungsfall vollständig verzichten. Eine Begründung ergibt sich für ihn allein aus dem Grundsatz „leiste und liquidiere". Der Versicherer könne sich nach wie vor für grob fahrlässige und/oder vorsätzliche Herbeiführung des Versicherungsfalles auf §§ 61, 152 VVG berufen. Außerdem gebe es die Möglichkeit der Kündigung im Schadenfall, sofern Versicherungsnehmer ihre Obliegenheiten über Maß verletzen. Mit Blick auf betrügerische Verhaltensweisen kann sich der Versicherer ohnehin auf Verwirkung i.S.v. § 242 BGB berufen. Folglich entständen nach dieser Ansicht dem Versicherer keine Nachteile.

---

502 BGH, VersR 1976, 383.
503 BGHZ 48, 7.
504 Das entspricht der Konzeption des § 6 Abs. 2 VVG.
505 *Schwintowski*, Kundenfreundliche Versicherungsbedingungen, S. 64.

In dem „Statement of Insurance Practice on Non-Life Insurance" (1977, neueste Fassung 1981) erlegten sich die englischen Versicherer gewisse Beschränkungen bei der Inanspruchnahme ihrer legalen Rechte auf. Sie verpflichteten sich darauf, außer in Fällen von „fraud, deception or negligence" auf die Zurückweisung aller Ansprüche bei einer „breach of warranty" zu verzichten, wenn keine Kausalität zwischen Schadenfall und Obliegenheitsverletzung besteht.[506]

cc) Rückwärtsversicherung - vorläufige Deckung

Die Versicherungspolicen werden nicht sofort nach Antragstellung ausgefertigt, weil die Bearbeitung von Versicherungsanträgen einige Zeit erfordert. Aus der Sicht der Versicherungsnehmer ist dies unproblematisch, weil als Versicherungsbeginn der Tag der Antragstellung festgelegt wurde. Sofern der Versicherer den Antrag annimmt besteht wirksamer Versicherungsschutz. Viele Versicherungsnehmer gehen davon aus und befinden sich daher im Rechtsirrtum, der nicht folgenlos bleiben kann.[507] § 2 Abs. 2 VVG legt nämlich fest, dass der Versicherer von der Verpflichtung zur Leistung frei wird, wenn der Versicherungsnehmer *„bei Schließung des Vertrags"* weiß, dass der Versicherungsfall schon eingetreten ist. Es handelt sich regelmäßig um die Fälle, wo der Versicherungsfall nach Antragstellung aber vor Annahme des Antrags durch den Versicherer eintritt. Diese gesetzliche Regelung beruht auf dem Grundgedanken des Versicherungsrechts, dass nur ungewisse Risiken versicherbar sind, nicht dagegen nach Umfang und Zeitpunkt bereits feststehende Schäden.[508]

Die gesetzliche Konstruktion der *Rückwärtsversicherung* verstößt gegen das Transparenzgebot, denn die Versicherungsnehmer sind mit den Normen des VVG nicht vertraut. Dem könnte auf einfache Weise abgeholfen werden. Der Versicherer müsste für den Zeitraum zwischen Antragstellung und Annahme oder Ablehnung „prinzipiell vorläufige Deckung" gewähren.[509] In der KH-Versicherung geschieht dies konkludent durch Aushändigung der Versicherungsbestätigungskarte. Hier wird vorgeschlagen diesen Gedanken nach dem Grundsatz „leiste und liquidiere" auf alle Versicherungssparten im Regelfall auszudehnen.[510]

Die Agenten oder Makler können aber auch verpflichtet werden, auf die Notwendigkeit der vorläufigen Deckung hinzuweisen. Es würde wie folgt ablaufen: Im Rahmen der Verbraucherinformation muss der Versicherungsnehmer über das Problem der vorläufigen Deckung informiert werden. Es wird dann dokumentiert, ob der Versicherungsnehmer ausnahmsweise keine vorläufige Deckung wollte und sich über die möglichen Folgen im klaren ist.

Insgesamt kann festgestellt werden, dass es sich nicht um die Intransparenz der AVB handelt, sondern um die des Produktes. Der Grund dafür liegt in der

---

506 Vgl. Association of British Insurers, Statement of (non-life) Insurance Practice, S. 2, Punk 2 b. ii.
507 Vgl. *Schwintowski*, a.a.O., S. 65.
508 BGHZ 84, 268, 277 = VersR 1982, 841.
509 *Schwintowski*, Kundenfreundliche Versicherungsbedingungen, S. 65.
510 *Schwintowski*, a.a.O.

gesetzlichen Regelung der Rückwärtsversicherung in § 2 VVG. Hier kann jedoch nur der Gedankengang von *Schwintowski* überzeugen und in Richtung Verbesserung der Ware Versicherung der schlüssige Weg sein[511]:

> „Ein Versicherer, der in Marketing und Wettbewerb bestehen will, wird sich aber nicht auf ein teilweise überaltertes VVG berufen, sondern im Sinne des Grundsatzes „leiste und liquidiere" Leistungsbeschreibungen wählen, die den Versicherungsvertrag als Instrument der Beseitigung von unsicherheitslagen optimieren und dabei gleichzeitig die Einnahmesituation für den Versicherer verbessern."

5. Wahrheit

Zudem muss das Kriterium der *Wahrheit* im Rahmen der materiellen Transparenz beachtet werden. Klauseln, die die Rechtslage unrichtig darstellen, eröffnen dem Verwender die Möglichkeit, wegen der unrichtigen Darstellung begründete Ansprüche des Kunden abzuwehren oder ihm unbegründet Pflichten aufzuerlegen.[512] Zu nennen wäre z.B. eine Klauseln, die den Anschein einer umfassenden Haftung des Kunden erweckt.[513]

6. Rechtzeitigkeit

AVB müssen vor Vertragsschluss ausdrücklich vereinbart werden. Diesem Einbeziehungserfordernis wird nach § 5 a VVG auch noch genügt, wenn der Vertrag durch Übersendung des Versicherungsscheins geschlossen wird und die AVB in diesem Moment beiliegen. Sofern die AVB nicht oder nur unvollständig vorliegen, hat der Versicherungsnehmer ein Widerspruchsrecht (§ 5 a Abs. 2 VVG), das ein Jahr nach Zahlung der ersten Prämie erlischt.

7. Möglichkeit der Heilung

AVB müssen, um den materiellen Transparenzanforderungen zu genügen, den Kriterien der Verständlichkeit, der Bestimmtheit, der Eindeutigkeit, der Vollständigkeit, der Wahrheit und der Rechtzeitigkeit genügen. Wie im Rahmen der formellen Transparenzprüfung ist auch hier zu fordern, dass alle angesprochenen Punkte erfüllt werden müssen. Eine Kompensationsmöglichkeit bei Fehlen eines dieser Kriterien durch Erfüllung eines anderen ist nicht möglich. Fraglich ist jedoch auch an dieser Stelle, ob beispielsweise eine unverständliche Klausel durch *vertragsabschlussbegleitende Informationen* geheilt werden kann.

---

511 *Schwintowski*, a.a.O., S. 66.
512 *Schwintowski*, a.a.O., S. 21.
513 BGHZ 119, 152, 168.

a) Vertragsabschlussbegleitende Informationen

Im folgenden soll untersucht werden, ob der Verwender in Folge des Transparenzgebots verpflichtet ist, in Fällen, in denen eine transparente Klauselgestaltung wegen der Schwierigkeit des darzustellenden Inhalts nicht möglich ist, Zusatzinformationen zu geben.

Nach einer Meinung muss der Verwender dem Kunden die Konsequenzen seiner Klauseln eindeutig offen legen.[514] Sofern dies nicht durch die Angaben aus der Klausel ohne weiteres möglich ist, sei ein *unmissverständlicher* und *offen gegebener Hinweis* in den AGB erforderlich. Zur Begründung wird angeführt, dass der Durchschnittskunde nur in einem solchen Fall die für ihn nachteilige Regelung mühelos durchschauen könne, ohne zu weiteren Überlegungen genötigt zu sein.[515] Eine derartige Pflicht überfordere auch nicht den Verwender.

Nach anderer Ansicht kann vom Verwender ein ausdrücklicher Hinweis auf die Wirkungen seiner Klauseln nicht gefordert werden.[516] Eine Pflicht des Verwenders, dem Kunden die gedanklichen Schlussfolgerungen abzunehmen, die sich aus dem Zusammenspiel der Klauseln ergeben, indem er diesen Klauseln einen erläuternden Hinweis hinzufüge, ist nach dieser Meinung nicht ersichtlich. Dies sei weder dem AGB-Gesetz noch den Grundsätzen von Treu und Glauben zu entnehmen.[517] Zudem überschreite es die Grenzen der richterlichen Kontrollbefugnis, weil eine Unwirksamkeitserklärung der betreffenden Klausel nicht aufgrund der Intransparenz der Klausel selbst, sondern aufgrund fehlender Hinweise ergehe.[518]

Stellungnahme:

Der Verwender ist verpflichtet den Klauselinhalt klar und deutlich abzufassen, er trägt die Formulierungsverantwortung. Das Transparenzgebot beschränkt sich nicht allein auf die Durchsetzung einer formal einwandfreien Klauselgestaltung. Ausgegangen wird von der Verständlichkeit des jeweiligen Inhalts einer Klausel. Bei komplexeren Sachverhalten oder bei zusammenwirkenden Klauseln kann die Verständlichkeit gegebenenfalls nur durch zusätzliche erläuternde Hinweise hergestellt werden.[519] Aus dem Transparenzgebot kann die Pflicht abgeleitet werden, dass die Verständlichkeit einer Klausel über Hinweise und Erläuterungen abzusichern ist.[520] Dem Argument, Hinweispflichten seien dem Verwen-

---

514 OLG Celle, WM 1989, 435; OLG Karlsruhe, WM 1990, 1867, 1871; *Baums*, ZIP 1989, 7.
515 BGHZ 112, 115, 121; OLG Frankfurt, NJW 1989, 2264, 2266.
516 OLG Düsseldorf, ZIP 1989, 910, 912; OLG Koblenz, NJW 1989, 2269; OLG Nürnberg, WM 1990, 976, 977; AG Halle, WM 1990, 65, 66.
517 OLG Düsseldorf, a.a.O.; OLG Hamm, WM 1990, 466, 469.
518 LG Köln, ZIP 1990, 984.
519 *Kreienbaum*, Transparenz und AGB-Gesetz, S. 280.
520 *Schäfer*, Transparenzgebot, S. 79 geht davon aus, dass in Ausnahmefällen eine transparente Darstellung nicht möglich ist. Vgl aber LG Stuttgart, NJW 1993, 208, 209; *Wolf*, in Wolf/Horn/Lindacher, § 9 Rdn. 149, der zwischen Verständlichkeits- und Hinweisgebot unterscheidet; Rdn. 144, wo von Heilung des Transparenzverstoßes durch Hinweise gesprochen wird.

der in der Form nicht zumutbar, kann nicht gefolgt werden. Sowohl nach einzelnen AGB-Vorschriften als auch nach dem Grundsatz von Treu und Glauben bestehen unter bestimmten Umständen Hinweis- und Aufklärungspflichten. Beispielsweise ist nach § 3 AGBG eine ungewöhnliche Klausel dann nicht überraschend, wenn auf sie hingewiesen wird.[521] Die Aufklärungspflicht beschränkt sich auf den Inhalt der vom Verwender selbst in seinen AGB aufgestellten Konditionen, es handelt sich keinesfalls um eine generelle und weitreichende Aufklärungspflicht, welche sich mit der Zweckmäßigkeit der Konditionen bzw. des abzuschließenden Vertrages beschäftigen soll.

Der Einwand, auf diese Weise würden die Grenzen richterlicher Kontrollbefugnisse überschritten, ist rein formaler Natur.[522] Ein Hinweis muss indes nicht notwendig in einer separaten Klausel erteilt werden. Zusätze oder Differenzierungen innerhalb einer Klausel, die das Verständnis erleichtern, werden aber im AGB-Gesetz in den verschiedensten Bestimmungen indirekt angestrebt.[523]

aa) Berücksichtigung außerhalb der AVB liegender Umstände?

Problematisch ist jedoch die Berücksichtigung derartiger Informationen, wenn sie *außerhalb des AGB-Textes* liegen.[524] Zu diesen erläuternden Ergänzungen der AGB zählen Mittel wie Beispielsrechnungen, Effektivzinsangabe, Tilgungspläne etc. In solchen Fällen müssen derartige Informationen nicht notwendig jedem auf der Grundlage der jeweiligen AGB abgeschlossenen Vertrag zugrunde liegen. Bei diesen Informationen kann es sich auch um individuelle Hinweise sowie Werbung und Verbraucherinformationen handeln.

Vorstellbar wäre eine intransparente Klausel, welche durch individuelle Informationen nachträglich „geheilt" werden kann. Umgekehrt wäre auch denkbar, dass das sonstige Geschäftsverhalten des AGB-Verwenders eine „gesunde" AGB-Klausel „infiziert". Ein Beispiel: Nach der Wissenschaftlichkeitsklausel in der Krankenkostenversicherung leistet der Versicherer im vertraglichen Umfang für Untersuchungs- oder Behandlungsmethoden, die von der Schulmedizin überwiegend anerkannt sind. Er leistet darüber hinaus für Methoden, die sich in der Praxis als ebenso erfolgversprechend bewährt haben oder die angewandt werden, weil keine schulmedizinischen Methoden zur Verfügung stehen; der Versicherer kann jedoch seine Leistungen auf den Betrag herabsetzen, der bei der Anwendung vorhandener schulmedizinischer Methoden angefallen wäre (§ 4 VI MB/KT 94).[525] Wenn etwa ein Krankenversicherer nach seinen AVB Kosten nur für wissenschaftlich allgemein anerkannte Behandlungsmethoden leisten will, gleichzeitig aber damit wirbt, der Versicherungsnehmer könne auch einen Heilpraktiker aufsuchen, dann ergibt sich die Intransparenz der Regelung erst aus der außerhalb der AVB liegenden Werbung.

---

521 *Wolf*, a.a.O., § 9 Rdn. 149.
522 *Kreienbaum*, Transparenz und AGB-Gesetz, S. 281.
523 Vgl. dazu BGH, NJW 1983, 1854, 1855; BGH, BB 1990, 1155, 1157.
524 Vgl. dazu BGH, ZIP 1991, 1474, 1476; *Köndgen*, NJW 1989, 943, 951.
525 *Römer*, NVersZ 1999, 97, 101; vgl. auch dazu § 4 A. II.3. c.

Bei einem Vergleich der AVB mit den Verbraucherinformationen, die der Versicherer nach § 10 a VAG erteilen muss, können sich ebenso Verständnisschwierigkeiten für den Versicherungsnehmer ergeben.

Die entscheidenden Fragen lauten: Können auch außerhalb der AVB liegende Umstände berücksichtigt werden, und wenn ja inwieweit? Wie wirkt sich das für/auf das Transparenzgebot aus?

Für den Fall, dass bei der Anwendung des Transparenzgebots auch außerhalb der AVB liegende Umstände - unabhängig von § 24 a Nr. 3 AGBG - berücksichtigt werden sollen, können es nur solche sein, die wie die AVB selbst für den Abschluss des Vertrages oder dessen Durchführung typisch und allgemein sind. Umstände des Einzelfalls können bei der Kontrolle der AVB nach dem Transparenzgebot schon wegen der generalisierenden Betrachtungsweise nicht herangezogen werden.[526]

Es wird die Auffassung vertreten, dass eine Klausel, die zwar bei isolierter Betrachtung hinreichend deutlich und aussagekräftig ist, aber im Kontext mit dem gesamten Klauselwerk und vor dem Hintergrund des gesamten vertragsbezogenen Verhaltens (insbesondere des Werbeverhaltens) gegen das Transparenzgebot i.S.d. § 9 AGBG verstößt.[527] Damit wird das Erfordernis des AGB-Gesetzes, AGB-Klauseln hinreichend transparent zu gestalten, letztlich zum Gebot einer transparenten Gestaltung des gesamten Geschäftsgebarens erweitert; der Kreis der maßgeblichen Beurteilungsfaktoren ließe sich kaum noch eingrenzen.[528] Dies wird als sehr „vage" bezeichnet.[529]

Die Gegenansicht lehnt daher die Berücksichtigung ergänzender Auskünfte gänzlich ab.[530] Nach anderer Ansicht finden individuelle Umstände nur dann Berücksichtigung, wenn sie den Charakter von Individualabreden i.S.d. § 4 AGBG annehmen.[531] Eine unmittelbare Anwendung des § 4 AGBG kommt nicht in Betracht, da bei Zusatzinformationen keine vertragliche Abrede getroffen werde und die Zusatzinformationen die AGB-Klausel erläutern und nicht etwa Abweichendes vereinbaren.[532] Eine Analogie wäre denkbar, weil die Konstellation ausreichend Ähnlichkeit mit dem Tatbestand des § 4 AGBG aufweise.

Individuelle Umstände, die seitens des Verwenders zur Erläuterung seiner AGB gesetzt werden, können nicht völlig außer Betracht bleiben. Insoweit ist zu berücksichtigen, dass bei der Verwendung von AGB nicht völlig von der konkreten Situation bei Vertragsschluss abstrahiert werden kann. Es sollte der Auffassung gefolgt werden, wonach bei individuellen Umständen im Individualprozess eine analoge Anwendung des § 4 AGBG favorisiert wird.[533] Individuelle Umstände finden nur dann Berücksichtigung, wenn sie den Charakter von Individu-

---

526 *Römer*, a.a.O., 104.
527 OLG Karlsruhe, ZIP 1990, 1321.
528 *Taupitz*, EWiR 1990, § 9 AGBG, 1043, 1044.
529 *Taupitz*, a.a.O.
530 *Koller*, EWiR § 9 AGBG, 841, 842.
531 *Köndgen*, NJW 1989, 943, 951; *Westermann*, FS Steindorff, 817, 828; *Brandner*, in Ulmer/Brandner/Hensen, § 9 Rdn. 78.
532 *Köndgen*, a.a.O.
533 *Köndgen*, a.a.O.

alabreden i.S.d. § 4 AGBG annehmen. Es werden nur solche Informationen berücksichtigt, die der Verwender in Bezug auf den abzuschließenden Vertrag erteilt. Damit knüpft man genau an die Formulierungsverantwortung an.

bb) § 24 a Nr. 3 AGBG

Um auch der durch Art. 4 Abs. 1 RL gebotenen Berücksichtigung der den Vertragsabschluss begleitenden Umstände bei der Inhaltskontrolle Rechnung zu tragen, sieht die AGBG-Novelle in § 24 a Nr. 3 AGBG für Verbraucherverträge eine entsprechende Modifikation des für § 9 Abs. 1 AGBG relevanten Beurteilungsmaßstabs vor.[534] Die Einbeziehung individueller Umstände soll nunmehr auch für das in § 9 AGBG vorhandene Transparenzgebot gelten. Statt der abstrakt-objektiven Beurteilung der Verständlichkeit einer Klausel ist eine konkret-individuelle Betrachtungsweise vorzunehmen. Wie bereits oben erwähnt sind bisher bei der Beurteilung der Transparenz individuelle Faktoren über eine analoge Anwendung des § 4 AGBG dann berücksichtigt worden, wenn der Verwender durch Hinweise etc. außerhalb der AGB die Verständlichkeit einer Klausel herbeigeführt hat. Jetzt muss aber jeder Umstand, sei er vom Verwender verantwortet oder nicht, bei der Bewertung herangezogen werden. Das Verständnisvermögen des Durchschnittskunden wird z.B. im Einzelfall dann nicht mehr herangezogen, wenn der konkrete Kunde über Sonderwissen verfügt, sei es durch seine Ausbildung, sei es durch den wiederholten Abschluss dieser Art von Verträgen.

Es wird darauf hingewiesen, dass sich diese Änderung zumindest im Bereich des Transparenzgebotes lediglich zu Lasten des Verbrauchers auswirkt.[535] Die einzelfallbezogene Beurteilung der Transparenz einer Klausel bietet zudem keine verlässliche Prognose für Parallelfälle. Der Vorteil dieser Regelung besteht indes in folgendem: Sie ermöglicht, dass man die Entscheidung, ob eine Klausel verständlich ist oder nicht, von der konkreten Schutzbedürftigkeit des Verbrauchers abhängig machen kann. Damit erreicht sie auch eine größere Einzelfallgerechtigkeit.[536]

Im *Verbandsklageverfahren* sollen diese Grundsätze nach herrschender Auffassung nicht gelten.[537] Zur Begründung verweist der BGH darauf, dass das Verbandsverfahren nach § 13 AGBG auf einer vom Einzelfall losgelösten abstrakten Wirksamkeitsprüfung beruht.[538] Daher könnten Merkmale der konkreten Fallgestaltung nur dann Berücksichtigung finden, wenn sie Bestandteil der Allgemeinen Geschäftsbedingungen sind. Eine Zusatzinformation, die die Intransparenz einer Klausel vermeide, sei deshalb nur dann zu beachten, wenn sie sich aus anderen

---

534 *Ulmer*, in Ulmer/Brandner/Hensen, § 24a Rdn. 54.
535 *Kreienbaum*, Transparenz und AGB-Gesetz, S. 312.
536 *Kreienbaum*, a.a.O., weist darauf hin, dass diese verminderte Rechtssicherheit dem Verbraucherschutz abträglich ist, da eine verbindliche Aufklärung der interessierten Kreise nur noch eingeschränkt möglich sein wird.
537 BGHZ 116, 1, 4f.; BGH, BB 1997, 644, 645; *Heinrichs*, NJW 1996, 2190, 2194.
538 BGH, BB 1997, 644, 645.

Bestimmungen der mit der beanstandeten Klausel in einem Formular zusammengefassten Allgemeinen Geschäftsbedingungen ergebe.

In der Konsequenz führt eine derartige Auffassung zu dem widersprüchlichen Ergebnis, dass eine im Verbandsverfahren für unwirksam erklärte Klausel im Individualverfahren wirksam sein kann.

Mit der Einführung des § 24 a Nr. 3 AGBG wird in bezug auf das Transparenzgebot der Schutzumfang des AGB-Gesetz zu Lasten des einzelnen Verbrauchers verkürzt und die Rechtssicherheit zu Lasten aller Verbraucher vermindert.

b) Zusammenfassung

Bei der materiellen Intransparenz, d.h. bei Klauseln, die nicht aus sich selbst heraus verständlich dargestellt werden können, ist dem Verwender zuzumuten, die Transparenz auf andere Weise herzustellen. Insoweit enthält das Transparenzgebot auch *Hinweispflichten*. Diese Hinweise, Erläuterungen, etc. können in den AGB selbst gegeben werden. Für die Frage, unter welchen Umständen eine solche Klarstellung zu erfolgen hat, gibt es bisher keine griffige Lösung. Bei Versicherungsverträgen ist davon auszugehen, dass vertragsabschlussbegleitende Informationen im Hinblick auf das Schriftformerfordernis in § 10 a Abs. 2 VAG der Schriftform bedürfen.

Umstände außerhalb der AGB, die auf eine Verbesserung der Verständlichkeit von AGB abzielen, können als individuelle Umstände in *analoger Anwendung des § 4 AGBG* in den Abwägungsprozess einfließen. Es besteht jedoch bis auf diese Ausnahmen kein Anlass, individuelle Umstände, d.h. Umstände außerhalb des eigentlichen AGB-Textes, bei der Beurteilung der Angemessenheit von intransparenten AGB hinzuzuziehen.[539] Weitere Umstände, die außerhalb des eigentlichen AGB-Textes liegen (Werbung), sind bei der abstrakten Beurteilung einer Klausel außer Acht zu lassen.[540]

B. Transparenzüberprüfung am Beispiel der Überschussbeteiligungsklausel in der kapitalbildenden Lebensversicherung

Die Überschussbeteiligungsklausel der kapitalbildenden Lebensversicherung wird nunmehr als abschließendes Beispiel einer Transparenzkontrolle unter Beachtung der oben aufgestellten Anforderungen unterzogen. Die Überprüfung der Klausel anhand der Kriterien der *formellen und materiellen Transparenz* erfolgt letztlich durch eine *Checkliste*. Zunächst muss die Überschussbeteiligungsklausel den formellen Transparenzanforderungen genügen. Weiterhin müssen die materiellen Anforderungen gegeben sein. Die Kriterien innerhalb der formellen und materiellen Transparenz sind alle zu erfüllen. Im Rahmen der formellen Transparenzprüfung ist eine Heilung ausgeschlossen. Lediglich bei Nichteinhaltung ma-

---

539 Vgl. *Kreienbaum*, Transparenz und AGB-Gesetz, S. 282 ff.
540 Irreführungen über den Vertragszweck, etwa durch die Werbung, muss gegebenenfalls mit den Instrumenten des UWG begegnet werden.

terieller Transparenzkriterien besteht die Möglichkeit der Heilung. Dafür sind jedoch bestimmte Voraussetzungen im einzelnen zu erfüllen. Sofern die Überschussbeteiligungsklausel den formellen und materiellen Anforderungen nicht genügt, muss sie als intransparent bewertet werden. Ziel der Untersuchung ist somit die Feststellung, ob die Klausel dem Transparenzgebot entspricht.

I. Überschussbeteiligung

1. Anspruch auf Überschussbeteiligung

Der Anspruch auf Überschussbeteiligung ist nur begründet, wenn eine *vertragliche Vereinbarung* in den AVB getroffen wurde. Fraglich ist nun, welche Anforderungen an die vertragliche Ausgestaltung der Überschussbeteiligung mit Blick auf das Transparenzgebot zu stellen sind.

Die Versicherer sind gemäß § 10 Abs. 1 Nr. 7 VAG verpflichtet die Grundsätze und Maßstäbe der Überschussbeteiligung vollständig zu regeln. § 10 a Abs. 1 VAG i.V.m. Anlage D, Abschnitt I Nr. 2 a VAG sieht darüber hinaus vor, dass die Versicherungsnehmer vor Abschluss eines überschussberechtigten Lebensversicherungsvertrages auch über die für die Überschussermittlung und Überschussbeteiligung geltenden Berechnungsgrundsätze und -maßstäbe informiert werden. In Großbritannien wird dies in section 72 A des ICA 82 schedule 2 E Abs. 4 d für die britischen Versicherer festgelegt, wonach die Versicherungsnehmer vor Vertragsabschluss über die Überschussermittlung und -beteiligung informiert werden müssen.

Die §§ 10 Abs. 1 Nr. 7; 10 a VAG haben trotz ihres öffentlich-rechtlichen Charakters eine *Ausstrahlungswirkung* auf das Zivilrecht.[541]

So hat das BAV im Jahre 1995 zur Umsetzung dieser Regelung Grundsätze veröffentlicht.[542] Diese Verbraucherempfehlungen sind jedoch nicht geeignet den Kunden zu einem Marktvergleich zu befähigen.[543] Im Ergebnis wird von den Versicherern verlangt, dass sich der Kunde anhand der AVB über sämtliche Eigenschaften und Risiken, die für seine Anlageentscheidung und die spätere Abwicklung relevant sind, informieren kann.

2. Überschussentstehung

Die Überschussentstehung wird zum einen durch die *Wahl der Rechnungsgrundlagen* bei der Prämienberechnung bestimmt.

---

541 *Römer*, VersR 1998, 1313, 1318.
542 Grundsätze des BAV zur Anwendung des § 10a VAG (Verbraucherinformationen), VerBAV 1995, 283, abgedruckt bei Prölss, VAG § 10a Rdn. 31a.
543 So auch *Ebers*, Die Überschussbeteiligung in der Lebensversicherung, S. 317.

a) Rechnungsgrundlagen

In der Lebensversicherung wird zwischen *Abschlusskosten* und *laufenden Verwaltungskosten* differenziert. Seit dem 29.7.1994 entscheiden die Lebensversicherer in eigener Verantwortung über die Berechnung ihrer Tarife. Die Kostenentwicklung gehört neben der *Zins- und Sterblichkeitsentwicklung*, auf welche noch näher eingegangen wird, zu den *Rechnungsgrundlagen* der Lebensversicherung.

Die Rechnungsgrundlagen und damit die Kosten gehören zu den essentialia negotii, zu den unverzichtbaren Bestandteilen des Vertrages. Über in der Zukunft erst entstehende Kosten kann der Versicherer zum Zeitpunkt des Vertragsschlusses naturgemäß nur prognostische Angaben machen, die seinen jetzigen Erwartungen und Berechnungen entsprechen.

Dies ergibt sich auch aus den nach § 10 a VAG geschuldeten Verbraucherinformationen. Nach Anlage Teil D zum VAG sind nämlich vor Abschluss des Vertrages, „Angaben über die für die Überschussermittlung und Überschussbeteiligung geltenden Berechnungsgrundsätze und -maßstäbe" zu machen. Der Überschuss kann aber nur unter Berücksichtigung der Rechnungsgrundlagen, also der Abschluss- und laufenden Verwaltungskosten, des Rechnungszinses und des Sterblichkeitsverlaufs zutreffend ermittelt werden.

Bisher wird den Versicherungsnehmern jedoch weder die Höhe der Abschluss- noch die Höhe der real entstandenen laufenden Verwaltungskosten offenbart.[544]

Nach *August Zillmer* (1831-1893) ist die Verrechnungsmethode der Abschlusskosten mit den ersten Prämien in der Lebensversicherung benannt. Einmalige Abschlusskosten dürfen nach einem angemessenen versicherungsmathematischen Verfahren, insbesondere dem Zillmerungsverfahren, berücksichtigt werden.[545] Nach diesem Verfahren dürfen die Abschlusskosten so lange mit den ersten Prämien, die der Versicherte in die Lebensversicherung einzahlt, verrechnet werden, bis sie vollständig gedeckt sind. Als Folge dieser Zillmerung entsteht in den ersten Jahren trotz hoher Prämienzahlungen ein außerordentlich niedriger Rückkaufswert.[546] Statistisch gesehen werden 10 % der abgeschlossenen Lebensversicherungsverträge im ersten, 7,5 % im zweiten, 5 % im dritten Jahr und insgesamt 48 % aller Verträge vor Ablauf beendet.[547] Daraus wird ersichtlich, dass das Zillmerungsverfahren in ganz erheblichem Maße Vermögenswerte auf Seiten der Versicherten vernichtet.

Die zugrundeliegenden *Sterbetafeln* bilden ein weiteres Strukturelement der Rechnungsgrundlagen eines Lebensversicherungsvertrages. Die Sterbetafel wirkt sich unmittelbar auf die Höhe der Überschussbeteiligung aus und wird zwischen Versicherungsnehmer und Versicherer bei Abschluss des Vertrages vereinbart.

---

544 Dazu unter § 5.
545 § 25 Abs. 1 der Verordnung über die Rechnungslegung von Versicherungsunternehmen (RechVersV) vom 8.11.1994, BGBl. Teil I 1994, S. 3378 ff.
546 Vgl. dazu ausführlich m.w.N. *Schwintowski*, VuR 1998, 219, 222.
547 *Adams*, ZIP 1997, 1857, 1861.

Im Zusammenhang mit Verbraucherinformationen muss auf die Sterbetafeln vor Vertragsschluss hingewiesen werden, weil sonst die Überschussermittlung und die Überschussbeteiligung nicht hinreichend transparent wird.[548] Die Versicherungspraxis zeigt, dass die Versicherten die bei Vertragsschluss zugrundegelegten Sterbetafeln nicht kennen. Zum einen können die Sterbetafeln von den Versicherern während der Vertragslaufzeit gegen eine andere ausgetauscht werden und zum anderen gibt es die Möglichkeit, dass die bei Abschluss des Vertrages zugrundegelegte Sterbetafel nicht den Tatsachen entspricht. Die Menschen leben möglicherweise länger als angenommen, in diesem Falle sinken im Bereich der Erlebensfallversicherung die Überschüsse unter Umständen enorm.[549] Zur Veranschaulichung folgender Fall: Ein Versicherungsnehmer hatte einen Rentenversicherungsvertrag gegen einen Einmalbetrag in Höhe von ca. DM 300.000,-, mit Beginn 01.05.1991 abgeschlossen. Es wurde eine Rente garantiert von DM 1.500,-. Die aus der Überschussbeteiligung gebildete Zusatzrente betrug anfänglich ca. DM 970,-. Nach einer mit dem sinkenden Kapitalmarktniveau begründeten Verringerung auf ca. DM 740,- zum 01.05.1995 und am 01.05.1997 wurde die Zusatzrente auf nur noch DM 190,- verringert.[550] Dieses Ergebnis wurde mit der gestiegenen Lebenserwartung der Rentner gerechtfertigt. Der Versicherer hatte den Tarif mit der vom BAV festgelegten „Sterbetafel 1987 Männer" kalkuliert. In den folgenden Jahren stieg die Lebenserwartung. Das BAV ordnete für die Verträge ab 01.01.1996 an, nur noch die neuen Sterbetafeln zu verwenden. Dies wurde im Rundschreiben R 1/95[551] am 07.07.1995 veröffentlicht. Für bereits abgeschlossene Verträge wurden etwas später Grundsätze zur Nachreservierung herausgegeben.[552] Der Grundgedanke bestand darin, die betroffenen Rentenversicherungen in zumutbarem Maße zur Finanzierung der Deckungslücke heranzuziehen.

In Zukunft muss die bei Vertragsschluss zugrundegelegte Sterbetafel als Vertragsbestandteil entweder unverändert bleiben oder die Vertragsparteien haben leistungstransparente Veränderungen in der Zeit vereinbart. Wenn dies so ist, so muss der Versicherer vor Änderung der Sterbetafel nach Klärung der aufsichtsrechtlichen Belange die Versicherten informieren und um Einwilligung bitten.[553]

Dies gilt auch für den *Rechnungszins*. Dabei handelt es sich um den durchschnittlichen Zins, der bei Vertragsschluss oberhalb des garantierten Zinses (z.Zt. max. 4%) zugrundegelegt wird. Auch hier ein Beispiel zur Veranschaulichung: Ein Versicherer kalkuliert im Jahre 1995 seinen Tarif mit einer durchschnittlichen Verzinsung von 7%. Er könnte Schwierigkeiten haben, diesen Rechnungszins zu erwirtschaften. Der Grund liegt u.a. in den sehr niedrigen Zinsen für langfristiges festverzinsliches Kapital Mitte der 90er Jahre. Fällt der Rechnungszins in der Realität niedriger aus, so sinkt damit zugleich der dem Versicherungsneh-

---

548 *Schwintowski*, a.a.O. 223.
549 *Schwintowski*, Kundenfreundliche Versicherungsbedingungen, S. 58.
550 AG Bad-Schwalbach, VersR 1997, 606; Vgl. dazu *Ebers*, VuR 1997, 379.
551 VerBAV 1995, 287.
552 VerBAV 1995, 367.
553 *Schwintowski*, VuR 1998, 219, 224.

mer zuzuweisende Überschuss. Im umgekehrten Falle der Zinsentwicklung kann genau das Gegenteil eintreten.

Die Darstellung zeigt, dass die Rechnungsgrundlagen wesentliche Strukturelemente des Vertrages sind und sich unmittelbar auf die Höhe der Überschussbeteiligung auswirken.

b. **Entwicklung der tatsächlichen Verhältnisse**

Die Überschussentstehung wird zum anderen durch die *Entwicklung der tatsächlichen Verhältnisse*, d.h. durch den realen Risiko-, Kapitalertrags- und Kostenverlauf bestimmt. Je vorsichtiger der Verantwortliche Aktuar die Rechnungsgrundlagen wählt, desto größer sind auch die entstehenden Überschüsse, wenn nicht die tatsächliche Entwicklung zu Lasten der Überschussbeteiligung von der erwarteten Entwicklung abweicht. Dabei tragen das Risikoergebnis, das Kapitalanlageergebnis und das Kostenergebnis zur Überschussentstehung bei.[554]

3. **Anforderungen an die vertragliche Ausgestaltung der Überschussbeteiligung**

Für die Frage der Überschussbeteiligung muss der Kunde daher über folgende Punkte informiert werden:
- Der Versicherungsnehmer muss darüber informiert werden, dass eine bestimmte Leistung aus der Überschussbeteiligung nicht garantiert werden kann, da die Höhe der Überschussbeteiligung vom tatsächlichen *Risiko-, Kapitalanlage- und Kostenergebnis* abhängig ist. In diesem Zusammenhang muss dem Versicherungsnehmer erklärt werden, inwieweit sich die in Aussicht gestellte Überschussbeteiligung nachträglich reduziert, wenn während der Vertragslaufzeit eine Veränderung des Risiko-, Kapitalanlage- oder Kostenverlaufs eintritt.
- Es muss eine Klarstellung erfolgen, dass die während und am Ende der Vertragslaufzeit (Todesfall, Erlebensfall, Rückkauffall) gutzuschreibenden Überschüsse nach vertragsgemäßem bzw. billigem Ermessen ermittelt werden.[555]
- Um das Preis-Leistungsverhältnis bei Vertragsschluss richtig beurteilen zu können, ist ein geschätzter *Effektivzins* anzugeben, der das Verhältnis zwischen eingezahlten Beiträgen und prognostizierten Überschüssen widerspiegelt und durch die jährlichen Mitteilungen über den Stand der Überschussbeteiligung (vgl. § 10 a VAG i.V.m. Anlage D Abschnitt II Nr. 3) ständig zu aktualisieren ist.

---

554 Vgl. dazu *Brömmelmeyer*, Der Verantwortliche Aktuar in der Lebensversicherung, S. 200 ff.
555 *Ebers*, Die Überschussbeteiligung in der Lebensversicherung, S. 322 will die Versicherten noch auf ihre Berechtigung hinweisen, dass sie die Höhe der festgelegten Überschussanteilssätze gerichtlich gemäß § 315 Abs. 3 BGB überprüfen lassen können.

- Der Versicherungsnehmer muss über die bei Vertragsschluss zugrundegelegte *Sterbetafel* informiert werden.
- Die Überschussbeteiligungsklausel hat darüber zu informieren, wie die Überschüsse auf die Vertragslaufzeit verteilt werden (gleichmäßige oder zeitnahe Überschussbeteiligung, hohe Schlussüberschussanteile).
- Der Versicherer muss in den Vertragsbedingungen den Versicherungskunden aufklären, dass durch Schwankungen am Kapitalmarkt Sicherheitsreserven gebildet werden und in welcher Höhe er an diesen *stillen Reserven* beteiligt wird.[556]

Anhand dieser Vorgaben wird zunächst die Überschussbeteiligungsklausel in Deutschland überprüft (II.). Es handelt sich um die Überschussbeteiligungsklausel, welche der Gesamtverband der Deutschen Versicherungswirtschaft e.V. (GDV) u.a. als unverbindliche Verbandsempfehlung herausgegeben hat und die trotz Deregulierung zu einer weitgehend einheitlichen Unternehmenspraxis geführt hat, § 17 ALB-E. Diese Verbandsempfehlungen wurden 1999/2000 überarbeitet und neu herausgebracht, § 17 ALB-NE. Soweit erforderlich wird an entsprechender Stelle auf diese neuen Bedingungen eingegangen. Des weiteren wird die Überschussbeteiligungsklausel eines britischen Lebensversicherungsunternehmens, das in Deutschland niedergelassen ist, untersucht. Es handelt sich um § 26 AVB der Standard Life Deutschland.[557] Sec. 7 Abs. 4 der „With Profit Flexible Life Assurance" der Equitable Life Assurance Company wird als Beispiel für eine Überschussbeteiligungsklausel in Großbritannien herangezogen. (III.).

II. Deutschland

Die unverbindlichen Verbandsempfehlungen für die kapitalbildende Lebensversicherung[558] haben bisher folgenden Wortlaut:

„§ 17 [ALB-E] Wie sind Sie an den Überschüssen beteiligt?

Überschussermittlung

(1) ¹Um zu jedem Zeitpunkt der Versicherungsdauer den vereinbarten Versicherungsschutz zu gewährleisten, bilden wir Rückstellungen. ²Die zur Bedeckung dieser Rückstellungen erforderlichen Mittel werden angelegt und erbringen Kapitalerträge. ³Aus diesen Kapitalerträgen, den Beiträgen und den angelegten Mitteln werden die zugesagten Versicherungsleistungen erbracht, sowie die Kosten von Abschluss und Verwaltung des Vertrages gedeckt. ⁴Je größer die Erträge aus den Kapitalanlagen sind, je weniger vorzeitige Versicherungsfälle eintreten und je kostengünstiger wir arbeiten, um so größer sind dann entstehende

---

556 *Ebers*, a.a.O., verlangt, dass der Versicherer in den AVB eine präzise Höchstgrenze für stille Reserven und die RfB festlegen muss, um übermäßige Thesaurierungen zu verhindern.
557 Dabei handelt es sich um das Produkt „SWING Lebensversicherung mit Silent-Power-Option".
558 Unverbindliche Verbandsempfehlungen des GDV zur kapitalbildenden Lebensversicherung, abgedruckt bei *Dörner*, AVB, S. 377 ff.

Überschüsse, an denen wir Sie und andere Versicherungsnehmer beteiligen. [5]Die Überschussermittlung erfolgt nach den Vorschriften des VAG und des HGB und den dazu erlassenen Rechtsverordnungen.

Überschussbeteiligung

(2) [1]Die Überschussbeteiligung nehmen wir nach den Grundsätzen vor, die § 81c VAG und der dazu erlassenen Rechtsverordnung entsprechen und deren Einhaltung die Aufsichtsbehörde überwacht. [2]Nach diesen Grundsätzen haben wir gleichartige Versicherungen in Bestandsgruppen zusammengefasst und teilweise nach engeren Gleichartigkeitskriterien innerhalb der Bestandsgruppen Untergruppen gebildet; diese werden Gewinnverbände genannt. [3]Von den Kapitalerträgen kommt den Versicherungsnehmern als Überschussbeteiligung mindestens der in der Rechtsverordnung zu § 81c VAG jeweils festgelegte Anteil zugute, abzüglich der Beträge, die für die zugesagten Versicherungsleistungen benötigt werden. [4]Bei günstiger Sterblichkeitsentwicklung und Kostensituation können weitere Überschüsse hinzukommen. [5]Den so ermittelten Überschuss für die Versicherungsnehmer ordnen wir den einzelnen Bestandsgruppen zu und stellen ihn - soweit er den Verträgen nicht direkt gutgeschrieben wird - in die Rückstellung für Beitragsrückerstattung (RfB) ein. [6]Die in die RfB eingestellten Mittel dürfen wir grundsätzlich nur für die Überschussbeteiligung der Versicherungsnehmer verwenden. [7]Mit Zustimmung der Aufsichtsbehörde können wir die RfB ausnahmsweise zur Abwendung eines Notstandes (z.B. Verlustabdeckung) heranziehen (§ 56a VAG) oder bei sehr ungünstigem Risikoverlauf bzw. bei einem eventuellen Solvabilitätsbedarf den in Satz 3 dieses Absatzes genannten Anteil unterschreiten (Rechtsverordnung zu § 81c VAG). [8]Ihre Versicherung gehört zum Gewinnverband XX in der Bestandsgruppe YY. [9]Jede einzelne Versicherung innerhalb dieses Gewinnverbandes erhält Anteile an den Überschüssen der Bestandsgruppe YY. [10]Die Höhe dieser Anteile wird vom Vorstand unseres Unternehmens auf Vorschlag des Verantwortlichen Aktuars unter Beachtung der maßgebenden aufsichtsrechtlichen Bestimmungen jährlich festgelegt und im Geschäftsbericht veröffentlicht. [11]Die Mittel für diese Überschussanteile werden den Überschüssen des Geschäftsjahres oder der Rückstellung für Beitragsrückerstattung entnommen. [12]In einzelnen Versicherungsjahren, insbesondere etwa im ersten Versicherungsjahr, kann eine Zuteilung von Überschüssen entfallen, sofern dies sachlich gerechtfertigt ist.

Bemerkung:

§ 17 Absatz 2 ist durch folgende unternehmensindividuelle Angaben zu ergänzen:
a) Voraussetzung für die Fälligkeit der Überschussanteile (Wartezeit, Stichtag für die Zuteilung u.ä.)

b) Form und Verwendung der Überschussanteile (laufende Überschussanteile, Schlussüberschussanteile, Bonus, Ansammlung, Verrechnung, Barauszahlung u.ä.)"

Der GDV hat nunmehr *neue Verbandsempfehlungen* für die kapitalbildende Lebensversicherung entwickelt. § 17 ALB-NE hat folgenden Wortlaut:

„§ 17 ALB-NE

Wie sind Sie an unseren Überschüssen beteiligt?

Wir beteiligen Sie und die anderen Versicherungsnehmer an den Überschüssen, die jährlich bei unserem Jahresabschluss festgestellt werden.
(1) Grundsätze und Maßstäbe für die Überschussbeteiligung der Versicherungsnehmer
   (a) Die Überschüsse stammen im wesentlichen aus den Erträgen der Kapitalanlagen. Von den Nettoerträgen derjenigen Kapitalanlagen, die für künftige Versicherungsleistungen vorgesehen sind (§ 3 der Verordnung über die Mindestbeitragsrückerstattung in der Lebensversicherung), erhalten die Versicherungsnehmer insgesamt mindestens den in dieser Verordnung genannten Prozentsatz. In der derzeitigen Fassung der Verordnung sind 90 % vorgeschrieben. Aus diesem Betrag werden zunächst die Zinsen gedeckt, die zur Finanzierung der garantierten Versicherungsleistungen benötigt werden (§ 1 Abs. 2 der Verordnung). Die verbleibenden Mittel verwenden wir für die Überschussbeteiligung der Versicherungsnehmer.
   Weitere Überschüsse entstehen dann, wenn Sterblichkeit und Kosten niedriger sind, als bei der Tarifkalkulation angenommen. Auch an diesen Überschüssen werden die Versicherungsnehmer nach der genannten Verordnung angemessen beteiligt.
   (b) Die verschiedenen Versicherungsarten tragen unterschiedlich zum Überschuss bei. Wir haben deshalb gleichartige Versicherungen zu Gruppen zusammengefasst. Gewinngruppen bilden wir, beispielsweise, um das versicherte Risiko wie das Todesfall- oder Berufsunfähigkeitsrisiko zu berücksichtigen[1] . Die Verteilung des Überschusses für die Versicherungsnehmer auf die einzelnen Gruppen orientiert sich daran, in welchem Umfang sie zu seiner Entstehung beigetragen haben.
(2) Grundsätze und Maßstäbe für die Überschussbeteiligung Ihres Vertrages
   (a) Zu welcher Gruppe Ihre Versicherung gehört, können Sie dem Versicherungsschein entnehmen. In Abhängigkeit von dieser Zuordnung er-

---

1 Ggf. weitere unternehmensindividuelle Information über Gewinngruppen bzw. Untergruppen und deren Modalitäten; die Begriffe sind an die unternehmensindividuellen Gegebenheiten anzupassen.

hält Ihre Versicherung jährlich Überschussanteile. Wir veröffentlichen die Überschussanteilssätze in unserem Geschäftsbericht, den Sie bei uns anfordern können.

(b) ...[2] Weitere Erläuterungen sowie versicherungsmathematische Hinweise finden Sie im Anhang zu den Versicherungsbedingungen[3]."

Die Überschussbeteiligungsklausel der *Standard Life Deutschland* enthält folgenden Wortlaut:

„§ 26 Wie sind Sie an den Überschüssen beteiligt?

(1) Grundsätzliches
  a) Ihr Versicherungsvertrag ist eine SWING; sie gehört zur Produktklasse „überschussbeteiligte Kapitallebensversicherungen in Deutschland".
  b) Die Standard Life Assurance Company ist ein Versicherungsverein auf Gegenseitigkeit; sie hat daher keine Aktionäre. Der nach Entnahme von Beiträgen, die für die Aufrechterhaltung der Finanzkraft der Gesellschaft auf einem angemessenen Niveau notwendig sind, verbleibende Überschuss der Gesellschaft steht für die Verteilung auf die überschussbeteiligten Versicherungsverträge in der Form der Überschussbeteiligung zur Verfügung.
  c) Ihr Vertrag nimmt ohne Wartezeit an diesen Überschüssen der Gesellschaft teil.
(2) Überschussermittlung
  a) Zum 15. November jeden Jahres bestimmt der Aktuar den Wert aller Aktiva und Passiva gemäß den Vorschriften zur Bewertung von Aktiva und Passiva (Vorschriften für die britischen Versicherungsunternehmen von 1994; The UK Insurance Companies Regulations 1994) und deren Ergänzungen und Änderungen.
  b) Die Direktoren der Gesellschaft entscheiden auf Anraten des Aktuars, welcher Überschussanteilssatz für jede Produktklasse im folgenden Kalenderjahr angewendet werden soll. Hierbei berücksichtigen die Direktoren die zu erwartenden zukünftigen Erträge der Kapitalanlagen des in Teil I § 12 erwähnten Kapitalanlageportefeuilles. Die auf diese Weise bestimmte Höhe der Überschusssätze wird jährlich für jede Produktklasse veröffentlicht.

---

[2] Hier sind folgende unternehmensindividuelle Angaben zu machen:
(a) Voraussetzung für die Fälligkeit der Überschussanteile
(Wartezeit, Stichtag für die Zuteilung u.ä.)
(b) Form und Verwendung der Überschussanteile
(laufende Überschussanteile, Schlussüberschussanteile, Bonus, Ansammlung, Verrechnung, Barauszahlung u.ä.)
(c) Bemessungsgrundlage für die Überschussanteile
[3] Ggf. unternehmensindividuell abzuändern, wenn die Erläuterungen auf andere Weise, etwa separat, gegeben werden.

(3) Laufende Überschussbeteiligung und Schlusszahlung
  a) Die Gesellschaft deklariert einen jährlichen Überschussanteilssatz, der den aufgelaufenen Preis eines Anteils am in Teil I § 12 Absatz 1 genannten Kapitalanlageportefeuille täglich pro rata temporis erhöht. Durch diese Erhöhung des aufgelaufenen Preises eines Anteils am erwähnten Kapitalanlageportefeuille wird der aufgelaufene Wert des Deckungskapitals entsprechend vergrößert.
  b) Die Überschussbeteiligung wird nicht zur Erhöhung der vereinbarten Todesfallsumme, sondern der Erlebensfallleistung verwendet.
  c) Übersteigt im Erlebensfall der ausgeglichene Wert des Deckungskapitals den aufgelaufenen Wert desselben, so wird der übersteigende Betrag als Schlusszahlung ausbezahlt. Im Fall der Kündigung Ihres Vertrages wird die in Satz 1 beschriebene Schlusszahlung nur ausbezahlt, wenn der Marktwert des Deckungskapitals mindestens gleich groß ist wie der aufgelaufene Wert desselben.
(4) Sie haben kein Recht, die Auszahlung der Überschussbeteiligung zu verlangen."

1. Formelle Transparenz

Als erstes geht es um die Wahrung der formellen Transparenzanforderungen.

a) Lesbarkeit

§ 17 ALB-E und § 26 AVB der Standard Life Deutschland müssen dem Kriterium der *Lesbarkeit* entsprechen. Die Klauseln sind schriftlich und vollständig abgefasst.
§ 17 ALB-E wurde in deutscher Sprache verfasst und genügt damit dem im Rahmen der Lesbarkeitsprüfung erforderlichen Kriterium der Sprache. § 26 Abs. (2) a) AVB der Standard Life Deutschland spricht von den „The UK Insurance Companies Regulations 1994". Damit wurde ein Begriff in englischer Sprache verwendet. Dieser wird jedoch an gleicher Stelle in die deutsche Sprache übersetzt. Ob dies für den Versicherungsnehmer verständlich ist, soll an anderer Stelle geprüft werden. In bezug auf die drucktechnische Gestaltung ergeben sich keine Probleme.

b) Übersichtliche Gliederung

Fraglich ist, ob die Klauseln *übersichtlich gegliedert* sind. Unter der Klauselüberschrift „Wie sind Sie an den Überschüssen beteiligt?" wird § 17 ALB-E lediglich unterteilt in Überschussermittlung und Überschussbeteiligung. Eine weitergehende Unterteilung erfolgt nicht. 12 lange und verschachtelte Sätze nacheinander ohne weitere Zwischenüberschriften bzw. Unterpunkte entsprechen *nicht* dem Kriterium der übersichtlichen Gliederung.[559] Die neuen Verbandsempfehlungen, § 17 ALB-NE genügen den Anforderungen an eine übersichtliche Gliederung. § 26 AVB Standard Life Deutschland wird unterteilt in „(1) Grundsätzliches", „(2) Überschussbeteiligung", „(3) Laufende Überschussbeteiligung und Schlusszahlung" sowie „(4) Sie haben kein Recht, die Auszahlung der Überschussbeteiligung zu verlangen" mit jeweils dazu gehörigen Unterpunkten.[560] Die Klausel wahrt die Anforderungen an eine äußere Gliederung und innere Ordnung und erfüllt daher das Kriterium der übersichtlichen Gliederung.

c) Überschaubarer Textumfang

Der *Textumfang* der Klauseln erscheint zunächst unzumutbar. Wie bereits erwähnt[561] müssen die AVB der Bedeutung des Geschäfts angepasst sein. Es ist der Grundsatz der Verhältnismäßigkeit zu wahren. § 17 ALB-E enthält mehr als 400 Wörter, § 17 ALB-NE kommt mit ca. 260 Wörtern aus und § 26 AVB besteht aus ca. 300 Wörtern. Eine Klausel, mit 400 Wörtern (§ 17 ALB-E) kann nicht mehr als zumutbar angesehen werden. Zumal die neue, veränderte Überschussbeteiligungsklausel zeigt, dass der Umfang des Textes erheblich verkürzt werden kann. Demnach entspricht § 17 ALB-E nicht dem Kriterium des Textumfanges. Dagegen ist § 26 AVB bezüglich des Textumfanges als zumutbar anzusehen.

Es bleibt festzustellen, dass § 17 ALB-E nicht den formellen Transparenzanforderungen entspricht. Hingegen kann § 26 AVB der Standard Life Deutschland als formell transparent angesehen werden.

2. Materielle Transparenz

Eine vom BdV in Auftrag gegebene EMNID-Meinungsumfrage[562] führte zum Thema „Überschussbeteiligung bei Lebensversicherungen" im Zeitraum vom 13.11.1998 bis 30.11.1998 eine Befragung der deutschsprachigen Bevölkerung in der Bundesrepublik Deutschland ab 14 Jahre durch. Es ging u.a. um die Bekanntheit, aber auch um das Verständnis zu dem Begriff der „Überschussbeteiligung", der Beteiligung der Versicherungsnehmer an Risiko- und Zinsüberschüssen, der Beteiligung an Gewinn- und Verlustrechnungen der Gesellschaften, der Verwaltung der Risiko-/Spartanteile im Sinne der Versicherten, der Zulässigkeit der Minderung der Überschussbeteiligung durch Abschreibungen etc. Diese Meinungsumfrage zeigte, dass die Deutschen keine Kenntnis davon haben, wie die kapitalbildende Lebensversicherungen eigentlich funktioniert.

Im folgenden werden aus Gründen der Übersichtlichkeit die Klauseln § 17 ALB-E und § 26 AVB der Standard Life Deutschland in bezug auf die Frage der materiellen Transparenz getrennt voneinander überprüft.

---

559 Vgl. § 4 A. I. 2.
560 § 26 Abs. 4 enthält keine Unterpunkte.
561 Vgl. § 4 A. I. 2. a).
562 EMNID-Studie Überschussbeteiligung bei Lebensversicherungen, Bericht Februar 1999.

a) § 17 ALB-E

aa) Verständlichkeit

Zunächst geht es um die *Verständlichkeit* von § 17 ALB-E. Die Klausel enthält eine Fülle von Fachtermini, die kein Versicherungsnehmer kennen kann. Der Satzaufbau ist kompliziert und verschachtelt. Von der Erfüllung der Kriterien des „Hamburger Verständlichkeitskonzeptes" ist die Klausel weit entfernt.[563]

Bei den neuen Verbandsempfehlungen, § 17 ALB-NE, wurde versucht soweit wie möglich ohne die Verwendung von Fachwörtern auszukommen. Dahingehend entspricht diese Klausel dem Kriterium der Verständlichkeit. Die Sätze sind nicht verschachtelt und einfach strukturiert.

§ 17 Abs. 1, S. 1-2 ALB-E ist unverständlich, weil zum einen der Begriff der Rückstellung verwendet wird, welchen der Versicherungskunde nicht genau übersetzen kann. Zum anderen erweckt die Klausel den Eindruck, als seien Aufbau und Erträge der Kapitalanlagen eine Folge der unternehmensinternen Rückstellungsbildung. Für die Überschussentstehung sind jedoch nicht die Deckungsrückstellungen ursächlich, sondern allein die Prämienzahlungen der Versicherten, die aufgrund der vorsichtigen Beitragskalkulation und der Kapitalanlagetätigkeit des Versicherungsunternehmens einen Überschuss ermöglichen. Darüber hinaus ist es fraglich, ob der Versicherungsnehmer wissen soll, dass der Versicherer Rückstellungen bildet.

§ 17 Abs. 1, S. 3 ALB-E ist für den Versicherungsnehmer unverständlich, weil diese Klausel sich für den Versicherungsnehmer schwer in einen sinnvollen Zusammenhang mit der Überschussbeteiligung bringen lässt. Der Hinweis darauf, dass die garantierten Versicherungsleistungen sowie die Betriebskosten aus den Prämieneinnahmen, den angelegten Mitteln aus den Kapitalerträgen finanziert werden, ist zwar richtig, jedoch bleibt für den Kunden unklar, was dies mit der Überschussbeteiligung zu tun haben soll.

§§ 17 Abs. 1, S. 5; Abs. 2, S. 1-3 ALB-E verstoßen auch gegen das Kriterium der Verständlichkeit. Es werden lediglich *pauschale Hinweise* auf ganze Gesetzestexte und Rechtsverordnungen angegeben. Die Rechtsfolgen sind lediglich bei umfangreichem juristischen Fachwissen erkennbar. So wird allgemein auf das *VAG* und das *HGB* verwiesen, ohne eine bestimmte Norm zu bezeichnen oder die „dazu erlassene Rechtsverordnung" auch nur dem Namen nach anzugeben. Der Versicherungsnehmer wird die Rechnungslegungsvorschriften der §§ 341-341j i.V.m. §§ 249 ff. HGB im übrigen selbst dann nicht als überschussbeteiligungsrelevant einordnen, wenn er die entsprechenden Gesetzestexte zur Hand hätte. Der Gedanke, ein Hinweis auf das *Niederstwertprinzip* könne zu einer Einschränkung des individuellen Überschussbeteiligungsanspruchs führen, setzt erkennbar einschlägiges juristisches Fachwissen voraus. Zudem werden die Begriffe *Bestandsgruppen* und *Gewinnverbände* als unverständliche Fachausdrücke verwandt, oh-

---

563 So auch *Schwintowski*, Kundenfreundliche Versicherungsbedingungen, S. 55.

ne sie irgendwie zu erläutern. Folgerichtig hat das OLG Stuttgart[564] mit Urteil vom 28.5.1999 entschieden, dass die Überschussbeteiligungsklausel zum Teil gegen das Transparenzgebot verstößt. Das OLG Stuttgart hält § 17 Abs. 1, S. 3-5 ALB für unwirksam.[565]

§ 17 ALB-NE hingegen verzichtet auf die pauschale Benennung von Rechtsnormen. Es wird in § 17 Abs. 1a, S. 2 u. 4 ALB-NE jeweils als Klammerzusatz auf *die Verordnung über die Mindestbeitragsrückerstattung in der Lebensversicherung* verwiesen. An gleicher Stelle wird jedoch der Inhalt dieser Normen erläutert. Zudem erklärt § 17 Abs. 1 b ALB-NE in verständlicher Weise, dass die verschiedenen Versicherungsarten unterschiedlich zum Überschuss beitragen und aus diesem Grunde gleichartige Versicherungen zu Gruppen zusammengefasst wurden.

§ 17 Abs. 2, S. 5 ALB-E verwendet die Begriffe *Rückstellung für Beitragsrückerstattung (RfB)*. Dies ist für den Versicherungsnehmer unverständlich. Für den Versicherungskunden ist auch *§ 17 Abs. 2, S. 7 ALB-E* unverständlich. Es wird auf die Notstandsregeln des *§ 56 a VAG* verwiesen. Fraglich ist, warum der Kunde mit diesen Regeln überhaupt konfrontiert wird. Des weiteren spricht die Klausel von einem *ungünstigen Risikoverlauf* und von einem *Solvabilitätsbedarf*. Mit diesen Fachbegriffen kann der Versicherungsnehmer nichts anfangen. Zudem wird die Verständlichkeit erheblich gemindert, da Satz 7 den Kunden auffordert Ausführungen des Satz 3 mit in die Überlegungen einzubeziehen.

Das Merkmal der Verständlichkeit muss auch bei *§ 17 Abs. 2, S. 9-11 ALB-E* verneint werden. Es erfolgt eine Aneinanderreihung von rechtlichen Grundregeln, mit welchen selbst Experten nichts anfangen können. So stellt sich die Frage, warum der Versicherungskunde wissen soll, dass jede Versicherung innerhalb eines Gewinnverbandes Anteile an den Überschüssen der betreffenden Bestandsgruppe erhält, die Überschussanteile vom Vorstand des Unternehmens auf Vorschlag des Verantwortlichen Aktuars jährlich festgelegt und den Überschüssen des Geschäftsjahres oder der RfB entnommen werden. Fraglich ist zudem, ob dem Versicherungsnehmer die Berufsbezeichnung *Aktuar* bekannt ist.

bb) Bestimmtheit

Hinzu kommt, dass *§ 17 Abs. 1, S. 5 ALB-E*, der über die Ermessensspielräume des Verantwortlichen Aktuars ein einseitiges Leistungsbestimmungsrecht des Kapitallebensversicherers begründet, gegen das Kriterium der Bestimmtheit verstößt. Die Voraussetzungen und der Gestaltungsspielraum eines dem Verwender

---

564 OLG Stuttgart, VersR 1999, 832, 835 ff.
565 Die streitgegenständliche Klausel weicht geringfügig von § 17 Abs. 2 S. 3-4 ALB-E ab. Das beklagte Versicherungsunternehmen verwendete folgende Formulierung: „Von den Überschüssen kommt den Versicherungsnehmern ein angemessener Anteil als Gewinnbeteiligung zugute. Die Frage der Angemessenheit unterliegt nach § 81c VAG der Prüfung durch die Aufsichtsbehörde. Der Anteil ist insbesondere dann nicht als angemessen anzunehmen, wenn er den in der Rechtsverordnung zu § 81c VAG jeweils festgelegten Umfang nicht erreicht (§ 81c Abs. 1, S. 2 VAG)", vgl. OLG Stuttgart, VersR 1999, 832, 933.

vorbehaltenen Leistungsbestimmungsrechts muss so präzise wie möglich angegeben und ausformuliert werden. Dem wird die Überschussbeteiligungsklausel nicht gerecht. Richtig ist zwar, dass die Überschussbeteiligung einen variablen, d.h. bei Vertragsschluss nicht beitragsmäßig ausgewiesenen Teil des Preis-/Leistungsverhältnisses in der Lebensversicherung ausmacht, jedoch müsste die vertragliche Vereinbarung die Richtlinien und Grenzen des Leistungsbestimmungsrechts möglichst konkret angeben. Dies ist notwendig, um die Leistungsbestimmung möglichst vorhersehbar und unmittelbar nachprüfbar zu gestalten.

§ 17 ALB-E gibt jedoch nicht einmal zu erkennen, dass überhaupt ein einseitiges Leistungsbestimmungsrecht besteht. So bleiben die Ermessensspielräume dem Versicherungsnehmer also nicht nur in ihrer konkreten Gestalt, sondern als solche verborgen.[566]

Diese Unbestimmtheit kann dazu führen, dass der Versicherungsnehmer in Unkenntnis des Leistungsbestimmungsrechts darauf verzichtet, über die § 315 Abs. 3, S. 1 BGB die Unwirksamkeit der Leistungsbestimmung geltend zu machen und über § 315 Abs. 3, S. 2 BGB eine gerichtliche Kontrolle herbeizuführen.

So hat auch das OLG Stuttgart[567] erklärt, die Überschussbeteiligungsklausel enthalte überwiegend allgemeine Rechtsgrundsätze, die zutreffend seien, aber über Missbrauchsschranken hinaus keinerlei Regelungen für eine Beteiligung an Überschüssen im konkreten Falle wiedergäben. Die Darstellung, nach denen die Überschussermittlung erfolge, gebe hier den Eindruck klarer gesetzlicher Vorgaben wieder, deren Folge nur ein Ergebnis zu sein scheine. Tatsächlich, so muss auch der Klauselverwender einräumen und ist offenkundig, werden ihr im Bereich des Bilanzrechts unterschiedliche Bewertungsgrundsätze an die Hand gegeben, setzen das VAG und dazu erlassene Rechtsverordnungen allenfalls Eckdaten, die kein geschlossenes System ergeben. Es fehle eine Klarstellung zu den Nachteilen der Kapitalslebensversicherung. Die Klauseln enthielten keinerlei Regelungen für den Umfang der geschuldeten Leistung. Sie erwecken aber den Eindruck, als sei der Leistungsumfang konkret geregelt. Tatsächlich haben die Versicherer Spielräume, um den Umfang der geschuldeten Leistung zu bestimmen.

Das OLG Stuttgart begründet die Unwirksamkeit außerdem damit, dass sich die Klausel in weiten Teilen in der Wiedergabe von Minimalstandards erschöpfe, ohne dies als den eigentlichen Leistungsinhalt festzuschreiben. Der Kunde sei im wesentlichen auf die Vorgaben des Klauselverwenders angewiesen. Dadurch sei er in seiner Rechtsposition so geschwächt, dass er in vielen Fällen von einer Rechtsbeanspruchung oder -verteidigung absehen werde, weil er nicht wisse und nicht wissen könne, was ihm zustehe und wofür genau er Prämien entrichtet habe. Eine Klarstellung über die Beteiligung an den *stillen Reserven* erfolgt in § 17 ALB-E nicht. Für den Versicherungsnehmer bleibt verborgen, dass das *Wertaufholungsgebot* des § 280 Abs. 1 HGB für Versicherer nicht gilt. Versicherungsun-

---

566 So auch *Brömmelmeyer*, Der Verantwortliche Aktuar in der Lebensversicherung, S. 236.
567 OLG Stuttgart, VersR 1999, 832, 835 ff.

ternehmen in Deutschland dürfen daher nach dem *Niederstwertprinzip* bilanzieren. Dadurch können stille Reserven entstehen. Stille Reserven entstehen, wenn aufgrund handelsrechtlicher Bewertungsvorschriften der in der Bilanz ausgewiesene Wert einer Kapitalanlage (=Buchwert) niedriger ist als der tatsächliche Markt- bzw. Freiverkehrswert (=Zeitwert). In der Gewinn- und Verlustrechnung bzw. im Kapitalanlageergebnis werden stille Reserven erst dann erfolgswirksam gebucht, wenn sie aufgelöst werden. Die Überschussbeteiligung wird auf der Grundlage des handelsrechtlich ermittelten Rohüberschusses berechnet. Nach dem *Realisationsprinzip* (§ 252 Abs. 1, Nr. 4 Hs. 2 HGB) werden die Versicherungsnehmer also nur an realisierten stillen Reserven beteiligt. Erst mit der Realisierung erhöhen also die stillen Reserven den Rohüberschuss und damit die Bemessungsgrundlage der Überschussbeteiligung. Die Entstehung über die Bildung stiller Reserven liegt somit auch im Vorstandsermessen.[568] Die Bildung stiller Reserven kann zu einer erheblichen Benachteiligung des einzelnen Versicherungsnehmers führen, falls seine Beiträge zur Bildung stiller Reserven verwendet, diese stillen Reserven jedoch erst aufgelöst werden, nachdem er - z.B. durch Eintritt des Erlebensfall - wieder aus dem Versichertenkollektiv ausgeschieden ist. Hätte der Vorstand die stillen Reserven noch während der Laufzeit des Vertrages aufgelöst, so wäre das Ergebnis aus Kapitalanlagen, der Rohüberschuss des maßgebenden Geschäftsjahres und mittelbar auch die - verursachungsgerechte - Überschussbeteiligung des betroffenen Versicherungsnehmers höher gewesen. In § 17 ALB-E wird keine präzise Vereinbarung getroffen, in welchem Umfang der Versicherungsnehmer eigentlich an den stillen Reserven beteiligt wird.

§ 17 Abs. 2, S. 12 ALB-E weist pauschal darauf hin, dass eine Zuteilung von Überschüssen in einzelnen Versicherungsjahren entfallen kann, ohne die Voraussetzungen hierfür im einzelnen festzulegen. Damit wird gegen das Kriterium der Bestimmtheit verstoßen.

§ 17 ALB-NE ist auch in bezug auf die Frage, wie der Versicherungsnehmer an stillen Reserven beteiligt wird, zu unbestimmt.

cc) **Eindeutigkeit**

Das Kriterium der Eindeutigkeit wurde nicht verletzt. Es ist nicht ersichtlich, dass § 17 ALB-E Formulierungen oder Begriffe verwendet, die kein eindeutiges Begriffsverständnis vermitteln.

dd) **Vollständigkeit**

Möglicherweise ist auch das Vollständigkeitskriterium nicht erfüllt, weil die Versicherungsnehmer nicht darauf hingewiesen werden, dass sie berechtigt sind

---

568 Es sei denn, es handelt sich um stille Reserven, die sich in festverzinslichen Wertpapieren mit begrenzter Laufzeit verbergen, vgl. *Brömmelmeyer*, Der verantwortliche Aktuar in der Lebensversicherung, S. 207.

die Höhe der festgestellten Überschussanteilssätze gerichtlich gemäß § 315 Abs. 3 BGB überprüfen zu lassen. § 17 ALB-E und § 17 ALB-NE enthalten dahingehend keine Ausführungen.

ee) **Rechtzeitigkeit**

Bei der Frage der Rechtzeitigkeit ergeben sich keine Bedenken.

ff) **Möglichkeit der Heilung**

§ 17 ALB-E entspricht nicht den Anforderungen an die materielle Transparenz. Die Kriterien der Verständlichkeit, Bestimmtheit, Eindeutigkeit bzw. Vollständigkeit wurden nicht erfüllt. Damit ist die Klausel *materiell intransparent*. Fraglich ist jedoch, ob die Intransparenz durch vorvertragliche Informationen geheilt wurde. Sofern eine verständliche Darstellung in der Überschussbeteiligungsklausel auf praktische Schwierigkeiten stößt, kann dem Interesse des Kunden an einer klaren und verständlichen Produktgestaltung durch entsprechende vorvertragliche Informationen Rechnung getragen werden.[569]

Möglicherweise werden die Versicherungsnehmer durch Beispielrechnungen entsprechend informiert. Dann müssten jedoch auch die Beispielrechnungen den oben genannten Anforderungen an das Transparenzgebot genügen. Derartige Beispielrechnungen sollen den Nachfragern eine Vorstellung von der wahrscheinlich zu erwartenden Überschussbeteiligung vermitteln. Grundsätzlich muss es dem Versicherungsnehmer ohne Zuhilfenahme zusätzlicher Hilfsmittel wie Literatur, Taschenrechner, Computer oder ähnliches möglich sein, den Gehalt der Informationen voll zu erfassen.

Die vom ehemaligen Verband der Lebensversicherungsunternehmen e.V. empfohlenen *Beispielrechnungen* sind nicht in der Lage, dem Kunden die Überschussbeteiligung klar und verständlich zu erklären und scheiden damit als Heilungsmöglichkeit aus. Die Hochrechnung erfolgt zunächst in *Fünfjahresschritten* und verschleiert dadurch beispielsweise den Effekt der Zillmerung der Abschlusskosten. Es sollte deutlich darauf hingewiesen werden, dass dem Versicherungsnehmer bei Kündigung in den ersten Vertragsjahren Verluste entstehen. Bei gezillmerten Verträgen wäre ein Hinweis auf die Zillmerung und deren Erklärung für den Kunden hilfreich, damit er den Verlauf seines Deckungskapitals verstehen kann.

Dem Kunden werden auch nicht die Konsequenzen der Veränderung der *Sterblichkeit* für seinen Vertrag mitgeteilt. Darüber hinaus erfolgt keine Angabe des Effektivzinses. Letztlich sagen die Beispielsrechnungen auch nichts über das Ermessen der Versicherer aus.

Die Versicherer sollten dem Verbraucher mindestens drei Hochrechnungen der Ablaufleistung angeben. Die eine mit der realistisch erwarteten Verzinsung in %, die beiden anderen mit je einem Prozentpunkt niedriger bzw. höher. Ebenso

---

569 Vgl. § 4 A. II. 7.

sollte der verwendete Zins in % explizit angegeben werden, wie auch der sich daraus ergebende Überschusszins (Gesamtzins in % abzüglich Rechnungszins). Zur richtigen Beurteilung des Zinsgewinnanteils ist es unerlässlich, die Bezugsgröße der Verzinsung eindeutig anzugeben. Diese Bezugsgröße muss eine fest definierte Größe sein, die ohne weiteres für den Verbraucher nachvollziehbar ist. Sollte sie von bilanziellen Wahlrechten abhängen, so muss dies zumindest kenntlich gemacht werden. Mit diesen Hochrechnungen könnte der Hinweis verbunden sein, dass es sich keinesfalls um Ober- bzw. Untergrenzen der Ablaufleistung handelt. Es stellt sich für den Verbraucher das Problem, dass er nicht weiß, mit welchen Wahrscheinlichkeiten die verschiedenen Verzinsungen künftig tatsächlich eintreten. Eine objektive Beurteilungsgrundlage könnte eine Tabelle der tatsächlichen Verzinsungen (und des tatsächlich verwendeten Rechnungszinses) für beispielsweise die letzten zehn Jahre sein.

Der GDV hat im Zusammenhang mit dem neuen § 17 ALB-NE auch eine Empfehlung für eine „Modellrechnung" herausgegeben. Diese Modellrechnung entspricht schon weitgehend den Anforderungen an die materielle Transparenz. Die Hochrechnung erfolgt jedoch auch in *Fünfjahresschritten* und eine *Effektivzinsangabe* enthält diese Beispielrechnung nicht.

b) **§ 26 AVB der Standard Life Deutschland**

Fraglich ist, ob *§ 26 AVB* der Standard Life Deutschland den materiellen Transparenzanforderungen entspricht.

Standard Life Deutschland, Frankfurt am Main, ist eine Niederlassung der Standard Life Assurance Company, Edingburgh, bei der es sich um die zweitgrößte britische Lebensversicherungsgesellschaft und um den derzeit größten europäischen Lebensversicherungsverein auf Gegenseitigkeit handelt.

Ein mit der Standard Life Deutschland abgeschlossener Versicherungsvertrag unterliegt *deutschem Vertrags- und Versicherungsrecht* sowie dem *deutschen Steuerrecht*. Das deutsche BAV überwacht im Rahmen der sog. Missbrauchsaufsicht, dass das deutsche Vertragsrecht und die allgemeinen rechtlichen Standards, wie sie im BGB und in sonstigen relevanten Gesetzen zu finden sind, eingehalten werden. Standard Life Deutschland unterliegt bezüglich der *Finanzaufsicht*, also den jährlichen Solvabilitätsberichten, der Produktgestaltung und der Kapitalanlage der britischen Versicherungsaufsicht und den britischen Veröffentlichungspflichten.

Die Höhe der zuzuteilenden Überschüsse richtet sich u.a. nach den handels- und aufsichtsrechtlichen Rechnungslegungsvorschriften. Nach § 341 Abs. 2 HGB gelten die Rechnungslegungsvorschriften aber nur dann für ausländische Versicherungsunternehmen, wenn diese „zum Betrieb des Direktversicherungsgeschäfts der Erlaubnis durch die deutsche Versicherungsaufsichtsbehörde bedürfen". Das bedeutet, dass Standard Life Deutschland weder den externen (RechVersV), noch den internen (BerVersV) Rechnungslegungsvorschriften unterliegt.

aa) Verständlichkeit

§ 26 Abs. 1a erklärt, dass der Versicherungsvertrag eine *SWING* ist. Nun stellt sich die Frage, was dies für den Versicherungsnehmer bedeutet. Der Begriff SWING ist in diesem Zusammenhang für den Versicherungsnehmer unverständlich. Es handelt sich um die Produktbezeichnung und diese ist für den Versicherungskunden verwirrend. Aus der Produktbezeichnung sollte lediglich hervorgehen, ob der größte Beitragsteil in ein Sparprodukt fließt oder für echte Versicherungen aufgewendet wird und ob die Beitragszahlung befristet ist. Vorliegend handelt es sich um eine SWING-Lebensversicherung mit SILENT-POWER-Option. In den werblichen Informationen („sog. commercial information") befinden sich weitere Informationen zu dem Begriff SILENT-POWER-Option. Ausreichend wäre es lediglich anzugeben, dass es sich um eine *überschussbeteiligte Kapitallebensversicherung* handelt.

Weiterhin wird der Versicherungsnehmer darüber informiert, dass die Standard Life Assurance Company ein Versicherungsverein auf Gegenseitigkeit ist und sie daher keine Aktionäre hat, § 26 Abs. 1b, S. 1. In den AVB wird an keiner Stelle erklärt, was dies für die Überschussbeteiligung der Versicherungsnehmer bedeutet. Ein *Versicherungsverein auf Gegenseitigkeit* ist ein privates Versicherungsunternehmen in der Form eines rechtsfähigen Vereins, dessen Mitglieder die Versicherten sind.[570] Die Standard Life Deutschland verwendet sog. „commercial information", welche dem Versicherungsnehmer mit den AVB ausgehändigt werden. Es handelt sich um die Broschüre *„Spielend einfach. Ihr Versicherungsvertrag mit Standard Life. Informationen 1999"*. Dort erfährt der Kunde:

„Da Standard Life ein Versicherungsverein auf Gegenseitigkeit ist, hat sie keine Aktionäre. Dadurch stehen die gesamten Gewinne den Kunden mit überschussbeteiligten Produkten zur Verfügung.[571] (...)

Darüber hinaus muss keine Dividende an Aktionäre, fremde Dritte, gezahlt werden, sondern alle Gewinne bleiben im Haus. Denn Standard Life gehört, wie gesagt, unseren Kunden mit überschussbeteiligten Produkten. Und das sind Sie."[572]

Die Unverständlichkeit oben genannter Klausel könnte durch diese „commercial information" geheilt werden. Fraglich ist, ob dies gerechtfertigt ist. Es wäre Standard Life Deutschland nämlich möglich gewesen, diese Informationen in den AVB an gleicher Stelle verständlich darzustellen. Eine Heilung der Unverständlichkeit scheidet aus.

§ 26 Abs. 1 b, S. 2 ist vom Satzaufbau verschachtelt und für den Versicherungskunden erst durch mehrmaliges Lesen begreifbar. Es geht um die Problema-

---

570 *Creifelds*, Rechtswörterbuch, S. 1283.
571 S. 8 der Broschüre „Spielend einfach . Ihr Versicherungsvertrag mit Standard Life. Informationen 1999".
572 S. 9, a.a.O.

tik der Solvabilität und der finanziellen Stärke der Gesellschaft. Die „commercial information" enthalten auch zu diesem Problemkreis einige Aussagen.[573]

§ 26 Abs. 2 a erklärt, dass zum 15. November jeden Jahres der Aktuar den Wert aller Aktiva und Passiva bestimmt. Was unter der Bezeichnung „Aktuar" zu verstehen ist, bleibt für den Versicherungskunden unverständlich. Die AVB enthalten zwar eine sog. *Definitionsliste*, § 1 AVB, jedoch wird der Begriff des Aktuars dort nicht zufriedenstellend definiert. „Aktuar bedeutet die zum jeweiligen Zeitpunkt das Amt des Aktuars der Gesellschaft ausübende Person." Damit wurde jedoch nichts über die Rolle des Aktuars ausgesagt. Dass es sich um einen Versicherungsmathematiker handelt ist nicht jedem Kunden klar. Warum und wie der Aktuar jedes Jahr den Wert aller Aktiva und Passiva bestimmt, ist aus dieser Formulierung nicht erkennbar. Es kann auch nicht unbedingt davon ausgegangen werden, dass alle Versicherungsnehmer mit den Begriffen *Aktiva* und *Passiva* genau das Richtige verbinden. Zudem wird auf die *Vorschriften für die britischen Versicherungsunternehmen von 1994; The UK Insurance Companies Regulations 1994* bezug genommen. Einem deutschen Versicherungsnehmer sind jedoch britische Vorschriften gänzlich unbekannt. Wie soll sich ein deutscher Versicherungskunde über die „UK Insurance Companies Regulations 1994" ein zutreffendes Bild machen. Es wird zudem an dieser Stelle auf diese Vorschriften ohne nähere Angaben eines Paragraphen bzw. section verwiesen. Somit entspricht § 26 Abs. 2a nicht dem Kriterium der Verständlichkeit.

Wer die „Direktoren der Gesellschaft" in *§ 26 Abs. 2 b, S. 1* sind, wird weder in der Definitionsliste § 1 noch in dieser Klausel erklärt. In Großbritannien existiert ein sog. *one-board-system*. In diesem Zusammenhang spricht man auch von einem „board of directors". Direktoren der Gesellschaft sind daher mit dem Vorstand vergleichbar. Unverständlich bleibt auch für den Versicherungsnehmer, was Produktklassen sind, und was dies mit der Überschussermittlung zu tun hat. Warum wird der Versicherungsnehmer in *§ 26 Abs. 2b, S. 2* darauf hingewiesen, dass die Direktoren die zu erwartenden zukünftigen Erträge der Kapitalanlagen des in Teil I § 12 erwähnten Kapitalanlageportefeuilles berücksichtigen? Die Verständlichkeit einer Klausel wird nicht dadurch erhöht, indem man in einer Klausel auf eine andere Klausel verweist. Dadurch wird der Kunde gezwungen ständig zwischen verschiedenen Klauseln hin und herzuwandern.

§ 26 Abs. 3 a ist für den Versicherungsnehmer völlig unverständlich. Die Klausel verwendet Fachbegriffe, wie *deklarieren*, *Kapitalanlageportefeuille*, *pro rata temporis* sowie *Deckungskapital*. Unabhängig von den verwendeten Fachtermini erschwert schon die komplizierte Satzkonstruktion das Verständnis dieser Klausel.

§ 26 AVB der Standard Life Deutschland entspricht nicht dem Kriterium der Verständlichkeit.

---

573 S. 9, a.a.O.

bb) Bestimmtheit

§ 26 Abs. 2, der über die Ermessensspielräume des Verantwortlichen Aktuars ein einseitiges Leistungsbestimmungsrecht des Kapitallebensversicherers begründet, verstößt gegen das Kriterium der Bestimmtheit. Es wird in § 26 Abs. 2a lediglich erklärt, dass der Aktuar zum 15. November jeden Jahres den Wert aller Aktiva und Passiva gemäß den Vorschriften zur Bewertung der Aktiva und Passiva bestimmt und die Direktoren der Gesellschaft auf Anraten des Aktuars entscheiden, welcher Überschussanteilssatz für jede Produktklasse im folgenden Kalenderjahr angewendet werden soll, § 26 Abs. 2b. Dem Versicherungskunden wird nicht erklärt, welche Faktoren die Überschussentstehung bestimmen, d.h. dass die Wahl der Rechnungsgrundlagen bei der Prämienberechnung und die Entwicklung des Risiko-, Kapitalertrags- und Kostenverlaufs die Entstehung des Überschusses bestimmen.

In den genannten „commercial information" findet der Versicherungsnehmer jedoch folgende Informationen zur Frage der Überschussbeteiligung:

„Wie funktioniert ein Versicherungsprodukt?

Nach Abzug der Kosten und der Beiträge zur Deckung der von Ihnen gewählten Versicherungsleistungen (Todesfallschutz, Berufsunfähigkeitsabsicherung) werden Ihre Beiträge zinsbringend angelegt. Ihr Kapital vermehrt sich zunächst durch eine Bonusverzinsung, die jedes Jahr vom Vorstand für ein Jahr im voraus zum Ablauf garantiert wird.

(...)

Einflüsse auf die Überschussbeteiligungsraten

Die Höhe der Überschussbeteiligung wird von unterschiedlichen Faktoren beeinflusst. Der wichtigste Faktor ist der Wertzuwachs der Kapitalanlagen, in denen Standard Life die Beiträge der Versicherungsnehmer anlegt. Ein anderer wichtiger Faktor ist die Methode, die Standard Life verwendet, um die Gewinnschwankungen auszugleichen. Auch Anpassungen, die Standard Life durchführen kann, um in Ihrem Interesse Ihre finanzielle Solidität zu bewahren, beeinflussen die Höhe der Überschussbeteiligung.[574]

(...)

Es ist die Philosophie der Gesellschaft, alle Gewinne nach einer fairen, ausgeglichenen Art auszuschütten, vorausgesetzt, dass die finanzielle Solidität der Gesellschaft auf dem notwendigen Niveau bleibt.

Standard Life weist die jährliche Bonusverzinsung in einer Höhe aus, die konsistent mit dem Vorsichtsprinzip ist und weiterhin einen hohen Grad an Investmentfreiheit gewährleistet."[575]

Zunächst kann festgestellt werden, dass der Kunde anhand der „commercial information" etwas über die Funktionsweise und die Einflüsse auf die Über-

---

574 S. 4 f. der Broschüre „Spielend einfach. Ihr Versicherungsvertrag mit Standard Life. Informationen 1999.".
575 S. 8, a.aO.

schussbeteiligung erfährt. Dem Versicherungskunden ist jedoch nicht ohne weiteres erkennbar, dass die „commercial information" und die AVB eine Einheit bilden. Ein Hinweis darauf ist weder in den AVB noch in den werblichen Informationen erkennbar. Unabhängig von der Frage der Bestimmtheit muss jedoch festgestellt werden, dass diese werblichen Informationen schon allein deshalb als intransparent bewertet werden müssen, weil sie dem bereits angesprochenen Kriterium der Verständlichkeit nicht genügen. Es werden Fachbegriffe wie z.B. „finanzielle Solidität" oder „Vorsichtsprinzip" verwendet und an keiner anderen Stelle der Broschüre verständlich erklärt.

Es wird angegeben, dass die Überschussbeteiligung u.a. von der Methode abhängig ist, die Standard Life verwendet, um die Gewinnschwankungen auszugleichen. Dem Kunden ist jedoch nicht klar und er erfährt es auch nicht an anderer Stelle, wann sich dieses sog. „smoothing" positiv oder negativ auf seinen Anspruch auf Überschussbeteiligung auswirkt.

An dieser Stelle muss auch geklärt werden, ob es überhaupt zulässig ist, die Unbestimmtheit in § 26 AVB durch diese „commercial information" zu heilen. Die Möglichkeit der Heilung intransparenter Klauseln durch *vertragsabschlussbegleitende Informationen* kann nur dann bejaht werden, wenn der Versicherer nicht in der Lage ist, Transparenz durch die AVB selbst herzustellen. Letzteres muss jedoch hier verneint werden. Es wäre Standard Life Deutschland auch möglich gewesen die genannten Informationen in § 26 AVB einzuarbeiten. Daher wird die Unbestimmtheit nicht durch die „commercial information" beseitigt.

§ 26 AVB enthält keine Klarstellung über eine Beteiligung an den *stillen Reserven*. Diese können durch die Bilanzierungsmöglichkeit in Deutschland nach dem *Niederstwertprinzip* entstehen.[576] Es stellt sich nun die Frage, ob Standard Life als britisches Versicherungsunternehmen, welches in Deutschland niedergelassen ist, nach dem Niederstwertprinzip bilanzieren darf. Standard Life Deutschland unterliegt weder den internen noch den externen Rechnungslegungsvorschriften.[577]

Das seit langem bestehende angelsächsische Prinzip, dass Jahresabschlüsse einen „true and fair view" vermitteln müssen, wurde 1986 in das deutsche Recht durch eine Änderung des deutschen Handelsgesetzbuches eingeführt. Das Verständnis darüber, was ein den tatsächlichen Verhältnissen entsprechendes Bild oder ein „true and fair view" ist, ist in Großbritannien und Deutschland sehr verschieden.

Das deutsche Bilanzrecht ist von der Auffassung geprägt, dass die Bilanz als Instrument der Ausschüttungsbemessung vorrangig die *Interessen der Gläubiger* zu berücksichtigen hat.[578] Um die Gläubiger vor übermäßigen Gewinnansprüchen der Anteilseigner zu schützen, müssen auf der Basis des *Vorsichtsprinzips* (§ 252 Abs. 1 Nr. 4 HGB) vorhersehbare Risiken und Verluste in der Bilanz berücksichtigt werden (Imparitätsprinzip). Wertsteigerungen sind dagegen erst dann

---

576 Vgl. § 4 B.II.2.a)bb).
577 Vgl. § 4 B.II.2.b).
578 *Schildbach*, Der handelsrechtliche Jahresabschluss, S. 39-48.

in Anschlag zu bringen, wenn sie am Abschlussstichtag realisiert sind (*Realisationsprinzip*). Diese Prinzipien haben zur Folge, dass die Bilanz nicht im Sinne eines „true and fair view" Auskunft über die wirkliche Vermögenslage eines Lebensversicherungsunternehmens gibt. Zudem sind Handels- und Steuerbilanz nach dem deutschen Recht über den Grundsatz der (umgekehrten) Maßgeblichkeit aufeinander bezogen.

In Großbritannien verlangt das Gesetz die Aufstellung von Jahresabschlüssen, die unter Beachtung der gesetzlichen Vorschriften (insbesondere in den Companies Acts) ein den tatsächlichen Verhältnissen entsprechendes Bild vermitteln. Die Rechnungslegungsgrundsätze in Großbritannien sind jedoch stärker beeinflusst durch den Grundsatz, dass die Gewinn- und Verlustrechnung die Leistung einer Gesellschaft in einem gegebenen Geschäftsjahr richtig widerspiegelt. Zudem ist die Generalnorm der Vermittlung eines den tatsächlichen Verhältnissen entsprechendes Bildes im Gesellschaftsrecht fest verankert. Verhindert unter bestimmten (seltenen) Umständen eine Vorschrift des Companies Act oder eines Bilanzierungsstandards die Vermittlung eines den tatsächlichen Verhältnissen entsprechenden Bildes, kommt der Generalnorm des *„true and fair view"* vorrangige Bedeutung zu. Im Gegensatz zu Deutschland wurde in Großbritannien durch den Companies Act 1989 das Konzept der Rechnungslegungsstandards als verbindliche Erklärungen in das Recht eingebracht und eine Körperschaft mit gesetzlicher Verantwortung für die Aufstellung und die Einhaltung von Rechnungslegungsstandards geschaffen. In Großbritannien werden handelsrechtliche Jahresabschlüsse in erster Linie zur Vermittlung eines den tatsächlichen Verhältnissen entsprechendes Bildes aufgestellt, weil die Bilanz primär als Informationsinstrument des Kapitalmarktes dient und daher als Entscheidungsgrundlage für die Anleger fungiert.[579]

Die Bildung stiller Reserven (inner reserves) ist in Großbritannien nicht zulässig.[580] Für britische Versicherungsunternehmen gilt ein Wertaufholungsgebot, Part VIII Insurance Companies Regulations 1994.[581] Das bedeutet, dass in der Bilanz der sog. „market value" ausgewiesen wird, welcher dem tatsächlichen Wert (=Zeitwert) entspricht. In Großbritannien ist es nicht üblich und normalerweise auch nicht zulässig, steuerrechtliche Anpassungen im Jahresabschluss zu erfassen. Nicht realisierte Gewinne aus Geldposten sind in der Gewinn- und Verlustrechnung auszuweisen (SSAP 2). Gewinne aus langfristiger Fertigung sind nach dem Fertigungsstand zu vereinnahmen (SSAP 9). Es ist zudem auch nicht zulässig, Wertberichtigungen wegen zukünftiger Wertschwankungen vorzunehmen.

Aufgrund dieser Tatsache ergibt sich nicht das Problem, dass der Versicherungsnehmer an sog. stillen Reserven möglicherweise nicht beteiligt wird. Daher

---

579 *Kübler*, ZHR 1995, 550, 554.
580 Vgl. auch *Hoptcroft*, Rechnungslegung und Grundsätze der Abschlussprüfung in Großbritannien, S. D 131. Die Lincoln Assurance Limited (Ausnahme) ist als einziges bekanntes Beispiel zur Bildung von Stillen Reserven berechtigt.
581 Part VIII Valuation of Assets i.V.m. Schedule 12 Assets to be taken into account only to a specified extent.

ergibt sich für die britischen Versicherer im Gegensatz zu deutschen Versicherern keine Pflicht auf die Möglichkeit der Bildung von stillen Reserven hinzuweisen.

Deutschland	Großbritannien
Gläubigerschutz	Anlegerschutz
Niederstwertprinzip	Wertaufholungsgebot ("true and fair view")
Stille Reserven (Buchwert niedriger als Zeitwert)	Keine stillen Reserven (Buchwert = Zeitwert)

Abb. 11   Darstellung der Bilanzierung

cc) **Eindeutigkeit**

§ 26 Abs. 4 ist unklar und damit nicht eindeutig formuliert. Die Klausel ist dahingehend zu verstehen, dass der Versicherungsnehmer kein Recht hat, die Auszahlung der Überschussbeteiligung *während der Vertragslaufzeit* zu verlangen. Die Klausel kann jedoch auch so verstanden werden, dass der Versicherungsnehmer generell kein Recht hat, d.h. zu *keinem Zeitpunkt*, die Auszahlung zu verlangen.

dd) **Vollständigkeit, Rechtzeitigkeit**

Die Kriterien der Vollständigkeit und Rechtzeitigkeit können als erfüllt angesehen werden.

Die Überschussbeteiligungsklausel der Standard Life Deutschland entspricht nicht den Kriterien der Verständlichkeit und Bestimmtheit. Die Intransparenz der Klausel kann auch nicht durch vertragsabschlussbegleitende „commercial information" geheilt werden. Die dort erteilten Informationen entsprechen nicht den Transparenzanforderungen und verlagern lediglich die Problematik AVB transparent darzustellen.

III. Großbritannien

1. Britische Kapitallebensversicherungen

In Großbritannien unterscheidet man zwischen „Traditional With Profit Endowment Policies" (oder „Conventional Endowments") und „Unitised With Profit Policies" (oder „Accumulating With Profit Policies").

Die „Traditional With Profit Endowment Policy" ist einer typischen deutschen überschussbeteiligten Kapitallebensversicherung sehr ähnlich. Beim Abschluss werden eine garantierte Erlebensfall- und Todesfallsumme festgelegt. Die Erlebensfallsumme und normalerweise auch die Todesfallsumme werden dann über die Laufzeit des Vertrages durch laufende Boni erhöht.[582] Einmal zugewiesene Boni werden dann im Leistungsfall garantiert. Bei einer Kündigung wird normalerweise weder die Höhe des Rückkaufswertes noch die Höhe einer beitragsfreien Versicherungssumme garantiert.[583] Während der 80er Jahre sind diese traditionellen Verträge weitgehend durch „Unitised With Profit"-Verträge ersetzt worden.[584] Diese Verträge machen Gebrauch von den Verwaltungsmethoden einer fondsgebundenen Police. Ein Teil jedes Beitrags kauft Anteile eines „With Profit Fund". Der Rückgabepreis eines Anteils steigt normalerweise täglich um einen fest garantierten Zinssatz. Darüber hinaus kann dieser Zinssatz um eine Bonusverzinsung erhöht werden.[585] Dadurch bildet sich eine Art „Konto", von dem die Kosten des Versicherungsschutzes und regelmäßigen Verwaltungskosten explizit abgezogen werden. Der Rückgabepreis eines Anteiles wird normalerweise zum Ablauf oder im Leistungsfall garantiert. Bei Kündigungen, um Antiselektionen zu vermeiden, kann u.U. auf Empfehlung des Verantwortlichen Aktuars der Rückgabepreis für ausscheidende Versicherungsnehmer reduziert werden. Im Leistungsfall und bei Kündigung kann auch ein Schlussbonus gewährt werden. Die Höhe des Schlussbonus wird nicht im voraus garantiert. Der Schlussbonus kann z.B. für jedes Jahr, in dem die entsprechenden Anteile erworben worden, als ein von dem Ankaufsjahr abhängigen Prozentsatz des Rückgabepreises deklariert werden. Es kann aber auch eine Art „Shadow Fund" geführt werden, bei welchem ein (geglätteter) Wert der dem Vertrag anteilig zugrundeliegenden Kapitalanlage täglich berechnet wird. Dies ermöglicht es für jeden individuellen Vertrag

---

582 Dabei gibt es verschiedene Systeme; die Boni werden aber fast immer als Prozentsätze der Versicherungssummen und/oder schon zugewiesene Boni ausgesprochen. Eine Verteilung ge-mäß Überschussquelle ist sehr ungewöhnlich - normalerweise enthalten die Berechnungs-grundlagen Annahmen für Sterblichkeit und Kosten, die so gut wie möglich geschätzt werden, also keine Sicherheitsmargen enthalten.

583 Aufgrund der Bilanzierungsregelungen in Großbritannien ist es üblich, die Garantien auf einem relativ niedrigen Niveau festzulegen, damit ein höherer Anteil der Kapitalanlagen in Aktien investiert werden kann. Damit werden die Renditechancen für die Versicherungsnehmer erhöht. Einen Schlussbonus von 50% bis 80% der gesamten Ablaufleistung ist typisch. Es gibt kein Min-destüberschusszuteilungsgebot.

584 Es gibt nur noch wenige Versicherer, die sog. Conventional Endowments anbieten, z.B. Cooperative Insurance Society.

585 Dabei handelt es sich um eine Art laufenden Bonus.

den entsprechenden Schlussbonus zu berechnen. Der Schlussbonus reflektiert dabei die geglätteten Erträge.

Die Tatsache, dass in der Praxis die britischen Versicherer größtenteils nur noch *Unitised Verträge* anbieten hat folgende Gründe:
- Weniger Kapitalaufwand durch niedrigere Garantien im Vergleich mit *Traditional Endowments*: dadurch größere Investmentfreiheit, höhere Gewinnchancen, größere Neugeschäftskapazität.
- Möglichkeit von Kombi-Verträgen (ein Teil der Anlage in *With Profit Funds*, ein anderer in Investment Funds); außerdem besteht die Möglichkeit die Anlage zwischen den Fonds umzuschichten. Dadurch kann das Risikoprofil des Investments während der Laufzeit verändert werden.

2. Sec. 7 Abs. 4 „With Profit Flexible Life Assurance"

Sect. 7 Abs. 4 der „With Profit Flexible Life Assurance", welche die Equitable Life Assurance Society mit Sitz in London anbietet, hat folgenden Wortlaut:

Es handelt sich um eine „unitised with profit policy".
„Section 7
Conditions
(...)
4 Participation in profits
The Policy shall confer a right to participation in the profits of the Society"[586]

Eine kapitalbildende Lebensversicherung, welche zum Produkttyp der „traditional endowment policy"[587] gehört, enthält folgende Formulierung:

„Benefits
Endowment Assurance Benefit - a Sum Assured of ... (state figure in words) payable on the death of the Life Assured before ... or on the survival of the Life Assured to ...
This Benefit shall participate in the profits of the Company under its ordinary reversionary bonus series and all bonuses attaching will be payable in addition to, and subject to the same conditions as the Sum Assured."

Die Überschussbeteiligungsklauseln sind ähnlich formuliert. Im folgenden wird nur sec. 7 Abs. 4 der „With Profit Life Assurance" einer Transparenzprüfung unterzogen.

---

586 With-Profits Flexible Life Assurance Policy Booklet (June 1999), S. 11.
587 Produkt der Standard Life Assurance Company, April 1994.

a) **Formelle Transparenz**

Die Klausel entspricht dem Lesbarkeitskriterium. Besonders positiv kann das Merkmal der *übersichtlichen Gliederung* bewertet werden. Der Versicherungskunde und damit der Leser wird leicht und verständlich aufgrund der guten Gliederung durch die AVB geführt. Die Equitable Life verwendet eine Definitionsliste und die AVB sind in Broschürenform verfasst. In formeller Hinsicht entfalten die AVB aus Großbritannien Vorbildwirkung für deutsche Versicherungsbedingungen.

b) **Materielle Transparenz**

aa) **Verständlichkeit**

Der Versicherungsnehmer wird zunächst lediglich darüber informiert, dass er am Überschuss der Gesellschaft beteiligt wird. Die Klausel ist für den Versicherungskunden verständlich. Es werden keine Fachbegriffe verwendet und es liegen keine Satzverschachtelungen vor.

bb) **Bestimmtheit**

Bedenken gegen das Kriterium der Bestimmtheit ergeben sich nicht. Es wird lediglich angegeben, dass eine Beteiligung am Überschuss der Gesellschaft besteht. Diese Aussage ist zunächst nicht zu unbestimmt. Es könnten sich Probleme bei der Frage der Vollständigkeit ergeben.

cc) **Vollständigkeit**

Die Überschussbeteiligungsklausel enthält keine Angaben, wie der Überschuss ermittelt wird und in welcher Form der Versicherungsnehmer an den Überschüssen beteiligt wird.
In Großbritannien werden in anderen Verkaufsunterlagen, den „sog. commercial information"[588], zusätzlich zu den AVB Informationen zur Überschussbeteiligung gegeben:
- Unter den Regelungen der Aufsichtsbehörde (Personal Investment Authority, PIA) muss jede Gesellschaft, die überschussbeteiligte Verträge anbietet, einen „With Profits Guide" zur Verfügung stellen, L 5.13 - L 5.18 PIA Rule book/August 1996. Die Equitable Life verwendet einen sog. „WITH-PROFITS GUIDE".
  „ (...) a guide containing information about the company or society and its with-profits fund. (..) It is therefore important that potential policyhold-

---

588 Vgl. § 4 B II. 2.b.

ers and their advisers should have access to information about the most important factors influencing such bonuses."[589]

Es handelt sich dabei um eine 7 Seiten lange Broschüre. Diese Broschüre beinhaltet Informationen über die Faktoren, die die Überschussbeteiligung beeinflussen und die Bonuspolitik der Gesellschaft. Der Inhalt wird fast vollkommen von der PIA vorgegeben.[590] Die PIA[591] fordert eine Unterteilung des with-profits guide in

- indroduction,
- company informations,
- factors influencing bonus rates,
- investments,
- solvency margins,
- recent bonus policy,
- expenses,
- examples of the effect of expenses implicit in a table,
- other factors,
- policy proceeds,
- conclusion.

- Darüber hinaus enthalten die sog. „Key Features" weitere Informationen zur Überschussbeteiligung. Diese gehören auch zu den „commercial information".
- Zudem müssen Details über die Überschussbeteiligung und deren Kosten im jährlichen Geschäftsbericht erscheinen, der bei der Finanzaufsicht einzureichen ist. Die Aufsichtsbehörde ist nach dem ICA 82 verpflichtet sicherzustellen, dass die „Reasonable Expectations" der Versicherungsnehmer eingehalten werden.[592]
- In jeder Satzung einer Gesellschaft werden die Prinzipien der Überschussbeteiligung erklärt.[593]

Es ist fraglich, ob britische Versicherer verpflichtet sind weitere Angaben in den AVB über die Überschussermittlung und Überschussbeteiligung zu erteilen. Nach dem oben dargestellten Transparenzmodell wäre diese britische Klausel materiell intransparent, da sie keine vollständigen Angaben über die Überschussermittlung und -beteiligung enthält.

Gemäß reg. 7 Abs. 1 UTCCR 99 müssen die Vertragsklauseln „in plain intelligible language" abgefasst sein und die Versicherer sind verpflichtet gemäß sec. 72 A ICA 82 i.V.m. Schedule 2 E in den Verbraucherinformationen über die Überschussermittlung und -beteiligung zu informieren. Daraus würde sich ergeben,

---

589 Vgl. With-Profits Guide, Stand 31. August 1999, S. 1 unter A. Introduction.
590 L 5.15 PIA rule book/September 1996, Content of with-profitsguides. Der „With-Profits Guide" der Equitable Life Assurance Company enthält mehr Informationen als tatsächlich von der Aufsicht verlangt wird.
591 Vgl. Schedule L 8.1 PIA rule book-July 1994.
592 Form 9 des Berichts berichtet über die Deckung der Solvabilitätsspanne, Form 58 über die Verteilung der Überschüsse. Der Inhalt des Berichts wird von den „Insurance Companies (Accounts and Statements) Regulations 1996" geregelt.
593 Z.B. Distribution Of Profits, vgl. §§ 79 - 83 Standard Life Assurance Company Act 1991

dass die Überschussbeteiligungsklausel sec. 7 Abs. 4 dem Transparenzgebot in reg. 7 UTCCR 99 entspricht und durch die „commercial information" die zu erteilenden Verbraucherinformationen in bezug auf die Überschussermittlung und -beteiligung gewährleistet werden.

3. Bewertung

Die Überschussbeteiligungsklausel in Großbritannien entspricht den Kriterien der formellen Transparenz und entfaltet insoweit Vorbildwirkung für Deutschland. Die Klausel erfüllt auch das Kriterium der Verständlichkeit im Rahmen der materiellen Transparenz. Der Grund kann u.a. darin liegen, dass die Überschussbeteiligungsklausel keine weiteren Angaben zur Überschussermittlung und -beteiligung enthält. Für den Versicherungsnehmer ist aus der Klausel lediglich erkennbar, dass er mit Abschluss des Vertrages ein Recht auf Beteiligung am Überschuss erworben hat. Britische Versicherer versuchen durch sog. „commercial information" eine ausreichende Unterrichtung des Kunden sicherzustellen. In diesem Zusammenhang wird hauptsächlich auf den with-profits guide vertraut.

Die wichtigsten Unterschiede zwischen Deutschland und Großbritannien sind auf die Art der Regulierungen und die unterschiedliche Kultur beider Länder zurückzuführen. Der deutschen Kultur entspricht es, dass sehr viel Wert auf Sicherheit und Garantien gelegt wird. Dies könnte möglicherweise auch einer der Gründe sein, warum so viel durch präventive Gesetze anstatt durch Prinzipien geregelt wird. Ein wichtiges Beispiel stellt die bis 1994 durch das BAV aufgrund des VAG vorgenommene Vorabkontrolle der AVB und Tarife in Deutschland dar. Aufgrund dieser Vorabgenehmigungspflicht waren die AVB der unterschiedlichen Anbieter fast identisch und es fehlte wegen dieser starren Regelungen im deutschen Markt an Innovationen und Auswahl. In Großbritannien dagegen wird mit Hilfe von Prinzipien reguliert. Die Produkte selbst werden nicht reguliert, stattdessen gibt es seit 1986 eine Regulierung des Marketing- und Sales Bereichs. Britische Aktuare haben im Gegensatz zum deutschen Recht bereits seit langem bei Überschussberechtigen Lebensversicherungsverträgen eine Schlüsselfunktion. Der Grund dafür liegt im britischen Verständnis von Staatsaufsicht, das - ausgehend von der Idee eines reinen Publizitätssystems („freedom with publicity")[594] - bis heute maßgeblich durch den Grundsatz „self-regulation within framework" geprägt wird. Im Bereich der Überschussbeteiligung wird der Appointed Actuary lediglich zu einer informellen Berichterstattung gegenüber dem DTI verpflichtet. Der Insurance Companies Act sieht vor, dass der Aktuar jährlich innerhalb von sechs Monaten nach Ende des jeweiligen Rechenschaftszeitraums einen Prüfungsbericht (valuation report) einreichen muss, der u.a. die genaue Zusammensetzung und Verwendung der Überschüsse zu dokumentieren hat.[595] Ergänzend wird alle fünf Jahre ein weiterer Bericht (statement of long

---

594 *Wesselkock*, Geburtstagsschrift Büchner S. 407, 408.
595 Sect. 18 sub. 1 (b) i.V.m. sect. 22 sub. 1 des ICA 82 sowie Formblatt 58 (Valuation result and distribution of surplus). Vgl. hierzu: *Neuhaus*, Die aufsichtsrechtlichen Rahmenbedingungen der Versicherungswirtschaft in Großbritannien, S.138.

term business) verlangt, der eine ausführliche Darstellung des Geschäftsverlaufs und der Finanzlage enthalten muss.[596]

Im Rahmen der berufsrechtlichen Leitlinien (guidance notes) des „Institute of Actuaries" und der „Falculty of Actuaries" werden dem Appointed Actuary materielle Kontrollfunktionen über die Überschussbeteiligung zugewiesen.[597] Nach diesen Leitlinien hat der Appointed Actuary das Prinzip der „Policyholder Reasonable Expectation" (PRE) zu beachten. Bei seinen Vorschlägen zur Überschussbeteiligung hat der Appointed Actuary darauf hinzuwirken, dass das Lebensversicherungsgeschäft soweit wie möglich im Einklang mit den berechtigten Erwartungen der Versicherungsnehmer („with regard to its policyholder's reasonable expectations") betrieben wird.[598] Zudem hat er „alle angemessenen Schritte zu unternehmen, um sicherzustellen, dass die neu gewonnenen Versicherungsnehmer nicht in ihren Erwartungen irregeführt werden".[599]

IV. Vorschlag für die transparente Darstellung einer Überschussbeteiligungsklausel

In jüngster Zeit, ausgelöst u.a. durch das Urteil des OLG Stuttgart[600], mehren sich die Entwurfvorschläge für eine neue Überschussbeteiligungsklausel.

Schwintowski[601] entwarf bereits im Jahre 1996 diese Übersicht, welche die Positionen darstellt, aus denen der Überschuss entsteht:

Vorschlag für die Überschussentstehung

(1)	eingezahlte Beiträge
(2)	Aufwendungen für Sterbefälle und Ablaufleistungen
(3)	abzüglich Abschluss- und laufende Verwaltungskosten
(4)	abzüglich angemessenen Gewinns (mindestens 4 % : § 56 VAG) ergibt den Sparanteil
(5)	zzgl. Erträge aus Kapitalanlagen
(6)	zzgl. Beteiligung an den stillen Reserven ergibt den vorläufigen Rückkaufswert
	Ergibt den vorläufigen Rückkaufswert

Abb. 12 Überschussentstehung

---

596 Sect. 18 sub. 3, 5 ICA 82, reg. 24 (b).
597 Institute of Actuaries/Faculty of Actuaries (Hrsg.), Guidance Note GN 1: Actuaries and Long-Term Insurance Business (1992).
598 Guidance Note 1, 1.1.
599 Guidance Note 1, 3.3.
600 OLG Stuttgart, VersR 1999, 832.
601 *Schwintowski*, VuR 1996, 223, 2236.

Diese Übersicht ist von jedem Versicherungsnehmer zu verstehen. Des weiteren unterbreitete *Schwintowski* einen Formulierungsvorschlag für eine Überschussbeteiligungsklausel.[602] Wie bereits erwähnt[603] hat auch der GDV kürzlich neue Verbandsempfehlungen herausgegeben. Die entsprechende Klausel der Überschussbeteiligung (§ 17 ALB-NE) wurde bereits besprochen.[604]

Alle neu entwickelten Klauseln zeigen, dass Transparenz auch bei komplexen und schwer verständlichen Versicherungsprodukten erreichbar ist.[605]

Beachtet man die oben aufgestellten Transparenzanforderungen kommt man im Hinblick auf die neu entwickelten Überschussbeteiligungsklauseln zu folgendem Formulierungsvorschlag:

„§ 17   Wie sind Sie an den Überschüssen beteiligt?

(1) Grundsätzliches
Wir beteiligen Sie und die anderen Versicherungsnehmer am Überschuss unseres Unternehmens. Wie hoch Ihre Überschüsse im Laufe der Jahre ausfallen, wissen wir nicht genau. Die Höhe hängt davon ab, welche Verzinsung wir am Kapitalmarkt mit Ihren Prämien erzielen, wie viel Versicherungsnehmer während der Vertragslaufzeit sterben und wie kostengünstig wir arbeiten. Wir garantieren Ihnen aber einen Mindestüberschuss in Höhe von 4 %.

(2) Überschussentstehung
Durch die von Ihnen eingezahlten Prämien entsteht ein Kapital. Von diesem Kapital sind die Abschluss- und die laufenden Verwaltungskosten sowie die anteiligen Aufwendungen für Sterbefälle abzuziehen. Der übrigbleibende Betrag wird durch Ihre laufenden Prämienzahlungen immer größer. Außerdem wird dieser Betrag am Kapitalmarkt angelegt und bringt Zinsen. Einen Teil dieser Zinsen, nämlich genau 90 % gewähren wir Ihnen als Überschuss. Die restlichen 10 % behalten wir für unsere Arbeit.

Je höher also die Verzinsung am Kapitalmarkt ausfällt, je weniger Versicherungsnehmer während der Vertragslaufzeit sterben und je kostengünstiger wir arbeiten, um so höher ist der hieraus entstehende Überschuss.

(3) Zeitpunkt der Auszahlung der Überschussbeteiligung
Ab dem ersten Versicherungsjahr erhalten Sie eine jährliche Überschussgutschrift. Die Schwankungen am Kapitalmarkt zwingen uns dazu, Sicherheitsreserven zu bilden. An diesen stillen Reserven werden wir Sie im Ablaufzeitpunkt Ihres Vertrages so beteiligen, wie es dem wirklichen Wert Ihrer Kapitalanlage entspricht. Genauso werden wir verfahren, wenn Sie Ihren Vertrag vorzeitig beenden (Rückkaufswert) oder wenn Sie ihn in

---

602 Vgl. *Schwintowski*, Kundenfreundliche Versicherungsbedingungen, S. 57 f.
603 Vgl. § 4 B. II.
604 Vgl. § 4 B.II.1.
605 Vgl. auch Formulierungsvorschlag, *Ebers*, Die Überschussbeteiligung in der Lebensversicherung, S. 343.

eine prämienfreie Versicherung umwandeln wollen. Unter Umständen erhalten Sie also einen Großteil Ihrer Überschüsse erst am Ende Ihres Vertrages.

(4) Versicherungstechnische Angaben
Wir haben Ihrem Versicherungsvertrag die Sterbetafel 1999 zugrundegelegt. Auf Veränderungen bei Kosten, Zinsen und Sterbetafeln werden wir Sie in der jährlichen Mitteilung zur Wertentwicklung Ihres Vertrages informieren. Es kann sein, dass wir die derzeitig zugrundegelegten Prämien erhöhen müssen. Wenn dies erforderlich ist, so werden wir Ihnen dies mitteilen. Sie haben dann das Recht, Ihren Vertrag mit einer Frist von einem Monat aufzulösen und den Rückkaufswert zu verlangen.

Zusätzlich könnten die unterstrichenen Begriffe in einer Definitionsliste erklärt werden.

§ 5 Prämientransparenz

A. Problemstellung

In vielen Fällen wird den Kunden von Versicherungsunternehmen nicht deutlich, für welche Zwecke und zu welchem Zeitpunkt die von ihnen gezahlten Prämien vom Versicherungsunternehmen verwendet werden. Die Prämie bzw. der Tarif ist zwar nicht Bestandteil der AVB; um jedoch ein einheitliches Transparenzkonzept vorzustellen, erscheint es sinnvoll auch auf die Darstellung der Prämie im Versicherungsvertrag einzugehen. Es geht um die Frage, wie die Prämie transparent dargestellt werden muss.

Bisher wurde über diese Fragen wenig nachgedacht bzw. wenig diskutiert. Der Grund liegt zum einen darin, dass Prämien im Grunde frei vereinbart werden und zum anderen die Prämie nach § 1 VVG die Gegenleistung für die vom Versicherer geschuldete Deckung ist. Sie unterliegt als Hauptleistung nicht der Angemessenheitskontrolle nach §§ 8, 9 AGBG.

Diesem Zustand kann man abhelfen, indem man die produktimmanente Intransparenz beseitigt. Man kann daran denken, bei Übersendung der Prämienrechnung darüber zu informieren, welchen Anteil der Prämie zur Deckung der Kosten einerseits und zur Deckung der Schadenfälle andererseits verwendet wird.[606] Dadurch wird der Versicherer auch gezwungen die Kostenentwicklung nach unten tendieren zu lassen, so dass der Versicherte merkt, dass mit dem Geld genau das geschieht, was bei Abschluss des Vertrages bezweckt war. Es geht nämlich um die Umverteilung innerhalb der Gefahrengemeinschaft. Nun kann man fragen, wozu diese Art der Transparenz sinnvoll ist. Das Vertrauen der Versicherungsnehmer in die Produkte wird gestärkt und es kommt innerhalb der Kostensegmente zu funktionsfähigem Wettbewerb. Dem Versicherungsnehmer soll ermöglicht werden, Prämien der einzelnen Unternehmen zu vergleichen.

---

606 *Schwintowski*, Kundenfreundliche Versicherungsbedingungen, S. 50.

Vergleicht man beispielsweise die Transparenz der Kapitallebensversicherung mit der Transparenz von Kreditverträgen, fällt auf, dass den Kunden bereits der Vergleich einfacher Kreditverträge durch eine zwingend vorgeschriebene Angabe von Effektivzinssätzen erleichtert werden muss. Ein solcher Schutz durch Transparenz von Kosten und Renditen fehlt bei der ungleich schwieriger zu verstehenden Kapitallebensversicherung.

So wird der Versicherungsbeitrag in der kapitalbildenden Lebensversicherung intern in mehrere Teilbeiträge zerlegt. Kalkulatorisch wird ein Teil zur Abdeckung des *Todesfallrisikos*, ein zweiter Teil zum Ansammeln von *Kapital* und ein dritter Teil zur Abdeckung von *Kosten* verwendet. Wie hoch die jeweiligen Teilbeiträge sind, konnte der Versicherungsnehmer bisher aus den ihm zur Verfügung gestellten Unterlagen in Deutschland nicht erkennen. Solche Kerndaten, wie beispielsweise die Höhe der rechnungsmäßigen Abschlusskosten oder der Verwaltungskosten, sind jedoch für die Beurteilung der Leistungsfähigkeit und Überschusskraft des Versicherers von eminenter Bedeutung. Die einzige Orientierungshilfe ist vor dem Abschluss einer Kapitallebensversicherung stattdessen die von den Unternehmen in Aussicht gestellte Ablaufleistung, die sich aus der garantierten Versicherungssumme und der Überschussbeteiligung zusammensetzt.

Zwar wird auch der Kunde in *Großbritannien* nicht über die Höhe sämtlicher Kosten und Gebühren informiert. Im Gegensatz zu Deutschland sind jedoch die ungebundenen Vermittler in Großbritannien nach den PIA-Regelwerken, „Conduct of Business"[607] verpflichtet, vor Abschluss eines Vertrages den Umfang und den Absender ihrer Vergütung offen zulegen, sog. *„disclosure of remuneration"*. Bei den gebundenen Vermittlern wird lediglich verlangt, dass sie eine Liste über maximal erhältliche Provisionen übergeben, aus der der Versicherungsinteressent nicht erkennt, ob er im Falle des Vertragsabschlusses mit diesem, einem höheren oder gar niedrigeren Abschlusskostensatz belastet wird. Nur im Falle eines Überschreitens der dort genannten Sätze muss die Provision offengelegt werden.

B. Anforderungen an die Prämientransparenz

Nach der EG-RL ist die Angemessenheit zwischen dem Preis bzw. Entgelt und den Dienstleistungen, die die Gegenleistung darstellen, nur dann der Missbrauchskontrolle entzogen, „sofern diese Klauseln klar und verständlich abgefasst sind", vgl. Art. 4 Abs. 2 der RL. Damit wird die Tarifgestaltung von Versicherungsverträgen vom Transparenzgebot erfasst. In Großbritannien wurde dieses Gebot durch reg. 6 Abs. 2b UTCCR 99 umgesetzt. Wie bereits an anderer Stelle festgestellt, hat der deutsche Gesetzgeber Art. 4 Abs. 2 der RL in dieser Hinsicht nicht umgesetzt. Das Gebot der Preis- und Kostentransparenz ist im deutschen Recht auch nicht ohne weiteres methodisch durchsetzbar.[608] Es könnte

---

607 *Houseman & Davies*, Law of Life Assurance, S. 58.
608 *Schwintowski*, Kundenfreundliche Versicherungsbedingungen, S. 70.

an § 134 BGB (Art. 4 Abs. 2 RL als spezielles Verbot intransparenter Preisgestaltung), oder § 138 BGB oder § 242 BGB angeknüpft werden.

I. Transparenzmodell des Wirtschafts- und Sozialausschusses der EG

Am 30.03.1998 tagte der Wirtschafts- und Sozialausschuss der EG zum Thema „Die Verbraucher auf dem Versicherungsmarkt" mit dem Anliegen die faktische Beseitigung der wesentlichen Wettbewerbsverzerrungen und die Stärkung des Vertrauens der Verbraucher in die Zuverlässigkeit und Qualität von Waren und Dienstleistungen zu erreichen.[609] Im Versicherungswesen ist die Prämie der „Preis" der Dienstleistung, dessen Höhe von den Vertragsparteien frei vereinbart wird, vgl. Ziff. 3.7.4.1. Der Ausschuss differenziert zwischen einer „Bruttoprämie" und einer „Nettoprämie". Die „Bruttoprämie" setzt sich aus der „Nettoprämie" und bestimmten „Zuschlägen" zusammen. Das Versicherungswesen beruht nämlich auf mathematischen Grundsätzen und wird nach streng wirtschaftlichen Kriterien betrieben. Dabei wird Nettoprämie definiert als der Gegenwert der statistischen Kosten des gedeckten Risikos, also der Teil der Prämie, der das eigentliche Risikogeschäft betrifft. Im Gegensatz dazu umfasst die Bruttoprämie neben dem Risikoanteil die Zuschläge für die eigentliche „Dienstleistung" des Versicherers, also die Abschlusskosten, die laufenden Verwaltungskosten, die Steuern und den Gewinn. Bei einem Test für den Bereich der Kraftfahrzeugversicherung wurden für vergleichbare Versicherungsfälle in den verschiedenen Mitgliedstaaten Prämienunterschiede von 1:4 festgestellt.[610] Die Prämienerhöhung infolge eines Unfalls (Bonus-Malus) variiert zwischen den Mitgliedstaaten von 0 bis 67% und liegt in manchen Mitgliedstaaten sogar bei 100% (Ziff. 3.7.4.2.).

Der Ausschuss stellt weiterhin fest, dass in manchen Mitgliedstaaten die Versicherer bei der Aushandlung des Vertrages nicht genau darüber aufklären, wie hoch der Prämienbetrag ist und in welchem Verhältnis dieser zum gedeckten Risiko steht, um einen Vergleich zu ermöglichen. Einige Versicherungsunternehmen informieren ihre Kunden auch nicht ordnungsgemäß über die Möglichkeit die Versicherungssumme anzupassen. Der Ausschuss stellt sich Kostentransparenz im Bereich der Versicherungsprämien wie folgt vor:

Der Versicherer hat zwischen *Netto- und Bruttoprämie* zu differenzieren. Er muss also den Kunden darüber informieren, welchen Anteil die Risikodeckung (Nettoprämie) und welchen Anteil die Zuschläge (Kosten, Provisionen, Steuern und Gewinn) an der Gesamt-, also der Bruttoprämie haben. Nur so ist ein Marktvergleich erst möglich. Dabei kann der Versicherte aufgrund der Preisinformationen entscheiden, ob er mit einem Versicherer kontrahiert, der besonders hohe Aufwendungen für Schadenfälle hat und/oder, bei dem der besonders hohe Zuschläge (Kosten, Provisionen, Steuern und Gewinn) auf die Nettoprämie erhebt.

---

609 Abl. EG C95/72 vom 30.03.1998.
610 BEUC/Test Achats.

II. Gesetzesentwurf zur Reform des VVG

Es wurde das Transparenzmodell für Versicherungsprämien des Wirtschafts- und Sozialausschusses vorgestellt. Am 2.7.1997 wurde von der SPD der Entwurf eines Gesetzes zur Reform des Versicherungsvertragsgesetzes eingebracht.[611] Dieser Entwurf entspricht im wesentlichen dem oben angesprochenen Transparenzmodell. Es wird behauptet, dass vor allem in der Lebensversicherungsbranche, gravierende Missstände zu Lasten der Versicherten vorherrschen.[612] Als Ziel des Entwurfs wurde explizit u.a. die *Transparenz der Versicherungsprodukte* genannt, um zum einen die Entscheidungssituation der Nachfrager bei Vertragsabschluss zu verbessern und zum anderen die behaupteten, aber gleichwohl nicht belegten „Querverrechnungen und Vermögensverschiebungen" zu unterbinden.[613] In der Begründung heißt es u.a.: „Mangelnde Transparenz und die eingeschränkte Vergleichbarkeit der Produkte führen für die Versicherungskunden vor dem Hintergrund eines sich schnell entwickelnden europäischen Versicherungsmarktes zunehmend zu erheblichen Nachteilen".[614] Dies gilt insbesondere für die typengemischten Versicherungsverträge, wie etwa die Kapitallebensversicherung. Nicht zu vergessen sind auch die in der Sachversicherung zunehmenden Kombiprodukte. Es wird daher eine Änderung von § 1 VVG vorgeschlagen. Nach diesem Entwurf soll zum Zwecke der Prämientransparenz eine Aufteilung erfolgen. Für den Bereich der Lebensversicherung beispielsweise bedeutet das, dass zwischen Risikoprämie, dem Sparanteil und dem Kostenanteil (Dienstleistungsanteil) zu trennen wäre. Nach § 1 Abs. 3 des Entwurfs wäre das Versicherungsunternehmen verpflichtet im Vertragsangebot, im Vertrag und in den Prämienrechnungen die Versicherungsprämie aufgegliedert auszuweisen:

- das Entgelt für das Dienstleistungsgeschäft und den Vertragsabschluss auf Rechnung des Versicherungsnehmers,
- den Risikobeitrag für das Risikogeschäft auf Rechnung der gleichartig Versicherten und
- den Sparbeitrag für das Kapitalanlagegeschäft jeweils auf Rechnung des Versicherten.

Der Entwurf wurde heftig diskutiert[615] Sodann wurde jedoch ein Gutachten zur Reform des VAG bzw. VVG erstellt. *Adams*[616] stellt klar, dass die vom SPD-

---

611 BT-Drcks. 13/8163 vom 02.07.1997.
612 Vgl. *Adams*, ZIP 1997, 1224, 1228: Deren Ursache sei in erster Linie, dass die Versicherer die Risiko- und Sparbeiträge als Umsatzeinnahmen verbuchen - sie sich also aneignen, obwohl sie ihnen eigentlich „nicht gehören" - und daraus überhöhte Kosten und Gewinn decken.
613 BT-Drcks. 13/8163, Begr. z. Art. 1 Nr. 1, S. 6; Blunck (SPD), BT-Prot. der 210. Sitzung am 11.12.1997, S. 1918 ff; vgl. auch *Adams*, ZIP 1997, 1224, 1228.
614 BT-Drcks. a.a.O., S. 1
615 Vgl. *Farny*, NVersZ 1999, 63: bezeichnet den Entwurf als kontraproduktiv; vgl. auch NVersZ 1999, 31, 32: Betont wird auch, dass der SPD-Entwurf aus der vergangenen Legislaturperiode stammt und bisher nicht erneut eingebracht worden ist.; *Hesberg/Karten*, NVersZ 1999, 1 ff. lehnen Vorschläge im Ergebnis ab, weil sie weder wissenschaftlich begründet, noch Operationalität und Zweckmäßigkeit gegeben seien und für die Unvereinbarkeit mit marktwirtschaftlichen Ordnungsprinzipien die Rechtfertigung fehle.; *Holz*, VW 1999, 851.
616 *Adams*, NVersZ 2000, 49, 56.

Gesetzesentwurf vorgesehene Prämienaufspaltung durchführbar und wirksam, der Bruch mit den üblichen aktuarischen Praktiken und Bilanzverfahren im Versicherungswesen jedoch mit erheblicher Unruhe und Umstellungsschwierigkeiten in den Versicherungsunternehmen verbunden wäre. Auf das Prämienaufspaltungsverfahren sollte demnach verzichtet werden. *Adams* schlägt vor, dass lediglich die Abschlusskosten angegeben werden. In § 10a Abs. 1 VAG sollen der S. 1 aufgehoben und vor S. 2 die folgenden Seiten 1 bis 8 eingefügt werden[617]:

„§ 10 a

(1) Die Versicherungsunternehmen haben zu gewährleisten, dass der Versicherungsnehmer vor Antragstellung und während der Laufzeit des Vertrages vollständig über alle Aufwendungen, die im Zusammenhang mit dem Vertrieb dieses Vertrages stehen, schriftlich und drucktechnisch deutlich gestaltet unterrichtet wird. Aufwendungen sind auch alle Sach- oder Geldleistungen, die der Versicherer dem Vermittler dieses Vertrages direkt oder indirekt zukommen lässt. Pauschale Entgelte werden im Verhältnis der in Aussicht genommenen Zahl der vermittelten Verträge umgelegt und den in dem Jahr der Zahlung vermittelten Verträgen zugerechnet. Ergibt sich nach Abschluss des Jahres für dieses Jahr eine Erhöhung von mehr als 10% der beim Abschluss ausgewiesenen Beträge, ist das Bundesaufsichtsamt hierüber zu unterrichten. Der Versicherer hat der Aufsichtsbehörde darzulegen, dass hierdurch die Überschussbeteiligung von Versicherungsverträgen nicht gemindert wird. Eine Minderung der Überschussbeteiligung gilt als Missstand. Die Versicherungsunternehmen haben zu gewährleisten, dass der Versicherungsnehmer, wenn er eine natürliche Person ist, in einer Verbraucherinformation über die für das Versicherungsverhältnis maßgeblichen Tatsachen und Rechte nach Maßgabe der Anl. Teil D unterrichtet wird."

III. „Projected costs"-Konzept

In Großbritannien ist man der Meinung, dass es für den Versicherungskunden nahezu unmöglich sei, sämtliche Kosten und Gebühren zu bewerten.[618] Daher wurden mehrere Konzepte zum Ausweis der Kosten diskutiert.[619] So beispielsweise „Reduction in Yield", „Reduction in Proceeds", „Reduction in Premium" sowie das „Projected costs"-Konzept. Vorliegend soll lediglich das projected costs-Konzept interessieren.

Nach der Idee des *projected costs Konzept* entwickeln sich die Kosten mit dem gleichen Zinssatz wie beim Investment. Weist man für jedes Jahr den Wert der Police oder des Fonds aus, so zeigen die zunächst für die ersten fünf Jahre

---

617 *Adams*, a.a.O., 57.
618 Vgl. *Scholl*, Transparenzregeln für europäische Versicherungsprodukte, S. 88 ff.
619 Vgl. *Scholl*, a.a.O.

und anschließend für jedes fünfte Jahr den Rückkaufswerten synoptisch gegenübergestellten Kosten, um wie viel der Wert des Vermögens, ausgedrückt in Geldbeträgen, höher ausgefallen wäre, hätte es keine Kosten gegeben. So sieht man im letzten Jahr der Gegenüberstellung, um wie viel der projektierte Endbetrag des Investments bzw. der with-profits policy durch den Zinseszinseffekt geschmälert wurde. Man hätte genau den ausgewiesenen Kostenwert mehr herausbekommen, wären keine Kosten angefallen. *Scholl*[620] weist darauf hin, dass dieses Konzept dem Kunden anschaulich verdeutlicht, wie renditeschmälernd sich hohe Kosten, und vor allem sog. „frond-end loaded" Kosten auf den Betrag der Ablaufleistung auswirken. Dieses Konzept geht jedoch davon aus, dass der Vertrag durchgehalten wird.

IV. Bewertung

Ziel der vorgestellten Konzepte ist die Herstellung von *Prämientransparenz*. Das von der SPD vorgeschlagene Modell entspricht weitgehend dem oben vorgestellten Transparenzkonzept des Wirtschafts- und Sozialausschusses der Europäischen Gemeinschaft. Das europäische Konzept konkretisiert das Transparenzgebot, soweit es in Art. 4 Abs. 2 der RL bereits enthalten ist. Es ist also nach Ablauf der Umsetzungsfrist (31.12.1994) inzwischen geltendes Recht.[621] Dies unterscheidet die europäische Konzeption von derjenigen, die die SPD-Fraktion am 2.7.1997 vorgelegt hat grundlegend. Es bedarf mit anderen Worten keiner Novellierung von § 1 VVG, da die Transparenzanforderungen an die Gestaltung von Prämien und Tarifen im Versicherungsvertragsrecht bereits hinreichend formuliert sind.

In der Anlage Teil D Abschnitt I Nr. 1 e zu § 10 a VAG ist festgelegt, dass „Prämien einzeln auszuweisen sind, wenn das Versicherungsverhältnis mehrere selbstständige Versicherungsverträge umfassen soll". Was bedeutet das für die Kapitallebensversicherung? Nach der Richtlinienvorgabe müssen Prämien für jede Haupt- und Nebenleistung gesondert ausgewiesen werden. Das begründet aber nicht den Anspruch, die Prämie im Sinne einer Prämienzerlegung in Spar- und Risikoanteil aufzusplitten. Man kann hier nicht von einer Hauptleistung Risikoübernahme und einer Nebenleistung Kapitalbildung oder umgekehrt ausgehen. Der Lebensversicherungsvertrag stellt ein einheitliches Leistungsversprechen dar. Eine Zerlegung der Prämie kann daher nicht erzwungen werden.[622]

In Fällen, in denen langfristige Verträge durch hohe Komplexität und Undurchschaubarkeit für den Nachfrager gekennzeichnet sind, hat der Gesetzgeber jedoch das *Prinzip der Entbündelung* von Kosten und Hauptleistung durchgesetzt. So sind die Kosten für die Aufnahme eines Verbraucherkredites nach § 4 VKG getrennt vom eigentlichen Kredit im einzelnen zu spezifizieren. Beim Erwerb von Investmentanteilen sind die Kosten für die Verwaltung des Investment-

---

620 *Scholl*, a.a.O., S. 90 mit folgenden Beispiel: „Aus z.B. 1.000 ECU Abschlusskosten werden bei einer Verzinsung der Sparbeiträge von 7,5% p.a. in 30 Jahren immerhin 8.755 ECU."
621 *Schwintowski*, Kundenfreundliche Versicherungsbedingungen, S. 73.
622 *Präve*, VW 1995, 90, 94.

fonds vom Fond selbst strikt zu trennen. Im neuen *Energiewirtschaftsrecht* verlangt die Europäische Gemeinschaft zumindest auf der bilanzrechtlichen Ebene ein „Unbundeling" zwischen der Energieerzeugung einerseits und der Energieverteilung andererseits. In ähnlicher Weise müssen die Kosten für den Netzzugang in der *Telekommunikation* getrennt ausgewiesen und kalkuliert werden. Damit reagiert die Rechtsordnung auf langfristige Verträge. Sie schafft durch „Unbundeling" *Teilkostentransparenz*.

Auch bei der Kapitallebensversicherung sind die Kosten intransparent. Den Versicherten ist ein Kostenvergleich mit anderen Versicherern oder Banken nicht möglich. Die hieraus resultierende Wettbewerbsbeschränkung wirkt wie eine (indirekte) Kündigungssperre.[623] Die Versicherten bleiben in ihren Verträgen, machen von ihrem Kündigungsrecht nach § 165 VVG also keinen Gebrauch, obwohl es nicht ausgeschlossen ist, dass kostengünstigere Anbieter am Markt tätig sind. Kostentransparenz ist somit für einen funktionsfähigen Wettbewerb auf Versicherungsmärkten von größter Bedeutung. Dies ist der Grund, warum es sinnvoll ist, zumindest im Bereich der Verbraucherversicherungen, eine Entbündelung von Kosten und Hauptleistung anzustreben. Insbesondere die Vereinbarung der Zillmerung im Wege der Allgemeinen Versicherungsbedingungen und die damit verbundene Anfangsbelastung wird von den meisten Kunden nicht verstanden.[624] Eine Zillmerung bedeutet, dass die Überschussbeteiligung der Verträge erst im zweiten oder dritten Jahr einsetzt. Üblicherweise werden diese Bedingungen zum Zeitpunkt der Verkaufsgespräche nicht Gegenstand der Erörterungen. Das mögliche spätere Erkennen dieser Praxis beim Studium der Rückkaufswerte ist nicht ausreichend. Die Praxis der Zillmerung widerspricht zudem den Interessen der Kunden und enthält Anreize zur Falschberatung.

Fraglich ist nun, wie ein *Prämientransparenzmodell* für Deutschland aussehen könnte. Es geht letztlich um die Forderung nach Preisklarheit, denn diese soll gewährleisten, dass sich der Kunde rasch und zuverlässig über den Preis und das Preis-/Leistungsverhältnis informieren kann.[625] Der Kunde kann sein Interesse an einem angemessenen, marktgerechten Preis nur dann wahren, wenn ihm der Vertragsinhalt ein vollständiges und wahres Bild über Art und Höhe des Preises vermittelt und ihn so auch zum Marktvergleich befähigt.[626] Sind dem Kunden die genau bezifferten oder prozentual angegebenen Kosten bekannt, so kann er abwägen, ob er tatsächlich bereit ist, Prämien einzuzahlen, die über Jahre hinweg fast ausschließlich (Satz 2) der Kostendeckung dienen.

Eine generelle Prämienaufspaltung ist abzulehnen. In der Lebensversicherung werden die Prämien der ersten Versicherungsjahre in der Regel zur Deckung der Abschlusskosten verwendet. Daher sollten dem Versicherungsnehmer lediglich die *Abschlusskosten* offengelegt werden. Um den Anspruch der Vergleichbarkeit zu erfüllen, müsste dann der Kunde neben den absoluten DM-Beträgen, wie in Großbritannien, auch noch über die Beratungsleistung (diese unterscheidet sich

---

623 Vgl. *Schwintowski*, VuR 1998, 219, 221.
624 Vgl. OLG Stuttgart, NVersZ 1999, 366.
625 *Wolf*, in Wolf/Horn/Lindacher, § 9 Rdn. 143.
626 BGHZ 112, 116, 117 f.

ja zum Beispiel bei Direktversicherern erheblich im Gegensatz zu Versicherern im Außendienst) sowie das verwendete Vergütungssystem (Einmalprovision, laufende Provision, Gehalt der festangestellten Berater) informiert werden.

Ein dem Versicherungsinteressenten offengelegter hoher Abschlusskostenbetrag macht ihm sehr deutlich, dass er sich besser um ein Konkurrenzangebot bemühen sollte. Die Kunden werden in die Lage versetzt die von den Provisionen ausgehenden Beratungsanreize zu durchschauen und in ihre Entscheidung einzubeziehen. Der von der erhöhten Transparenz ausgelöste Wettbewerbsdruck wird bisher mögliche Missstände bei der Erhebung von Abschlussprovisionen und der Zillmerung für die Zukunft verhindern oder zumindest teilweise beheben.

1. Vor Vertragsschluss

Daher ist der Kunde *vor Vertragsschluss* über die
- Gesamtprämie (Bruttoprämie)
- Abschlusskosten

zu informieren, ergänzend
- bei Kombiprodukten über die Verteilung der Prämie auf die gekoppelten Verträge
- in der kapitalbildenden Lebens- oder Rentenversicherung über den Sparbeitrag.

Es geht letztlich nicht darum technische Einzelheiten abzubilden, die für eine transparente und übersichtliche Darstellung zu komplex und für den Kunden uninteressant sind. Wie *Brömmelmeyer*[627] richtig darlegt, geht es um die Transparenz der fakultativen, d.h. nicht aufsichtsrechtlich angeordneten wirtschaftlichen Belastung des Kunden. Er denkt an folgende Klausel:

„Ihre monatlichen Beiträge enthalten zwar auch einen Sparanteil. In den ersten — Jahren verwenden wir diesen Sparanteil jedoch - unter Beachtung aufsichtsrechtlicher Mindeststandards (§§) - ausschließlich, um die auf Sie entfallenden Kosten zu decken. D.h. für Sie: In den ersten — Jahren sparen Sie (fast) nichts an. Die entsprechenden Rückkaufswerte entnehmen Sie bitte der hier auf S. XX abgedruckten Tabelle."[628]

Nach dem vorgeschlagenen Konzept wäre folgende Darstellungsweise möglich:

---

627 *Brömmelmeyer*, VuR 1999, 315, 322.
628 *Brömmelmeyer*, a.a.O.

• Kosten der ersten 5 Jahre					
Von Ihren Beiträgen behalten wir in den ersten fünf Jahren folgende Beträge als Kosten und Gebühren ein, die für Sie Verlust bedeuten:					
	Jahr 1	Jahr 2	Jahr 3	Summe nach 5 Jahren	Dadurch fehlen Ihnen am Ende des Vertrags
Ihr Verlust in DM	....	....	....	....	....

Abb. 13 Darstellung der Abschlusskosten

• Rückkaufswerte der ersten fünf Jahre:					
Den vorgeschlagenen Versicherungsvertrag sollten Sie nur abschließen, wenn sie sicher sind, dass Sie ihn über die vorgesehene Laufzeit hinweg aufrechterhalten.					
Bei vorzeitiger Vertragsauflösung erhalten Sie zurück:					
	Ende Jahr 1	Ende Jahr 2	Ende Jahr 3	Ende Jahr 4	Ende Jahr 4
Rückzahlung	....	....	....	....	....
eingezahlt	....	....	....	....	....
Verlust In DM	....	....	....	....	....

Abb. 14 Darstellung der Rückkaufswerte

2. Nach Vertragsschluss

Insbesondere bei kapitalbildenden Versicherungsverträgen wird vielen Kunden nicht klar, welche Wertentwicklung ihr Versicherungsvertrag tatsächlich nimmt. Den bisher bereits bestehenden Informationspflichten kommen einige Versicherer während der Vertragslaufzeit nur unzureichend nach. In vielen Fällen verstehen die Kunden die Entwicklung der Zeitwerte nicht. Hierdurch ist es dem Kunden vieler Versicherungsunternehmen unmöglich zum richtigen Zeitpunkt erforderliche Entscheidungen zu treffen, etwa ihre Eigenvorsorge zu verbessern.[629]

---

629 So auch *Adams*, NVersZ 2000, 49, 58.

Um eine verständliche Information über den Stand des Vertrages während der Vertragslaufzeit zu erreichen, wäre eine jährliche Information über die *Wertentwicklung* des Vertrages in Form eines *Kontoauszuges* zu begrüßen. Die vorgesehene Form der Benachrichtigung wird bereits jetzt von einigen großen Versicherern angewandt. Das Anfangsguthaben ist das Guthaben des abgelaufenen Versicherungsjahres, hinzu kommen die Prämie und die Zinsen; abgezogen werden die Kosten für Todesfallschutz und die jährlich anfallenden Kosten. Der Saldo ergibt dann das neue Versicherungsguthaben. Bei der Angabe der Zinsen reicht es nicht aus nur die absoluten DM-Beträge auszuweisen, vielmehr müssen sowohl der im vergangenen Versicherungsjahr tatsächlich erreichte Zinssatz, als auch der verwendete Rechnungszins explizit angegeben werden. Der Überschusszins - auch dieser ist zu nennen - ergibt sich dann aus der Differenz.

\multicolumn{4}{c}{Entwicklung Ihres Versicherungsguthabens}
Datum	Geschäftsvorfall		Betrag
01.11.00	Altes Versicherungsguthaben		46.042,53 DM
01.11.00	Jahresprämie	+	3.647,00 DM
01.11.00	Kosten für Todesfallschutz und jährlich anfallende Kosten	-	286,12 DM
31.10.01	Zinsen (7% p.a.)	+	3.458,25 DM
31.10.01	Neues Versicherungsguthaben		52.861,66 DM

Abb. 15   Beispiel für eine kontomäßige Darstellung

§ 6   Rechtsfolgen

Zur Vervollständigung der Analyse, ob und inwieweit die einzelnen Rechtsordnungen transparente Bedingungen erzwingen oder fördern, sollen auch die Rechtsfolgen bei einem Verstoß gegen das Transparenzgebot betrachtet werden.

A. Verstoß gegen das Transparenzgebot

Verstößt in Deutschland eine Klausel gegen das in §§ 2 I Nr. 2; 3 AGBG verankerte Transparenzgebot, so wird dieser Verstoß durch *Nichteinbeziehung* der

Klausel in den Vertrag sanktioniert. Eine materiell intransparente Klausel wird gemäß § 9 Abs. 1 AGBG als unangemessen angesehen und ist daher unwirksam. Nach herkömmlicher Auffassung bedeutet dies hier absolute *Unwirksamkeit* mit der Folge, dass sich jedermann, also auch der Klauselverwender auf die Ungültigkeit einer Allgemeinen Geschäftsbedingung berufen darf und diese von Amts wegen zu berücksichtigen ist.[630]

In Großbritannien kann der Verstoß gegen das Gebot Klauseln in „plain intelligible language" zu formulieren zur Unverbindlichkeit und damit zur *Unwirksamkeit* der Klausel führen, reg. 8 Abs. 1 UTCCR 99.

Reg. 8 UTCCR 99 hat folgenden Wortlaut:

„Effect of unfair term
8. - (1) An unfair term in a contract concluded with a consumer by a seller or supplier shall not be binding on the consumer.
(2) The contract shall continue to bind the parties if it is capable of continuing in existence without the unfair term."

I. Verbot der geltungserhaltenden Reduktion

Bis auf wenige Ausnahmen lehnt es die herrschende Meinung in Deutschland ab eine nach dem AGB-Gesetz unwirksame Klausel auf den gerade noch zulässigen Regelungsgehalt zu reduzieren.[631] Zur Begründung wird u.a. darauf verwiesen, dass ansonsten das Transparenzgebot des AGB-Gesetzes unterlaufen werde.[632] Ziel des AGB-Gesetzes sei es auf einen angemessenen Inhalt der in der Praxis verwendeten oder empfohlenen AGB hinzuwirken und dem Kunden die Möglichkeit sachgerechter Informationen über die ihnen aus dem vorformulierten Vertrag erwachsenden Rechte und Pflichten zu verschaffen. Mit diesem Ziel lasse es sich nicht vereinbaren, wenn durch Zulassung der geltungserhaltenden Reduktion dem Verwender das mit unangemessenen AGB verbundene Risiko der Gesamtunwirksamkeit genommen und dadurch ihm gegenüber auf den Anreiz verzichtet werde, selbst für die vom Gesetz angestrebte Bereinigung der AGB-Praxis zu sorgen.[633] Zudem werde bei der geltungserhaltenden Reduktion der Richter zum Sachwalter des Verwenders. Denn dieser habe den gesetzlich gerade noch zulässigen Teil der Klausel herauszufiltern und damit die dem Verwender obliegende Formulierungsverantwortung zu übernehmen.[634]

---

630 *Palandt/Heinrichs*, AGBG, Vorbem. § 8 Rdn. 7 f.
631 BGHZ 92, 312, 314 f.; BGHZ 96, 18, 25; BGHZ 106, 259, 267; *Götz*, NJW 1978, 2223, 2224; *Ulmer*, NJW 1981, 2025, 2029.
632 OLG Koblenz, WM 1984, 1259, 1261; *Bunte*, NJW 1982, 2298; *Bunte*, JA 1988, 311, 317; *Palandt/Heinrichs*, a.a.O., Rdn. 9.
633 *Lindacher*, BB 1983, 154, 159; *Palandt/Heinrichs*, a.a.O.; *Staudinger/Schlosser*, AGBG, § 6 Rdn. 16.
634 BGHZ 90, 69, 81 ff.; BGH NJW 1984, 48, 49; OLG Koblenz, WM 1984, 1259, 1261.

Die Befürworter der geltungserhaltenden Reduktion verweisen darauf, dass die herrschende Meinung Methoden wie die Teilnichtigkeit textlich gegliederter Klauseln und die ergänzende Vertragsauslegung anwendet.[635] Diese Methoden führten zu demselben Ergebnis, nämlich der Teilaufrechterhaltung des Inhalts einer AGB-Klausel.

Auf die letztgenannten Methoden soll im folgenden näher eingegangen werden.

1. Modifizierungen der Unwirksamkeitssanktion

Die allgemeinen Sanktionen der Nichtigkeit im Rahmen des AGB-Gesetzes sind nicht immer angemessen und sachgerecht. Dies hat der Gesetzgeber bereits bei Erlass des AGB-Gesetzes erkannt. Mit der Verankerung des *§ 6 Abs. 1 AGBG* wurde bewusst von der grundsätzlichen Rechtsfolge des § 139 BGB abgewichen, weil eine Anwendung dieser Vorschrift dem Zweck des AGB-Gesetzes zuwiderlaufen würde. § 6 AGBG regelt die Rechtsfolgen im Falle der Unwirksamkeit bzw. fehlenden Einbeziehung von AGB in den Vertrag.

Danach bleibt der Vertrag im übrigen wirksam, auch wenn die AGB oder Teile davon nicht wirksam Vertragsbestandteil geworden sind. Der Zweck der Vorschrift ist klar: Der gesamte Vertrag soll nicht die Wirksamkeit einbüßen, weil er eine unangemessene Geschäftsbedingung enthält. Die Vorschrift hat demnach eine Schutzfunktion zugunsten des Vertragspartners.[636] Dieser hat im Falle erfolgreicher Berufung auf die Unwirksamkeit einer einzelnen Klausel nicht zu befürchten, dass das gesamte Rechtsgeschäft wieder rückabgewickelt wird. Insbesondere soll ihm das Risiko erspart bleiben, dass sich der Klauselverwender im Falle einer Rückabwicklung des gesamten Vertrags auf die Entreicherungseinrede des § 818 Abs. 3 BGB berufen kann.[637] Soweit eine Nichtigkeitsnorm personalistisch orientierte Schutzzwecke verfolgt, kann die Anwendung absoluter Nichtigkeit über den eigentlichen Schutzzweck „hinausschießen" und dadurch unangemessene Ergebnisse herbeiführen. Deshalb muss im Einzelfall von der Nichtigkeitswirkung abgewichen werden.

Dies wird in Großbritannien durch reg. 8 Abs. 2 UTCCR 99 festgelegt, wonach der Vertrag für beide Parteien bindend bleibt, wenn er auch ohne die missbräuchliche Klausel bestehen kann. Bisher wurde lediglich ein Fall in Großbritannien (nicht aus dem Versicherungsbereich) im Zusammenhang mit reg. 8 UTCCR 99 entschieden.[638]

---

635 *Kötz,* NJW 1979, 785, 787 ff.; einschränkend *Roth,* JZ 1989, 411, 418; *Kötz,* in Mü-Ko, AGBG, § 6 Rdn. 8 f.; *Bunte,* NJW 1987, 921, 927.
636 *Lindacher,* in Wolf/Horn/Lindacher, § 6 Rdn. 1: „Der Kunde soll nicht Gefahr laufen, durch erfolgreiches Berufen auf einen in die Verantwortungssphäre des Verwenders fallenden Nichtgeltungsgrund bezüglich aller oder einzelner AGB den Gesamtvertrag in Frage zu stellen".
637 Begründung des Regierungsentwurfs, BT-Drcks., 7/3919, S. 20 f.
638 DGFT v First National Bank (2000) 2 All E R 759 Court of appeal reversing High Court in favour of the consumer.

a) Lehre von der „Personalen Teilunwirksamkeit"

Auf dieser Grundlage basiert auch die in der Lehre diskutierte „personale Teilunwirksamkeit" Allgemeiner Geschäftsbedingungen. Bei diesem Nichtigkeitsmodell geht es um die Modifizierung der Nichtigkeit im Hinblick auf den Schutzzweck des AGB-Gesetzes. Es betrifft Fälle, bei denen eine Allgemeine Geschäftsbedingung nicht nur dem Klauselverwender, sondern darüber hinaus auch dem Vertragspartner von der allgemeinen Rechtslage abweichende Vergünstigungen einräumt. Denkbar sind beispielsweise Klauseln, die die Pflicht zur Zahlung einer Schadenpauschale oder einer Vertragsstrafe an den Klauselverwender beinhalten, zugleich aber dem Vertragspartner entsprechende Rechte gegen den Klauselverwender einräumen. Soweit sich eine solche Bestimmung gegen den Vertragspartner richtet und nach dem AGB-Gesetz unwirksam ist, kann der Klauselverwender aus ihr zweifelsohne keine Rechte herleiten. Problematisch ist aber, ob der Vertragspartner die ihm in derselben Klausel eingeräumten Rechte gegen den Klauselverwender geltend machen kann. Dagegen spricht zunächst der jeweilige Wortlaut der Klauselverbote der §§ 9 ff. AGBG, die unangemessene Klauseln für unwirksam erklären und an sich keinen Raum für eine Relativierung zulassen.[639] Dagegen spricht des weiteren auch eine Anwendung des § 139 BGB[640]: Nach dem hypothetischen Willen des Klauselverwenders erscheint es wenig wahrscheinlich, dass er die Bestimmung verwandt hätte, wenn er gewusst hätte, dass der ihn begünstigende Teil der Klausel nichtig ist.[641]

Gleichwohl erkennt die überwiegende Ansicht im Schrifttum in einer solchen Situation eine „personale Teilunwirksamkeit" der betroffenen AGB an.[642] Diese wirkt sich in Form einer geltungserhaltenden Reduktion zu Lasten des Klauselverwenders aus, wobei der den Verwender belastende Teil wirksam bleibt. Die vollständige Unwirksamkeit einer Vertragsbedingung wird dadurch verhindert.

Hiergegen wird vorgebracht, die personale Teilunwirksamkeit lasse die gegenseitige Abhängigkeit außer acht, in der eine Bestimmung, die beiden Seiten dieselben, über die gesetzlichen Rechte hinausgehenden Ansprüche einräume, ersichtlich stehen sollte.[643] Dies überzeugt nicht: Nach dem Schutzzweck des AGB-Gesetzes trifft das Risiko der Unwirksamkeit einer Allgemeinen Geschäftsbedingung allein den Klauselverwender. Bei konsequenter Anwendung dieses Prinzips darf die Unwirksamkeit der Klausel nicht auch die Begünstigung des Vertragspartners erfassen.

---

639 *Palandt/Heinrichs*, AGBG, § 6 Rdn. 3.
640 § 6 AGBG gelangt nicht zur Anwendung, weil diese nicht die Restgültigkeit der Klausel, sondern die Restgültigkeit des gesamten Vertrags betrifft.
641 *Feiber*, NJW 1980, 1148.
642 *Staudinger/Schlosser*, AGBG, § 11 Nr. 1 Rdn. 24, § 11 Nr. 4 Rdn. 7; *Schmidt*, in Ulmer/Brandner/Hensen, § 6 Rdn. 16; differenzierend *Lindacher,* in Wolf/Horn/Lindacher, § 6 Rdn. 40.
643 *Soergel/Stein*, § 6 AGBG, Rdn. 12.

b) Weitergehende personale Relativierungen der Unwirksamkeit Allgemeiner Geschäftsbedingungen

Fraglich ist, ob der Unwirksamkeitsbegriff des AGB-Gesetzes weitere personalistisch orientierte Modifizierungen zulässt.

Mit Hilfe der zuvor dargestellten Lehre von der „personalen Teilunwirksamkeit" lassen sich nicht alle Problemfälle zurechtrücken. Diese setzt nämlich voraus, dass der Regelungsgehalt der AGB teilbar ist. Es wird darauf abgestellt, ob die verbleibenden Teile gegenüber dem unwirksamen Teil der Klausel eine aus sich heraus inhaltlich und sprachlich verständliche und sinnvolle Fassung behalten.[644]

Es gibt einige Fälle, bei denen der Regelungsgehalt einer Klausel nicht gespalten werden kann.[645] Angesichts der Schutzrichtung des AGB-Gesetzes erscheinen die Rechtsfolgen, zu der man in diesen Fällen gelangen würde, wenig sachgerecht. *Beckmann*[646] plädiert für die Anerkennung einer personalen Relativierung der Nichtigkeit im AGB-Sektor. Die Unwirksamkeit einer Klausel hängt letztlich davon ab, ob der Kunde sie geltend macht. Folglich steht ihm damit die Möglichkeit, sein Recht auszuüben, zur Disposition. Die personale Relativierung der Nichtigkeit kann sich auch auf den Zweck des AGB-Gesetzes stützen.[647]

Das Verbot der geltungserhaltenden Reduktion erzwingt nicht per se die transparente Gestaltung von AGB. Im Verbund mit der Möglichkeit der Teilnichtigkeitserklärung entsteht für den Verwender jedoch ein Anreiz, sich über die Wirksamkeit seiner AGB Gedanken zu machen.[648] Die Unwirksamkeit einer Teilregelung macht den Richter nicht auch zum Gehilfen des Verwenders, da die getrennte Beurteilung einer Regelung ihn nicht nötigt angemessenen Ausgleich zu finden.[649]

2. Schließen der Vertragslücke

Es geht letztlich nur noch um die Behandlung der Fälle, bei denen der Vertragspartner die Unwirksamkeit geltend macht.

In dieser Fallkonstellation kann also eine *Lücke* in den AVB entstehen. Daran anschließend stellt sich die Frage, ob und wie man diese Lücke schließen kann.

---

644 BGH, NJW 1982, 179; BGH, NJW 1982, 2312; BGH, NJW 1983, 1220, BGH, NJW 1993, 1133 1135; *Erman/Hefermehl*, AGBG, § 6 Rdn. 15; *Schmid,t* JA 1980, 401, 403.
645 Z.B. Preiserhöhungsklausel: Klausel enthält ein Kündigungsrecht zugunsten des Vertragspartners, jedoch hinsichtlich der Erhöhungsvoraussetzungen ist die Klausel zu unbestimmt. Erhöht der Klauselverwender aufgrund einer solchen Klausel den Preis, ist die Preiserhöhung also unwirksam; dementsprechend steht dem Vertragspartner auch kein Kündigungsrecht zur Seite. Im Fall einer wirksamen Preiserhöhung hätte er kündigen dürfen; will er eine unwirksame Preiserhöhung zum Anlass für eine Kündigung nehmen, darf er dies nicht. Vgl. *Beckmann*, Nichtigkeit und Personenschutz, S. 352 ff.
646 *Beckmann*, a.a.O., S. 352 ff.
647 *Beckmann*, a.a.O., S. 354.
648 Vgl. *Kreienbaum*, Transparenz und AGB-Gesetz, S. 179.
649 So auch *Ulmer*, NJW 1981, 2025, 2031.

a) § 6 Abs. 2 AGBG

In den meisten Fällen, in denen die Rechtsprechung einzelne Bestimmungen von AGB für unwirksam erklärt, wird der AGB-Verwender mit der so entstandenen Lücke keine besonderen Schwierigkeiten haben. Nach § 6 Abs. 2 AGBG tritt an die Stelle der für unwirksam erklärten Regelung die des Gesetzes. Mit der gesetzlichen Ausgestaltung eines Vertragsverhältnisses wird zumindest die Übergangszeit, bis neue AGB für neu abzuschließende Verträge erstellt sind, ohne Schaden überbrückt. Das ist bei Versicherungsverträgen zum Teil anders, da diese gesetzlich nur rudimentär geregelt sind. So wird beispielsweise die Krankenversicherung im VVG überhaupt nicht erwähnt; das Gesetz kennt auch keine Berufsunfähigkeitsversicherung. Das gesamte private Versicherungsrecht wird in der Vielfalt seiner Ausgestaltungen durch AVB geregelt. Werden Bestimmungen in AVB für unwirksam erklärt, kann deshalb auf diesem Rechtsgebiet die Lücke häufig nicht dadurch geschlossen werden, dass das Gesetz eingreift.

Auch im Falle des Vorliegens einer gesetzlichen Regelung unter Berücksichtigung mancher Besonderheiten des Versicherungsrechts ist jedoch zu beachten, dass die Lücke niemals durch intransparentes Gesetzesrecht gefüllt werden kann.[650]

b) Ergänzende Vertragsauslegung

Für den Fall, dass keine konkrete gesetzliche Regelung zur Ausfüllung einer Lücke vorhanden ist und die ersatzlose Streichung der für unwirksam erklärten Klausel nicht zu einer angemessenen, den typischen Interessen des Klauselverwenders und des Kunden gerecht werdenden Lösung führt, wird eine richterliche *ergänzende Vertragsauslegung* vorgeschlagen.[651]

Für die ergänzende Vertragsauslegung ist zweierlei zu beachten: Erstens muss das Festhalten an dem lückenhaften Vertrag für den Versicherer unzumutbar sein. Zweitens muss der ergänzte Vertrag auch für den Versicherungsnehmer typischerweise von Interesse sein[652], weil nur so sichergestellt wird, dass eine Vertragsergänzung nicht dem mit dem AGB-Gesetz beabsichtigten Schutz des Kunden zuwiderläuft.[653]

Für den Fall, dass verschiedene Gestaltungsmöglichkeiten zur Ausfüllung einer vertraglichen Regelungslücke in Betracht kommen, aber keine Anhaltspunkte dafür bestehen, welche Regelung die Parteien getroffen hätten, scheidet eine ergänzende Vertragsauslegung aus.[654] Im Zusammenhang mit der Regelung der ergänzenden Vertragsauslegung muss immer der Punkt der verbotenen geltungserhaltenden Reduktion beachtet werden. Für die Bedürfnisse des Massenverkehrs ist dieses Verfahren aber weniger effizient, weil es kein geeignetes Verfahren

---

650 Vgl. § 2 B. II.1.e.bb.(2).
651 BGHZ 90, 69, 75; *Lindacher*, in Wolf/Horn/Lindacher, § 6 Rdn. 15 ff. m.w.N.
652 BGH, VersR 1992, 477, 479; OLG Oldenburg, VersR 1996, 1400, 1401.
653 Vgl. *Schmidt*, in Ulmer/Brandner/Schmidt, § 6 Rdn. 34 a.
654 BGHZ 90, 69, 80.

gibt, den danach für die künftige Vertragsabwicklung relevanten Inhalt des Vertrages repräsentativ für den ganzen Bestand zu ermitteln.[655] Insgesamt führt die ergänzende Vertragsauslegung nur sehr selten zu einer Schließung der durch richterliche AGB-Kontrolle entstandenen Lücke.[656] Eine ergänzende Vertragsauslegung scheidet zudem in den Fällen des Verbandsprozesses aus, da dieser auf Unterlassung gerichtet ist und sich deshalb die Frage nach ergänzender Vertragsauslegung nicht stellt. Logische Folge wäre, dass dieses Instrument im Individualprozess auch nur eine vorläufige Hilfe darstellt, weil im Anschluss daran ein Verband sofort auf Unterlassung klagen könnte.

Es bleibt demnach festzustellen, dass die ergänzende Vertragsauslegung das Problem letztlich nicht lösen kann. Ein Bedürfnis, die durch gerichtliche Kontrolle entstandenen Lücken zu füllen, ist zweifellos gegeben.

c) Mitwirkung des BAV

Stattdessen könnte man daran denken, eine Mitwirkung des BAV in Form einer aufsichtsrechtlichen „Vertragshilfe" vorzusehen. Bedenken gegen eine solche Regelung ergeben sich wegen des mit derartigen Verwaltungsakten verbundenen Anfechtungsrechts der einzelnen Betroffenen. Es kann sich hier ein neues Feld für missbräuchliche Anfechtungsklagen ergeben, wie sie bereits im Aktienrecht immer wieder beklagt werden.[657] Ein Problem des Anfechtungsverfahrens ergibt sich daraus, dass es kaum möglich ist, die Wirkung einer Anfechtungsklage auf den einzelnen klagenden Kunden zu beschränken. Im übrigen muss man sich klar sein, dass jede Änderung in den bestehenden Verträgen nur mit außergewöhnlich hohen Kosten möglich ist, die vielfach außer Verhältnis zu den laufenden Beitragseinnahmen der betroffenen Verträge stehen. Die Wettbewerbsfähigkeit der deutschen Versicherungswirtschaft wird so nicht nur durch die Erhöhung des Innovationsrisikos behindert, sondern auch durch die Kostenentwicklung, auf die im deutschen Markt schon ein erheblicher Teil der laufenden Verluste zurückzuführen ist. In dem Bewusstsein, dass AGB-Rechtsprechung häufig gesetzesähnlichen Charakter hat, sollte die Rechtsprechung auch Verfahren entwickeln, die die Rückwirkung einer geänderten Rechtsprechung auf in der Vergangenheit abgeschlossene Verträge ausschließt. Der Verbraucherschutz muss in AGB-Verfahren denselben Stellenwert bekommen wie im Gesetzgebungsverfahren, wo auch der Gesetzgeber nur in Ausnahmefällen in bestehende Vertragsbeziehungen eingreift.

d) Anpassungsklauseln

Die Lösung des Problems kann in der Verwendung von *sog. Anpassungsklauseln* in AVB gesehen werden, wonach die Versicherer berechtigt sind entstande-

---

655 *Honsell*, Besonderheiten der AGB-Kontrolle bei Versicherungen aus der Sicht des Praktikers, S. 115, 136.
656 *Römer*, VersR 1998, 125, 126.
657 *Honsell*, Besonderheiten der AGB-Kontrolle bei Versicherungen aus der Sicht des Praktikers, S. 115, 136.

ne Lücken anzupassen. Eine solche Klausel wäre Vertragsbestandteil, so dass der Versicherungsnehmer schon bei Vertragsschluss sein Einverständnis mit einer AVB-Anpassung gegeben hätte. Es wird also beabsichtigt, dass die Versicherer in die AVB Klauseln aufnehmen, die ihnen nachträgliche Änderungen erlauben; allerdings nicht nur für die Fälle, in denen die Rechtsprechung Klauseln für unwirksam erklärt hat.

Der Gebrauch solcher Klauseln löst jedoch nicht auf einmal alle Probleme. Im Gegenteil: Es ergeben sich wieder neue. Eine solche Anpassungsklausel unterliegt im übrigen der gerichtlichen Kontrolle und kann daher insgesamt als nichtig bewertet werden.[658]

3. Gesamtunwirksamkeit des Vertrages

§ 6 Abs. 3 AGBG regelt die Unwirksamkeit des ganzen Vertrages als Ausnahme. Damit sollen grobe Unbilligkeiten und Störungen des Vertragsgleichgewichts vermieden werden, die möglicherweise gerade erst durch das Festhalten am Restvertrag entstanden sind. Voraussetzung für die Gesamtunwirksamkeit nach § 6 Abs. 3 AGBG ist, dass durch das Festhalten am vervollständigten Vertrag, der entsprechend § 6 Abs. 2 AGBG ergänzt worden ist, eine unzumutbare Härte für eine Vertragspartei vorliegt.

II. Unterlassungs- bzw. Widerrufsanspruch gemäß § 13 AGBG

Im Verbandsklageverfahren kann der Verwender von AVB gemäß § 13 Abs. 1 AGBG auf Unterlassung bzw. Widerruf in Anspruch genommen werden, wenn die AVB nach § 9 Abs. 1 AGBG unwirksam sind. Ein Verstoß gegen das in § 2 Abs. 1 Nr. 2 AGBG verankerte Transparenzgebot kann auch im abstrakten Klageverfahren geahndet werden. Somit wird nicht nur hinreichende Abwicklungstransparenz, sondern zugleich die notwendige Preis- und Produktklarheit erreicht. Da das vorrangige Ziel eines Verbandsklageverfahren gerade darin besteht, im Wege der Unterlassungsklage die Verwendung intransparenter Klauseln für Neuverträge zu unterbinden, werden die Versicherungsnehmer zukünftig in die Lage versetzt, den angestrebten Vertragsinhalt noch vor Abschluss des Vertrages erfassen zu können.

III. Schadensersatzanspruch

Das AGB-Gesetz und die UTCCR 99 versuchen zwar u.a. intransparente Regelungen zu verhindern, aber nicht etwa auf die Weise, dass dem benachteiligten Versicherungsnehmer ein *Schadensersatzanspruch* zugesprochen wird. Fraglich ist, ob durch die Eliminierung intransparenter AVB aus dem Vertrag beim Versicherungsnehmer kein weiterer Schaden mehr angerichtet werden kann. In der Tat scheint ein Schadensersatzanspruch fehl am Platze zu sein, wenn das Gesetz

---

658 Z.B. bei Verstoß gegen das Transparenzgebot, vgl. § 4 II.2.c).

selbst unmittelbar durch seine Rechtsfolgenregelungen die durch die Verwendung der AGB für den einzelnen Vertragspartner angelegten Rechtsnachteile zu verhindern vermag. Zudem könnte die Schwierigkeit auftreten, den durch die Verwendung der AGB angerichteten Schaden zu bemessen und den Schadenersatz gerecht zu verteilen.[659] Es ist jedoch heute anerkannt bei der Verwendung von unzulässigen Klauseln einen Schadensersatzanspruch nach den Grundsätzen der *culpa in contrahendo* anzunehmen, weil ein Verstoß gegen die bei Vertragsverhandlungen bestehende Pflicht zur gegenseitigen Rücksichtnahme und Loyalität vorliege. Diese Grundsätze sind auch bei der Verwendung von intransparenten und damit unzulässigen Klauseln anzuwenden.

„Prämienabsenkungen" nach culpa in contrahendo kämen beispielsweise in Betracht, wenn sich nach Vertragsschluss herausstellt, dass der Versicherte bei hinreichender Transparenz eine vergleichbare Deckung bei einem anderen Versicherer preisgünstiger bekommen hätte. So spricht *Brandner* vom Schadenzufügungspotential, von einer Sonderbeziehung zwischen Verwender und Vertragspartner und von „Hinweis- und Rückrufpflichten" des AGB-Stellers.[660] Er entwickelt Fallgruppen, bei denen eine Schadenersatzpflicht des AGB-Verwenders gegenüber seinen Kunden in Frage kommen soll, u.a. mit Denkansätzen wie „verhinderte Rechtswahrnehmung", „Scheinbindungswirkung" und „Unklarheit der Vertragslage".[661]

Dagegen wird vorgebracht, dass man „(...) nicht die Vorteile des AGBG (...) in Gestalt der AGB-rechtlichen Rechtsfolgenlösung einstreichen, und just aus diesem Schutz wieder einen Kundennachteil fabrizieren könne, insofern als der Kunde die „automatisch" eingetretene Rechtslage (Nichteinbeziehung/Unwirksamkeit) womöglich „verschlafen" könnte, wofür ihm der AGB-Steller einzustehen habe."[662] Weiter wird angeführt, dass aus einer „Sonderbeziehung" zwischen AGB-Verwender und seinem vertraglichen Gegenüber eine neue „Großgruppe" für culpa in contrahendo zu formen als unverträgliches und zum Scheitern verurteiltes Unterfangen angesehen werden muss.[663]

Die Verwendung intransparenter AVB kann wie gezeigt auf verschiedene Weise eine Vermögensschädigung beim Vertragspartner verursachen. Durch die Verwendung unwirksamer AVB-Klauseln wird die vorvertragliche Pflicht zur Rücksichtnahme gegenüber dem Kunden verletzt und wegen Verschuldens bei Vertragsschluss kann der Verwender für den dadurch entstandenen Schaden „haftbar" gemacht werden. Die oben gebrachten Einwände sind daher nicht überzeugend. Der Anspruch geht in der Regel auf Ersatz des Vertrauensschadens (negatives Interesse).[664]

---

659 Zur Problematik *Mertens*, ZHR 139, 438 ff.
660 *Brandner*, FS Oppendorf, S. 13 f., 20 f.
661 *Brandner*, a.a.O., S. 17.
662 *Hebestreit*, Transparenz im AGB-Recht, S. 207.
663 *Hebestreit*, a.a.O., S. 208.
664 BGHZ 114, 94; *Palandt/Heinrichs*, § 276 Rdn. 99.

In Großbritannien ist der Versicherungsnehmer nicht berechtigt, einen Schadensersatzanspruch geltend zu machen.

B. Ergebnis

Bei der Problematik „Rechtsfolgen" ging es um die Frage, ob und inwieweit unser Recht transparente Bedingungen erzwingt oder fördert. Geht man davon aus, dass eine intransparente Klausel wegen Verstoßes gegen das Transparenzgebot unwirksam ist, so ergibt sich die Rechtsfolge in Deutschland aus § 6 AGBG. In Großbritannien wird in reg. 8 UTCCR 99 zunächst die Unwirksamkeit bei Verstoß gegen das Transparenzgebot festgelegt, reg. 8 Abs. 1 UTCCR 99 und in reg. 8 Abs. 2 UTCCR 99 ist der Grundsatz verankert, dass der Vertrag auch ohne die intransparente unwirksame Klausel weiterbestehen kann.

Grundsätzlich gilt das Verbot der geltungserhaltenden Reduktion. Dies allein führt jedoch nicht zur Durchsetzung transparenter AVB. Im vorigen Kapitel wurden Modifizierungen bzw. Relativierungen erläutert, welche dazu führen, dass der AVB-Verwender gezwungen wird, transparente AVB auf den Markt zu bringen.

Die Verwendung intransparenter Klauseln begründet darüber hinaus in Deutschland einen Unterlassungsanspruch.

Unsere Rechtsordnung erzwingt daher nur sehr indirekt die Verwendung transparenter AVB.

§ 7 Zusammenfassung

Allgemeine Versicherungsbedingungen sollen u.a. das *unsichtbare Versicherungsprodukt* sichtbar machen und damit der nicht greifbaren Ware ihre stoffliche Fixierung geben. Dem werden die AVB jedoch erst dann gerecht, wenn sie dem *Transparenzgebot* entsprechen, welches Art. 5 S. 1 der EG-RL positiv formuliert. Das Transparenzgebot, wonach Klauseln „klar und verständlich" bzw. „in plain intelligible language" abgefasst sein müssen, wurde in den Rechtsordnungen von Deutschland und Großbritannien verankert.

Die Umsetzung der EG-RL in das deutsche Recht ist abgeschlossen. Auf eine ausdrückliche Formulierung des Transparenzgebots im AGB-Gesetz hat der Gesetzgeber verzichtet. Das Transparenzgebot befindet sich u.a. in den Normen der *§§ 2 Abs. 1 Nr. 2; 3; 5 AGBG* und stellt heute im Rahmen der Inhaltskontrolle des *§ 9 Abs. 1 AGBG* ein eigenständiges Rechtsinstitut dar. Hervorzuheben ist, dass ein Verstoß gegen das in § 9 Abs. 1 AGBG verankerte Transparenzgebot ohne das Hinzutreten einer inhaltlich-unangemessenen Benachteiligung zur Unwirksamkeit der betreffenden Klausel führt. Das Transparenzgebot ist auch auf Preis-, Leistungs-, und deklaratorische Klauseln anzuwenden. Des weiteren ist das Transparenzgebot ausdrücklich in *§ 10 a VAG* formuliert und es lassen sich in *§§ 31, 32 WpHG* Ansatzpunkte für eine transparente Gestaltung wiederfinden.

In Großbritannien wurde die Umsetzung der EG-RL durch die Einführung der UTCCR 99 vollzogen. Das Gebot Klauseln transparent zu formulieren wird in *reg. 7 Abs. 1 UTCCR* 99 ausdrücklich festgelegt. Die Frage der transparenten Formulierung wird in Großbritannien von der FSA auch für alle „commercial information" verlangt. Diese müssen nach dem Konzept des „policyholder reasonable expectation" fair und nicht irreführend sein.

Die Gefahr, die von intransparenten AVB-Gestaltungen ausgeht, besteht *vor Vertragsschluss* zunächst darin, dass dem Kunden die Möglichkeit genommen oder zumindest erheblich erschwert wird, sich die für eine sinnvolle und interessengerechte Wahrnehmung seiner privat-autonomen vertraglichen Gestaltungsfreiheit notwendigen Kenntnisse vom Inhalt der AVB zu verschaffen. Dadurch wird das Funktionieren des sog. Vertragsmechanismus, nämlich zu einem für beide Vertragsparteien angemessenen Interessenausgleich zu gelangen, in Frage gestellt. Der Versicherungskunde wird dadurch behindert, AVB mehrerer Anbieter miteinander zu vergleichen und sich auf dieser Grundlage für das insgesamt günstigste Angebot zu entscheiden. Es kommt zu einer Beeinträchtigung bzw. Verfälschung des Konditionenwettbewerbs. Im Stadium *nach Vertragsschluss* besteht die besondere Gefährlichkeit intransparent gestalteter AVB zum einen darin, dass sie den Versicherungskunden von der Durchsetzung ihm zustehender Rechte abhalten können. Zum anderen verschaffen sie dem Verwender nicht selten erhebliche Ermessens- und Beurteilungsspielräume, die auf Seiten des Kunden die Kalkulierbarkeit des Vertragsablaufs, die Überprüfbarkeit der vom AVB-Verwender ausgeübten Rechte sowie die wirtschaftliche Bewegungsfreiheit negativ beeinflussen.

Ziel dieser Arbeit war es ein *Modell* zu entwickeln, welches Mindestbestimmungen hinsichtlich der Transparenz im Versicherungsvertrag im allgemeinen festlegt. Dabei war es wichtig, dass man sich nicht im „Dschungel" von Wertungen verliert. Eine Kontrolle anhand des Transparenzgebots muss darauf bedacht sein, bei klaren Subsumtionen unter klare Tatbestände justitiable Regelungen aufzustellen, um dadurch die Vorhersehbarkeit zu erhöhen und so Rechtssicherheit zu schaffen.

Auszugehen ist von einem *einheitlichen Leitbild* eines Versicherungskunden, denn ohne genaue Kenntnis des Vertragspartners sind die Versicherungsunternehmen nicht in der Lage den Grad für die Formulierung der Verständlichkeit der AVB zu bestimmen. Es handelt sich bei diesem Leitbild um einen mündigen Bürger, der eine Mindestschulausbildung hat, über keine zusätzlichen versicherungsrechtlichen oder sonstigen rechtlichen Kenntnisse verfügt und keine Erfahrung mit dem Kauf eines Versicherungsproduktes hat.

AVB müssen *formellen* und *materiellen Transparenzanforderungen* genügen. Zunächst kommt es zur formellen Transparenzprüfung. Dabei muss eine Klausel die Kriterien der *Lesbarkeit*, der *übersichtlichen Gliederung* und des *überschaubaren Textumfangs* sowie die dazu gehörigen Unterpunkte erfüllen. In bezug auf die formelle Transparenzgestaltung können AVB aus Großbritannien Vorbildwirkung entfalten. Bei Fehlen eines der Merkmale im Rahmen der formellen Transparenzprüfung gibt es keine Kompensationsmöglichkeit.

Daran anschließend kommt es zur Überprüfung der materiellen Transparenz. Die Klausel muss dem Kriterium der *Verständlichkeit* genügen. Hervorzuheben ist an dieser Stelle, dass man auf die Hilfe der *Sprachwissenschaftler* zurückgreifen sollte. In der Sprachwissenschaft wurden Methoden zur Messung der Verständlichkeit entwickelt, so z.B. der Flesch-Test oder das Hamburger Verständlichkeitskonzept. Diese Methoden sollten als Anreiz und nicht als abschließendes Kriterium für die Verständlichkeit von AVB herangezogen werden. Weiterhin muss eine Klausel den Kriterien der *Bestimmtheit* und *Vollständigkeit* entsprechen. Bei der Frage der Vollständigkeit müssen die von der Rechtsprechung entwickelten Grundsätze stets beachtet werden. In diesem Zusammenhang kann das Prinzip der Kundenfreundlichkeit „leiste und liquidiere" eine Rolle spielen. Letztlich geht es noch um die Merkmale *Wahrheit* und *Rechtzeitigkeit*. Die genannten Merkmale der materiellen Transparenz müssen alle eingehalten werden. Für den Fall, dass eine Klausel nicht transparent formuliert werden kann, ist der Verwender berechtigt durch vorvertragliche Informationen diese Intransparenz zu heilen.

Im Hinblick auf die Prüfung der formellen Anforderungen einerseits und der materiellen Anforderungen andererseits besteht keine vorgeschriebene Reihenfolge. Letztlich muss eine Klausel beiden Anforderungen entsprechen, dem Transparenzgebot zu genügen.

Am Beispiel der *Überschussbeteiligungsklausel* wurde versucht dieses Transparenzmodell in die Praxis umzusetzen. Es konnte festgestellt werden, dass die bisher in Deutschland verwendeten Überschussbeteiligungsklauseln dieser Transparenzkontrolle nicht standhalten. Zudem wurde eine Überschussbeteiligungsklausel eines britischen Versicherungsunternehmens mit Niederlassung in Deutschland überprüft. Hier ergaben sich die gleichen Probleme.

Die britische Überschussbeteiligungsklausel entspricht zwar den formellen Anforderungen, jedoch ergeben sich bei der materiellen Transparenz einige Besonderheiten. Ein Vergleich der Klauseln aus Deutschland und Großbritannien ist jedoch aufgrund der unterschiedlichen Regulierungen und Kulturen beider Länder nur eingeschränkt bedingt möglich. Es können lediglich positive Anreize aus der in Großbritannien gehandhabten Praxis übernommen werden.

Letztlich ging es noch um die Erörterung der Prämientransparenz. Auch hier wurde ein Modell für die Darstellung der Prämie vorgestellt. Die Versicherer sind danach verpflichtet, den Versicherungsnehmer über die Gesamtprämie und die Abschlusskosten zu informieren.

Ein Verstoß gegen das Transparenzgebot führt zur Nichteinbeziehung bzw. Unwirksamkeit der Klausel. Dies ergibt sich aus §§ 2 ff.; 9 Abs. 1 AGBG und reg. 8 Abs. 1 UTCCR 99. Die Rechtsfolgen der Nichteinbeziehung und Unwirksamkeit werden in Deutschland in § 6 AGBG und in Großbritannien in reg. 8 Abs. 2 UTCCR 99 geregelt. Insgesamt bleibt festzustellen, dass unsere Rechtsordnung für die Erzwingung der transparenten Gestaltung von AVB unterschiedliche Mittel und Wege bereithält. Dazu zählen das Verbot der geltungserhaltenden Reduktion im Verbund mit der Möglichkeit der Teilnichtigkeitserklärung, der Anspruch auf Unterlassung bzw. Widerruf nach § 13 AGBG und die Möglichkeit eines Schadensersatzanspruchs aus culpa in contrahendo.

Es wurden Maßstäbe für die Transparenz von AVB vorgegeben. Erst künftige Fälle werden jedoch zeigen, welche zusätzlichen Anforderungen an die Formulierung von AVB zu stellen sind. Man könnte daran denken, AVB in Zukunft anhand einer Checkliste zu überprüfen, welche idealerweise von Fachleuten des Versicherungsrechts, der Versicherungswirtschaft, von Textlinguisten und von Verbraucherverbänden entworfen werden müsste. Ein Blick in andere Rechtsordnungen kann für bestimmte Fragen hilfreich sein.

Abschließen möchte ich diese Überlegungen mit den Worten Voltaires:
„Man sollte nie ein Wort verwenden, wenn es nicht drei Voraussetzungen erfüllt: Erstens, es muss notwendig sein, zweitens, es muss verständlich sein und drittens, es sollte wohlklingend sein."

Abbildungsverzeichnis

Abb. 1 Fünfeck der Unternehmenskommunikation 55
Abb. 2 Psychonomics/Alldara 71
Abb. 3 Beurteilungsfenster 99
Abb. 4 Beurteilungsfenster mit dazugehörigen Zeichen 99
Abb. 5 Einfachheit 100
Abb. 6 Gliederung 101
Abb. 7 Prägnanz 102
Abb. 8 Anregende Zusätze 102
Abb. 9 Beurteilungsfenster mit dazugehörigen Zeichen 104
Abb. 10 Beurteilungsfenster mit dazugehörigen Zeichen 105
Abb. 11 Darstellung der Bilanzierung 165
Abb. 12 Überschussentstehung 171
Abb. 13 Darstellung der Abschlusskosten 181
Abb. 14 Darstellung der Rückkaufswerte 181
Abb. 15 Beispiel für eine kontomäßige Darstellung 182

Literaturverzeichnis

Adams, Michael: Ökonomische Begründung des AGB-Gesetzes, BB 1989, 781
- Reform des Versicherungsrechts, 1999
- Vorschläge zu einer Reform der kapitalbildenden Lebensversicherungen, NVersZ 2000, 49
- Die Kapitallebensversicherung als Anlegerschädigung, ZIP 1997, 1857
- Revolution im Versicherungsgewerbe, ZIP 1997, 1224

Adomi, Wladimir: Die Verwendung der grammatikalischen Formen in Fachsprachen, 1978 des Instituts für Deutsche Sprache, 1979; zitiert: Fachsprachen

Assmann, Heinz-Dieter: Handbuch des Kapitalanlagerechts, 1997

Assmann, Heinz-Dieter/ Schneider, Uwe: Wertpapierhandelsgesetz - Kommentar, 2. Auflage, 1999; zitiert: Bearbeiter in Assmann/Schneider, §

Bach, Peter/Moser, Hans: Private Krankenversicherung (MBKK und MBKT-Kommentar, 1993

Basedow, Jürgen: Prinzip des (Versicherungs-)Vertragsrechts, VersR 1999, 1045
- Der Bundesgerichtshof, seine Rechtsanwälte und die Verantwortung für das europäische Privatrecht, FS Hans Erich Brandner, S. 651, 1996
- Risikobeschreibung und Beschränkung der Empfangsvollmacht in der AGB-Kontrolle privater Arbeitslosigkeitsversicherungen, NVersZ 1999, 349
- Die Kapitallebensversicherung als partiarisches Rechtsverhältnis - Eine zivilistische Konstruktion der Überschußbeteiligung, ZVersWiss 1992, 419

Basedow, Jürgen/Drasch, Wolfgang: Das neue Versicherungsvertragsrecht, NJW 1991, 785

Baumann, Horst: Versicherungsrecht nach der Deregulierung, VersR 1996, 1

Baumbach, Adolf/Hefermehl, Wolfgang: Wettbewerbsrecht, Gesetz gegen den unlauteren Wettbewerb, 1995; zitiert: Wettbewerbsrecht

Baumbach, Adolf/Hopt, Klaus J.: Handelsgesetzbuch, Kommentar, 29. Auflage, 1995; zitiert: Baumbach/Hopt

Baums, Theodor: Zur Transparenz der Berechnung von Darlehenszinsen, ZIP 1989, 7

Beckmann, Roland Michael: Nichtigkeit und Personenschutz, 1998

Benkel, Gert A.: Der Einfluß der Deregulierung der Versicherungsmärkte auf die Haftung des Versicherungsmaklers, VersR 1992, 1302

Bittl, Andreas: Transparenz in der Versicherungswirtschaft - eine Frage der Kommunikation, ZfV 2000, 174

Bittl, Andreas/Müller, Bernd: Das versicherungstechnische Risiko im Zentrum versicherungswirtschaftlicher Betätigung - Theoretischer Ansatz und empirische Relevanz des branchenspezifischen Risikos von Versicherungsunternehmen, ZVersWiss 1998, 369

Bone, Sheila/Rutherford, Lesli/Wilson, Stephen: Unfair Terms in Consumer Contracts Regulation, 1996

Börner, Andreas: Die „Heilung" von Allgemeinen Geschäftsbedingungen durch die Berücksichtigung vertragsabschlußbegleitender Umstände nach § 24a Nr. 3 AGBG, JZ 1997, 595

Bosselmann, Eckhard: Gesetzliche Berufs-, Zugangs- und Berufsausübungsregeln für Versicherungsmakler?, VW 1995, 310

Brandner, Hans Erich: Transparenz als Maßstab der Inhaltskontrolle? Eine Problemskizze, FS Horst Locher, S. 317, 1990

- EG-Richtlinie über mißbräuchliche Klauseln in Verbraucherverträgen, BB 1991, 701

- Wege und Zielvorstellung auf dem Gebiet Allgemeiner Geschäftsbedingun-gen, JZ 1973, 613

- Schadensersatzpflichten als Folge der Verwendung Allgemeiner Geschäftsbedingungen, FS Walter Oppenhoff, S. 10, 1985

Breidenbach, Stephan: Die Voraussetzungen von Informationspflichten beim Vertragsabschluß, 1989; zitiert: Voraussetzungen von Informationspflichten beim Vertragsschluß

Brinkmann, Klaus: Juristische Fachsprache und Umgangssprache – Vorüberlegungen zu einer Formalisierung der Rechtssprache in öffentlicher Verwaltung und Datenverarbeitung; zitiert: Juristische Fachsprache und Umgangssprache

Brömmelmeyer, Christoph: Der Verantwortliche Aktuar in der Lebensversicherung, 2000

- Anm. zu BGH VuR 1999, 315

Brox, Hans: Allgemeiner Teil des Bürgerlichen Gesetzbuches, 22. Aufl., 1998

Bruchner, Helmut: Zinsberechnungsmethode bei Annuitätendarlehen im Lichte der BGH-Urteile vom 24.November 1988, WM 1988, 1873

Bruck, Ernst/Möller, Hans: Kommentar zum Versicherungsvertragsgesetz, 8.Aufl., Band V, 2. Halbband: Lebensversicherung, bearbeitet von Gerrit Winter, 1985; zitiert: Bruck/Möller/Winter, §

Büchner, Georg: Der Referentenentwurf eines dritten Durchführungsgesetzes/EWG zum VAG, 1993

Büchner, Klaus: Der gordische Knoten verbraucherfreundlicher Versicherungsbedingungen, ZfV 1998, 503

Bunte, Herrmann-Josef: Zur Teilunwirksamkeit von AGB-Klauseln, NJW 1982, 2289

- Zehn Jahre AGB-Gesetz - Rückblick und Ausblick, NJW 1987, 921
- 10 Jahre AGB-Gesetz - Ein Gewinn an Rechtssicherheit?, JA 1988, 311
- Anm. zu BGH ZIP 1982, 591

Cadogan, Ian/Lewis, Richard: The Scope and Operation of the Statements of Insurance Law & Practice, 1992

Campenhausen, Balthasar v.: Das Transparenzgebot als Pflicht zur Aufklärung vor Vertragsschluß, 1993; zitiert: Transparenzgebot als Pflicht zur Aufklärung

Clarke, Malcolm A.: The Law of Insurance Contracts, 2.ed., 1996

Creifelds, Carl: Rechtswörterbuch, 11. Aufl., 1992

Damm, Reinhard: Verbraucherrechte, Sondergesetzgebung und Privatklagesystem, JZ 1978, 173

Dick, Hans: Das Verbraucherleitbild von Verbraucherschutzkonzepten auf die Gerichtsbarkeit am Beispiel der Rechtsprechung zu Verbraucherbeschuldung und zu Verbraucherinformationen, 1995; zitiert: Verbraucherleitbild

Dörner, Heinrich: Allgemeine Versicherungsbedingungen, 3.Aufl., 1999

Doonau, Elmer/Editor, Gerries/MacFarlau, Julie: Drafting, 1995; zitiert; Doonau/Editor/MacFarlau, Drafting

Dreher, Meinrad: Die Versicherung als Rechtsprodukt, 1991

- Die ärztliche Berufsausübung in Gesellschaften und § 4 Abs. 2 S. 1 MBKK, VersR 1995, 245

Drexl, Josef: Die wirtschaftliche Selbstbestimmung des Verbrauchers, 1998

Drosdowski, Günther (Hrsg.): Duden, Das große Fremdwörterbuch, 1994

- Brockhaus-Enzyklopädie, Band 22, 1999

Duve, Hans Ernst: Juristisch eindeutig und trotzdem allgemeinverständlich - ein unlösbares Problem? Die Aufgabe des Notars, juristische Begriffsklarheit und Verständlichkeit miteinander in Einklang zu bringen, DNotZ-Sonderheft 1981, 26

Dyalla-Krebs, Corinna: Schranken der Inhaltskontrolle Allgemeiner Geschäftsbedingungen - Eine systematische Abgrenzung kontrollfreier von kontrollunterworfenen Klauseln, 1990; zitiert: Schranken der Inhaltskontrolle

Ebers, Martin: Reduzierung der Überschußbeteiligung bei Veränderung der Sterbewahrscheinlichkeit?, Anm. zu AG Bad Schwalbach VersR 1997, 606; VuR 1997, 379

- Die Überschußbeteiligung in der Lebensversicherung, 2001

Emmerich, Volker: Das Recht des unlauteresn Wettbewerbs, 1995

Entzian, Tobias: Die Zulässigkeit von Bedingungsanpassungsklauseln in Allgemeinen Versicherungsbedingungen, NVersZ 1998, 65

Erman, Walter: Handkommentar zum Bürgerlichen Gesetzbuch, 1. Band, §§ 1-853; AbzG, HausTWG, AGBG, 1993; zitiert: Erman/Bearbeiter, §

Fahr, Peter: Inhaltskontrolle, Transparenzgebot und § 8 AGBG; zur Abgrenzung kontrollfreier Preis- und Leistungsbestimmungen, 1999; zitiert: Inhaltskontrolle, Transparenzgebot

Fahr, Ulrich/Kaulbach, Detlef: VAG-Kommentar, 2. Aufl., 1997; zitiert: Bearbeiter in Fahr/Kaulbach, §

Farny, Dieter: AVB unter dem Gesichtspunkt der „Produktbeschreibung", ZVersWiss 1975, 169

Fastrich, Lorenz: Richterliche Inhaltskontrolle im Privatrecht, 1992

Feiber, Oskar: Zur personalen Teilunwirksamkeit von AGB-Klauseln, NJW1980, 1148

Fischer, Frank: Das „Bewegliche System" als Ausweg aus der dogmatischen Krise in der Rechtspraxis, AcP 197 (1997), 589

Flick, Günter: Die Schranken der Inhaltskontrolle Allgemeiner Versicherungsbedingungen nach § 8 AGBG, 1984; zitiert: Schranken der In-haltskontrolle

Fluck, Conrad: Fachsprachen, Einführung und Bibliographie

Flume, Werner: Allgemeiner Teil des bürgerlichen Rechts, 2.Band, 3. Aufl., 1979

Frey, Kaspar: Wie ändert sich das AGB-Gesetz?, ZIP 1993, 572

Fricke, Martin: Quo modo pacta sunt servanda?, VersR 2000, 257

Früh, Werner: Lesen, Verstehen, Urteilen, Untersuchung über den Zusammenhang von Textgestaltung und Textwirkung, 1980; zitiert: Lesen, Verstehen, Urteilen

Furmston, Michael: Sale and Supply of Goods, 2000

Gabler: Versicherungslexikon hrsg. von Peter Koch und Wieland Weiss, 1994; zitiert: Gabler, Versicherungslexikon, Stichwort

Geiger, Hermann: Der Schutz der Versicherten im Europäischen Binnenmarkt, 1992

Geisler, Ursula: Faktoren der Verständlichkeit von Texten für Kinder, 1985

Götz, Heinrich: Rechtsfolgen des teilweisen Verstoßes einer Klausel gegen das AGB-Gesetz, NJW 1978, 2223

Gozzá, Debora: Das Transparenzprinzip und mißbräuchliche Klauseln in Verbraucherverträgen, 1996; zitiert: Das Transparenzprinzip und mißbräuchliche Klauseln

Grewendorf, Günther: Rechtskultur als Sprachkultur, 1992

Grimm, Jacob/Grimm, Wilhelm: Deutsches Wörterbuch, Band 1, 1999

Guillen, Bueso Pedro-Jose: Die Kriterien der Mißbräuchlichkeit in der EG-Richtlinie über mißbräuchliche Klauseln in Verbraucherverträgen, VuR 1994, 309

Hart, Dieter: Allgemeine Geschäftsbedingungen und Justizsystem, 1975

Hebestreit, Christoph: Transparenz im AGB-Recht der Bundesrepublik Deutschland? Allgemeine Geschäftsbedingungen im Spannungsfeld zwischen Vertrag, Delikt und Markt, 1995; zitiert: Transparenz im AGB-Recht

Heinrichs, Helmut: Das Transparenzgebot und die EG-Richtlinie über mißbräuchliche Klauseln in Verbraucherverträgen, FS Reinhold Trinkner, S. 157, 1995

- Die EG-Richtlinie über mißbräuchliche Klauseln in Verbraucherverträgen, NJW 1993, 1817

- Das Gesetz zur Änderung des AGB-Gesetzes - Umsetzung der EG-Richtlinie über mißbräuchliche Klauseln in Verbraucherverträgen durch den Bundesgesetzgeber, NJW 1996, 2190

- Die Entwicklung des Rechts der Allgemeinen Geschäftsbedingungen im Jahre 1996, NJW 1997, 407

Hellner, Thorwald: Quo vadis AGB-Recht?, FS Ernst Steindorff, S. 573, 1990

Heinrichs, Michael: Ausschluß besonderer medizinischer Behandlungsmethoden in der privaten Krankenversicherung, VersR 1990, 464

Hensen, Horst-Dieter: 20 Jahre AGB-Gesetz im Spiegel der Rechtsprechung des Bundesgerichtshofs, FS Hans Erich Brandner, S. 231, 1996

Hesberg, Dieter/Karten, Walter: Der Gesetzesentwurf zur Reform des deutschen Versicherungsvertragsrecht - Die Abspaltung der Kapitalanlage und des Risikogeschäfts, NVersZ 1999, 1

Heslem, Emily: Unfair Terms in Consumer Contracts, 1998, unveröffentlichtes Manuskript

Hippel, Eike v.: Verbraucherschutz, 1986

Hodgin, Ray: Protection of the insured, 1989

- Insurance Law, 1998

Hoebel, Bartley G.: Neurogene und chemische Grundlagen des Glücksgefühls, in Gruter/Rehbinder (Hrsg.) Der Beitrag der Bibliothek zu Fragen von Recht und Ethik, 1983; zitiert: Neurogene und chemische Grundlagen des Glücksgefühls

Hoegen, Dieter: Einzelfragen zur Haftung bei Anlagevermittlung und Anlageberatung unter besonderer Berücksichtigung der Rechtsprechung des Bundesgerichtshofs, FS Walter Stimpel, S. 247, 1985

Hofmann, Edgar: Privatversicherungsrecht, 4.Aufl., 1998

Hopt, Klaus J.: Kapitalanlegerschutz im Recht der Banken, 1975

- Grundsatz- und Praxisprobleme nach dem Wertpapierhandelsgesetz, ZHR 1995, 135
- Funktion, Dogmatk und Reichweite der Aufklärungs-, Warn-, Beratungspflichten der Kreditinstitute, FS Joachim Gernhuber, S. 169, 1993

Hoptcroft, Terry: Rechnungslegung und Grundsätze der Abschlußprüfung in Großbritannien und Deutschland - Ein Vergleich, 1995

Hoyningen-Huene, Gerrick v.: Unwirksamkeit von Allgemeinen Geschäftsbedingungen bei bloßer Intransparenz?, FS Reinhold Trinkner, S. 179, 1995

Jannott, Edgar: Auswirkungen der Deregulierung des Aufsichtsrechts auf den Versicherungsvertrieb, 1994

Jauernig, Othmar: Bürgerliches Gesetzbuch, 5.Aufl., 1990

Jenssen, Hans Georg: Der Ereignisbegriff in der Haftpflichtversicherung - eine kritische Würdigung der neueren Entwicklung, ZVersWiss 1987, 425

Kafka, Franz: Voigts, Manfred (Hrsg.): Vor dem Gesetz, 1994

Kanz, Rosa: „Versicherte Risiken" Wie verstehen Versicherte und Versicherer Ausdrücke im Auto-Schutzbrief?, 1998; zitiert: Versicherte Risiken

Karten, Walter (Hrsg.): Lebensversicherung und Geschäftsbesorgung, 1998

Keil, Christoph: „Es muß eine gesetzliche Regelung geben" Über die EU-Vermittlerempfehlung aus der Sicht der Makler, VW 1994, 1292

Kieninger, Eva-Maria: Informationspflichten-, Aufklärungs-, und Beratungspflichten bei Abschluß von Versicherungsverträgen, AcP 1998 (198), 190

Klauninger, Johannes: „Allgemeine Geschäftsbedingungen im Bankgeschäft" DzWir 1998, 86

Koehler, Philipp: Allgemeine Geschäftsbedingungen im Internet, MMR 1998, 289

Köhne, Wolfgang: Britischer Verbraucherschutz - Maßstab für Kundenfreundlichkeit, ZfV 1999, 800

Koller, Ingo: Das Transparenzgebot als Kontrollmaßstab Allgemeiner Geschäftsbedingungen, FS Ernst Steindorff, S. 667, 1990

- Transparenzgebot, Angemessenheitskontrolle von Allgemeinen Geschäftsbedingungen; Annuitätendarlehen, EWiR § 9, 11/90, 841

Köndgen, Johannes: Grund und Grenzen des Transparenzgebots im AGB-Gesetz, NJW 1989, 943

Kötz, Hein: Zur Teilunwirksamkeit von AGB-Klauseln, NJW 1979, 785

Kreienbaum, Birgit: Transparenz und AGB-Gesetz, Eine Untersuchung des Inhalts- und der Schranken des Transparenzgebots, 1998; zitiert: Transparenz und AGB-Gesetz

Kübler, Friedrich: Institutioneller Gläubigerschutz der Kapitalmarkttransparenz, Rechtsvergleich Überlegungen zu den „stillen Reserven", ZHR 1995, 550

Kuhlmann, Eberhard: Verbraucherpolitik, Grundzüge ihrer Theorie und Praxis, 1990; zitiert: Verbraucherpolitik

Lang, Volker: Aufklärungspflichten bei der Anlageberatung, 1995

Langenfeld, Gerrit: Vertragsgestaltung, Methode-Verfahren-Vertragstypen, 1998; zitiert: Vertragsgestaltung

Langer, Inghard: Verständliche Gestaltung von Fachtexten, 1994

Langer, Inghard/Schulz v. Thun, Friedemann/Tausch, Reinhard: Verständlichkeit in Schule, Verwaltung, Politik und Wissenschaft, 1974

- Sich verständlich ausdrücken, 1993

Lanz, Hugo: Zur Beratungspflicht des Arztes über die Wissenschaftlichkeitsklausel, NJW 1989, 1528

Larenz, Karl/Canaris, Claus Wilhelm: Methodenlehre der Rechtswissenschaft, 1995

Lieb, Manfred: Sonderprivatrecht für Ungleichgewichtslagen? Überlegungen zum Anwendungsbereich der sog. Inhaltskontrolle privatrechtlicher Verträge, AcP (178) 1978, 196

Limbach, Jutta: Der verständige Rechtsgenosse, 1977

Lindacher, Walter F.: Der Topos der Transparenz im Rahmen der Einbeziehung- und Inhaltskontrolle Allgemeiner Geschäftsbedingungen, 1991; zitiert: Der Topos der Transparenz

- Reduktion und Kassation übermäßiger AGB-Klauseln?, BB 1983, 154

Locher, Horst: Das Recht der AGB, 1997

Loo, Oswald van de: Die Angemessenheitskontrolle Allgemeiner Versicherungsbedingungen nach dem AGB-Gesetz, 1987; zitiert: Angemessenheitskontrolle

Lorenz, Egon: Glosse - Die Transparenz des durchschnittlichen Versicherungsnehmers, VersR 1998, 1086

- Zu den Informationspflichten des Versicherers und zum Abschluß von Versicherungsverträgen nach neuem Recht, ZVersWiss 1995, 103

Löwe, Walter: Zinsberechnung, Transparenzgebot, Effektivzins, maßgeblicher Tilgungsstand, EWiR, § 9 1/89, S. 2

Löwe, Walter/Westphalen, Friedrich Graf v./Trinkner, Reinhold: Großkommentar zum AGB-Gesetz, 1.Aufl., 1977; zitiert: Bearbeiter in Löwe/Westphalen/Trinkner

Martin, Anton: Sachversicherungsrecht - Kommentar zu den Allgemeinen Versicherungsbedingungen für Hausrat (VHB 74 und VHB 94), Wohngebäude (VGB), Feuer (AFB), Einbruchsdiebstahl und Raub (AERB), Leitungswasser (AWB), Sturm (AStB), einschränkende Sonderbedingungen, 1995

Merkin, Robert/Colincaux, Raoul: Colinvaux's Law of Insurance, 7 th. ed. 1997

Mertens, Hans-Joachim: Kollektivrechtlicher Schadensersatz als Mittel des Verbraucherschutzes, ZHR 139, 438

Metz, Reiner: Tilgungsverrechnung: Transparenz durch AGB-Recht und Preisangabeverordnung, NJW 1991, 668

Meyer, Hans Dieter: Verbraucherpolitische Informationen und Forderungen, VersWissStud Bd. 2, S. 203

Micklitz, Hans-W.: AGB-Gesetz und die EG-Richtlinie über mißbräuchliche Vertragsklauseln in Verbraucherverträgen, ZeuP 1993, 523

Münchner Kommentar: zum Bürgerlichen Gesetzbuch, hrsg. von Kurt Rebmann, Jürgen Säcker, Roland Rixecker, 3.Aufl., 1995; zitiert: Bearbeiter in Mü-Ko

Müller, Helmut: Versicherungsbinnenmarkt, 1995

Müller, Friedrich: Die Einheit der Verfassung, Elemente einer Verfassungstheorie, 1979; zitiert: Einheit der Verfassung

Neuhaus, Ralf: Die aufsichtsrechtlichen Rahmenbedingungen in Großbritannien, 1990

Nicklisch, Fritz: Zum Anwendungsbereich der Inhaltskontrolle Allgemeiner Geschäftsbedingungen, BB 1974, 941

Niebling, Jürgen: Die Schranken der Inhaltskontrolle nach § 8 AGBG, BB 1984, 1713

Nussbaumer, Markus: Was Texte sind und wie sie sein sollen, 1991

Office of Fair Trading:Unfair Contract Terms, A bulletin issued by the Office Fair Trading, Issue No. 1, May 1996; Issue No. 2 September 1996

Osing, Stefan: Informationspflichten des Versicherers und Abschluß des Versicherungsvertrages, 1996

Otto, Walter: Die Paradoxie einer Fachsprache, Jahrbuch 1980 der deutschen Akademie für Sprache und Dichtung, 1981

Palandt, Otto: Kommentar zum Bürgerlichen Gesetzbuch, 58. Auflage 1999; zitiert: Palandt/Bearbeiter

Pfeiffer, Oskar E./Strouhal, Ernst/Wodak, Ruth: Recht auf Sprache, 1987

Präve, Peter: Versicherungsbedingungen und AGB-Gesetz, 1998

- Die Informationspflichten des Versicherers gemäß § 10a VAG, VW 1995, 90

Prölss, Erich R.: Versicherungsaufsichtsgesetz, hrsg. von Reimer Schmidt, Peter Frey, 10.Aufl., 1989 und Nachtrag 1992; zitiert: Bearbeiter in Prölss/Schmidt, §

- Versicherungsaufsichtsgesetz, hrsg. von Reimer Schmidt, 11. Aufl., 1996; zitiert: Prölss/Bearbeiter, §

Raeschke-Kessler, Hilmar: Bankenhaftung bei der Anlageberatung über neue Finanzprodukte, WM 1993, 1830

Reich, Norbert: Dritte Richtlinie Schadenversicherung 92/49/EWG v. 18. Juni 1992 und Lebensversicherung 92/96/EWG v. 10.November 1992 und der Schutz der privaten Versicherungsnehmer/Versicherten, VuR 1993, 10

- Schuldrechtliche Informationspflichen gegenüber Endverbrauchern, NJW 1978, 513

Reifner, Udo: Zinsfiktion und AGB-Gesetz, NJW 1989, 952

Reiners, Ludwig: Stilkunst, 1991

Renger, Reinhard: Stand, Inhalt und Probleme des neuen Versicherungsrechts, VersR 1994, 753

Römer, Wolfgang: Gerichtliche Kontrolle Allgemeiner Versicherungsbedingungen nach den §§ 8, 9 AGBG, NVersZ 1999, 97

- Schranken der Inhaltskontrolle von Versicherungsbedingungen in der Rechtsprechung nach § 8 AGBG, FS Egon Lorenz, S. 468, 1994
- Der Prüfungsmaßstab bei der Mißstandsaufsicht nach § 81 VAG und der AVB-Kontrolle nach § 9 AGBG, 1996
- Zu den Informationspflichten der Versicherer und ihrer Vermittler, VersR 1998, 1313

Römer, Wolfgang/Langheid, Theo: VVG-Kommentar, 1997

Roth, Herbert: Geltungserhaltende Reduktion im Privatrecht, JZ 1989, 411

Rupp, Heinz: Anmerkung in DNotZ-Sonderheft 1981, 78

Schäfer, Jürgen: Das Transparenzgebot im Recht der Allgemeinen Geschäftsbedingungen, 1992

Scherhorn, Gerhard: Verbraucherinteressen und Verbraucherpolitik, 1975

Schildbach, Thomas: Der handelsrechtliche Jahresabschluß, 1997

Schimikowski, Peter: Das rechtliche Gebot zur transparenten und inhaltlich angemessenen Gestaltung von AVB, r+s 1998, 353
- Umwelthaftungsrecht und Umwelthaftpflichtversicherung, 1998

Schirmer, Helmut: Beratungspflichten und Beratungsverschulden der Versicherer und ihrer Agenten Teil I, r+s 1999, 133

Schmid, Jörg: Der EG-Richtlinienvorschlag über mißbräuchliche Klauseln in Verbraucherverträgen und mögliche Auswirkungen auf die Schweiz, 1993; zitiert: EG-Richtlinienvorschlag

Schmidt, Reimer: Gedanken zur Arbeit an einem neuen Versicherungsvertragsgesetz, ZVersWiss 1998, 55
- Gedanken zur Dauer des Haftversicherungsschutzes, VersR 1956, 266

Schmidt, Eike: Grundlagen und Grundzüge der Inzidentkontrolle allgemeiner Geschäftsbedingungen nach dem AGB-Gesetz, JuS 1987, 929

Schmidt-Salzer, Joachim: Transformation der EG-Richtlinie über mißbräuchliche Klauseln in Verbraucherverträgen vom 5.4.1993 in deutsches Recht und AGB-Gesetz, BB 1995, 1493
- Das Gesetz zur Regelung des Rechts der Allgemeinen Geschäftbedingungen, NJW 1977, 129

Schmidt-Salzer, Joachim/Schramm, Stephan: Umwelthaftpflichtversicherung Kommentar, 1993

Scholl, Wolfgang: Transparenzregeln für europäische Versicherungsprodukte, 1994

Schönherr, Fritz/Barfuss, Walter (Hrsg.): Sprache und Recht, 1985

Schünemann, Wolfgang: Rechtsnatur und Pflichtenstruktur des Versicherungsvertrages, JZ 1995, 430

Schwintowski, Hans-Peter: Lücken im Deckungsumfang der Allgemeinen Haftpflichtversicherung, VuR 1998, 35

- Anzeigepflichten des Versicherungsnehmers, Transparenzgebot (LG Düsseldorf mit Anm. Schwintowski, VuR 1999, 165
- Anleger- und objektgerechte Beratung in der Lebensversicherung, VuR 1997, 83
- Informationspflichten in der Lebensversicherung, VersWissStud Bd. 2, 1995 (Informationspflichten Europäisierung des Versicherungswesen Anerkannte Grundsätze der Versicherungsmathematik, S. 11)
- Die Rechtsnatur des Versicherungsvertrages, JZ 1996, 702
- Private Arbeitslosenversicherung, AVB, unfreiwillige Arbeitslosigkeit, VuR 1997, 167
- Anm. zu BGH VuR 1998, 195
- Transparenz und Verständlichkeit von Allgemeinen Versicherungsbedingungen und Prämien, NVersZ 1998, 97
- Berliner Kommentar zum VVG-Kommentar zum deutschen und östereichischen VVG Hrsg. Heinrich Honsell, 1998
- Der Private Versicherungsvertrag zwischen Recht und Markt, 1987
- Schutzlücken durch Koppelung und Intransparenz in der Kapitallebensversicherung, VuR 1998, 219

Sieg, Karl: Auswirkungen des AGB-Gesetzes auf Justiz und Verwaltung im Bereich des Privatversicherungsrechts, VersR 1977, 489

Soergel, Hans Theodor: Kommentar zum Bürgerlichen Gesetzbuch, Bd. 3, §§ 433- 515; AGB-Gesetz; AbzG; EAG; EKG; UN-Kaufabkommen, 1991, 12.Aufl.; zitiert: Soergel/Bearbeiter

Sonnenhol, Jürgen: Die neuen Allgemeinen Geschäftsbedingungen der Banken, WM 1993, 677

Späte, Bernd: Haftpflichtversicherung, 1993

Staudinger, J. von: Kommentar zum Bürgerlichen Gesetzbuch, AGB-Gesetz, 13.Aufl., 1995; zitiert: Staudinger/Bearbeiter

Surminski, Marc: Der Vermittler und der Kunde der Zukunft, ZfV 1998, 395

Taupitz, Jochen: Unwirksamkeit der sog. nachträglichen Tilgungsverrechnung bei Annuitätendarlehen, BGH, NJW 1989, 530; und NJW 1989, 222; JuS 1989, 520

- Die Rolle der Versicherungsvertreter, Versicherungsmakler, Versicherungsberater unter Wettbewerbsbedingungen, VersWissStud Bd.4, 1996
- Zinsberechnung bei Bauspargurhaben, Transparenzgebot, Angemessenheitskontrolle von AGB, Verbandsklage, EWiR 1990, 1043

Teigeler, Peter: Verständlichkeit und Wirksamkeit von Sprache und Text, 1968

Thamm, Manfred/Detzer, Klaus: Druckgröße und sonstige formelle Gestaltung von Allgemeinen Geschäftsbedingungen, BB 1989, 1133

Ulmer, Peter: Teilunwirksamkeit von teilweise unangemessenen AGB-Klauseln, NJW 1981, 2025

Ulmer, Peter/Brandner, Hans Erich/Hensen, Horst-Diether: Kommentar zum Gesetz zur Regelung der Allgemeinen Geschäftsbedingungen, 8.Auf., 1997; zitiert: Bearbeiter in Ulmer/Brandner/Hensen, §

Voit, Wolfgang: Gedanken und Erfahrungen eines Richters in Versicherungssachen, 1990

Wagner, Hildgard: Die deutsche Verwaltungssprache der Gegenwart, 2.Aufl., 1972; zitiert: Die deutsche Verwaltungspraxis

Wagner-Widuwilt, Klaus: Das „Transparenzgebot" als Angemessenheitsvoraussetzung i.S.d. § 9 AGBG, WM 1989, 37

Waldenburg, Arthur: Grenzen des Verbraucherschutzes beim Abschluß von Verträgen im Internet, BB 1996, 2365

Wassermann, Rudolf: Sprachliche Mittel in der Kommunikation zwischen Fachleuten und Laien im Bereich des Rechtswesen, Jahrbuch, 1978 des Instituts für Deutsche Sprache, 1979

Werber, Manfred/Winter, Gerrit: Grundzüge des Versicherungsvertragsrechts 1986

Westermann, Harm Peter: Praktische Forderung aus der Rechtsprechung zur „nachschüssigen Tilgungsverrechnung", ZBB 1989, 36

- Das Transparenzgebot - ein neuer Oberbegriff des AGB-Inhaltskontrolle?, FS Ernst Steindorff, S. 817, 1990

Westphalen, Friedrich Graf v.: Vertragsrecht und AGB-Klauselwerke, Stand April 1999

Wilburg, Walter: Entwicklung eines beweglichen Systems im Bürgerlichen Recht, 1951

Winkler von Mohrenfels, Peter: Informationspflichten in der Sachversicherung, VersWissStud Bd. 2, 1995

Winter, Gerrit: Festumrissene Rechtsbegriffe in den ARB, r+s 1991, 397

Wolf, Manfred: Rechtsgeschäftliche Entscheidungsfreiheit und vertraglicher Interessenausgleich, 1970

Wolf, Manfred/Horn, Norbert/Lindacher, Walter F.: AGB-Gesetz Gesetz zur Regelung der Allgemeinen Geschäftsbedingungen, 2. Aufl. 1994, 4.Aufl. 1999; zitiert: Bearbeiter, in Wolf/Horn/Lindacher, §

Wussow, Werner: Allgemeine Versicherungsbedingungen zur Haftpflichtversicherung, 1976

Abkürzungsverzeichnis

a.A.	anderer Ansicht
a.a.O.	am angegebenen Ort
Abb.	Abbildung
ABB	Allgemeinen Bausparbedingungen
ABI	Association of British Insurers
AblEG	Amtsblatt der Europäischen Gemeinschaften
Abs.	Absatz
AcP	Archiv für die civilistische Praxis
AERB	Allgemeine Bedingungen für die Einbruchsdiebstahl- und Raubversicherung
a.F.	alte Fassung
AFB	Allgemeine Feuerversicherungsbedingungen
AG	Aktiengesellschaft
AGB	Allgemeine Geschäftsbedingungen
AGB-Banken	Allgemeine Geschäftsbedingungen der Banken
AGBE	Bunte, Entscheidungssammlung zum AGB-Gesetz, 1982 ff.
AGBG	Gesetz zur Regelung des Rechts der Allgemeinen Geschäftsbedingungen
AHB	Allgemeine Bedingungen für die Haftpflichtversicherung
AktuarV	Verordnung über die versicherungsmathematische Bestätigung und den Erläuterungsbericht des Verantwortlichen Aktuars
AKB	Allgemeine Bedingungen für die Kraftfahrtversicherung
Anh.	Anhang
Anm.	Anmerkung
AnwBl.	Anwaltsblatt
Art.	Artikel
Aufl.	Auflage
AVB	Allgemeine Versicherungsbedingungen
AVSSB	Allgemeine Bedingungen für die Verkehrs-Service-Versicherung
ARB	Allgemeine Bedingungen für die Rechtsschutzversicherung
BAV	Bundesaufsichtsamt für das Versicherungswesen
BAWe	Bundesaufsichtsamt für den Wertpapierhandel
BB	Der Betriebs-Berater
BBR	Besondere Bedingungen und Risikobeschreibungen
Bd.	Band
BdV	Bund der Versicherten
Begr.	Begründung
BGB	Bürgerliches Gesetzbuch
BGBBl.	Bundesgesetzblatt
BGH	Bundesgerichtshof

BörsG	Börsengesetz
BR-Drcks.	Bundesratsdrucksache
Breg.	Bundesregierung
BVerfG	Bundesverfassungsgericht
BVerwG	Bundesverwaltungsgericht
BVerwGE	Entscheidungen des Bundesverwaltungsgerichts
bzgl.	bezüglich
bzw.	beziehungsweise
ca.	circa
CAAB	Citiziens Advice Bureaux
c.i.c.	culpa in contrahendo
CMR	Übereinkommen über den Beförderungsvertrag im internationalen Straßengüterverkehr vom 19.5.1956
DAV	Deutsche Aktuarvereinigung
DB	Der Betrieb
DeckRV	Verordnung über Rechnungsgrundlagen für die Deckungsrückstellungen (Deckungsrückstellungsverordnung)
ders.	derselbe
DGFT	Director General of Fair Trading
d.h.	das heißt
DKV	Deutsche Krankenversicherung
DnotZ	Deutsche Notar-Zeitschrift
DÖV	Die öffentliche Verwaltung
DTI	Department of Trade and Industry
DVBl.	Deutsches Verwaltungsblatt
EG	Europäische Gemeinschaften
EG-RL	EG-Richtlinie über mißbräuchliche Klauseln in Verbraucherverträgen
EGBGB	Einführungsgesetz zum BGB
EGV	Vertrag zur Gründung der Europäischen Gemeinschaften
EGVVG	Einführungsgesetz zum Versicherungsvertragsgesetz
Einl.	Einleitung
etc.	et cetera
EuGH	Europäischer Gerichtshof
EuZW	Europäische Zeitschrift für Wirtschaftsrecht
EWG	Europäische Wirtschaftsgemeinschaft
EWR	Europäischer Wirtschaftsraum
f.	folgende
ff.	fortfolgende
Fn.	Fußnote
FS	Festschrift

FSA	Financial Service Authority
FSA 86	Financial Service Act 1986
GDV	Gesamtverband der Deutschen Versicherungswirtschaft e.V.
ggf.	gegebenenfalls
GWB	Gesetz gegen Wettbewerbsbeschränkungen
HdV	Handwörterbuch der Versicherung
HGB	Handelsgesetzbuch
Hrsg.	Herausgeber
HS	Halbsatz
HWS	Heilwesengesetz
IASC	International Accounting Standards Committee
ICA	Insurance Companies Act 1982
i.d.F.	in der Fassung
i.d.R.	in der Regel
i.H.v.	in Höhe von
IOB	Insurance Ombudsman Bureau
i.R.d.	im Rahmen der
JA	Juristische Ausbildung
JRPV	Juristische Rundschau für die Privatversicherung
JuS	Juristische Schulung
JZ	Juristenzeitung
KAGG	Gesetz über Kapitalanlagegesellschaften
KH-Vers.	Kraftfahrthaftpflichtversicherung
KSchG	Kündigungsschutzgesetz
LG	Landgericht
lit.	litera
MedR	Medizinrecht
MDR	Monatszeitschrift für Deutsches Recht
MBKK	Musterbedingungen des Verbandes der privaten Krankenversicherung. Allgemeine Versicherungsbedingungen für die Krankenkosten- und Krankenhaustagegeldversicherung
Mü-Ko	Münchener Kommentar zum Bürgerlichen Gesetzbuch
m.w.N.	mit weiteren Nachweisen
n.F.	neue Fassung
NJW	Neue Juristische Wochenschrift
NJW-RR	NJW-Rechtsprechungsreport Zivilrecht
Nr.	Nummer

OFT		Office of Fair Trading
OLG		Oberlandesgericht
OVG		Oberverwaltungsgericht
p.a.		pro anno
para.		paragraph
PIA		Personal Investment Authority
PIAS		Personal Insurance Arbitration Service
PRE		Policyholder Reasonable Expectation
Rdn.		Randnummer
RechVersV		Verordnung über die Rechnungslegung von Versicherungsunternehmen
RfB		Rückstellungen für Beitragsrückerstattung
RGBl.		Reichsgesetzblatt
RGZ		Entscheidungen des Reichsgerichts in Zivilsachen
RL		Richtlinie über mißbräuchliche Klauseln in Verbraucherverträgen
r + s		Recht und Schaden
S.		Satz
sect.		section
SIB		Securities and Investment Board
SIP		Statements of Insurance Practice
s.o.		siehe oben
sog.		sogenannte
Sp.		Spalte
u.a.		unter anderem
UmwHB		Bedingungen der Umwelthaftpflichtversicherung
UCTA		Unfair Contract Terms Act
UTCCR		Unfair Terms in Consumer Contracts Regulation
u.U.		unter Umständen
UVV		Unfallverhütungsvorschriften der Berufsgenossenschaft
UWG		Gesetz gegen den unlauteren Wettbewerb
v.		vom
VAG		Gesetz über die Beaufsichtigung der Versicherungsunternehmen
VerBAV		Veröffentlichungen des Bundesaufsichtsamtes für Versicherungswesen
Verf.		Verfasser
VersR		Versicherungsrecht
VersRdsch		Versicherungsrundschau

VersWissStud	Versicherungswissenschaftliche Studien
vgl.	vergleiche
VGB	Allgemeine Bedingungen für die Neuwertversicherung von Wohngebäuden gegen Feuer-, Leitungs-, Wasser- und Sturmschäden
VHB	Allgemeine Hausratversicherungsbedingungen
VKG	Verbraucherkreditgesetz
Vorbem.	Vorbemerkung
VP	Versicherungspraxis
VuR	Versicherung und Recht
VVG	Gesetz über den Versicherungsvertrag
VW	Versicherungswirtschaft
WM	Wertpapiermitteilungen
WpDU	Wertpapierdienstleistungsunternehmen
WpHG	Wertpapierhandelsgesetz
WuW	Wirtschaft und Wettbewerb
z.B.	zum Beispiel
ZfB	Zeitschrift für Betriebswirtschaft
ZfV	Zeitschrift für Versicherungswesen
ZHR	Zeitschrift für das gesamte Handelsrecht und Wirtschaftrecht
ZIP	Zeitschrift für Wirtschaftsrecht
Z-Quote	Zuführungsquote für RfB
ZRQuotenV	Verordnung über die Mindestbeitragsrückerstattung in der Lebensversicherung
z.T.	zum Teil
ZVersWiss	Zeitschrift für die gesamte Versicherungswissenschaft
z.Zt.	zur Zeit